A REGRA
É NÃO TER
REGRAS

A REGRA É NÃO TER REGRAS

A Netflix e a cultura da reinvenção

**REED HASTINGS
ERIN MEYER**

Tradução de Alexandre Raposo

intrínseca

Copyright © 2020 by Netflix CPX International, B.V.

TÍTULO ORIGINAL
No Rules Rules

PREPARAÇÃO
Carolina Rodrigues

REVISÃO
Luiz Felipe Fonseca
Milena Vargas

INDEXAÇÃO
Liliana Secco

DIAGRAMAÇÃO
Ilustrarte Design e Produção Editorial

DESIGN DE CAPA
Two Associates

ADAPTAÇÃO DE CAPA
Julio Moreira | Equatorium Design

CIP-BRASIL. CATALOGAÇÃO NA PUBLICAÇÃO
SINDICATO NACIONAL DOS EDITORES DE LIVROS, RJ

H285r

    Hastings, Reed, 1960-
        A regra é não ter regras / Reed Hastings, Erin Meyer ; tradução Alexandre Raposo. - 1. ed. - Rio de Janeiro : Intrínseca, 2020.
        352 p. ; 23 cm.

    Tradução de: No rules rules
    Inclui bibliografia e índice
    ISBN 978-65-5560-031-5

    1. Netflix (Firma) - Administração. 2. Netflix (Firma) - Funcionários - Entrevistas. 3. Cultura organizacional. I. Meyer, Erin. II. Raposo, Alexandre. III. Título.

20-64361   CDD: 384.555065
                                                           CDU: 791.242:654.172

Meri Gleice Rodrigues de Souza - Bibliotecária CRB-7/6439

[2020]
Todos os direitos desta edição reservados à
Editora Intrínseca Ltda.
Av. das Américas, 500, bloco 12, sala 303
22640-904 – Barra da Tijuca
Rio de Janeiro — RJ
Tel./Fax: (21) 3206-7400
www.intrinseca.com.br

SUMÁRIO

Introdução   7

▶ **PARTE UM**
Primeiros passos para uma cultura de Liberdade com Responsabilidade

1 *PRIMEIRO, DESENVOLVA A DENSIDADE DE TALENTO...*
Um ótimo ambiente de trabalho é composto por colegas incríveis   25

2 *EM SEGUIDA, ESTIMULE A SINCERIDADE...*
Diga o que você realmente pensa (com intuito construtivo)   37

3 *AGORA, COMECE A REMOVER OS CONTROLES...*
a. Elimine a política de férias   67
b. Elimine aprovações de viagens e despesas   83

▶ **PARTE DOIS**
Próximos passos para uma cultura de Liberdade com Responsabilidade

4 *FORTALEÇA A DENSIDADE DE TALENTO...*
Pague os melhores salários do mercado   105

5 AUMENTE A SINCERIDADE...
Compartilhe informações organizacionais 135

6 AGORA, ELIMINE MAIS CONTROLES...
Aprovações para tomada de decisões não são necessárias 165

▶ **PARTE TRÊS**
Técnicas para reforçar uma cultura de Liberdade com Responsabilidade

7 MAXIMIZE A DENSIDADE DE TALENTO...
O Teste de Retenção 205

8 MAXIMIZE A SINCERIDADE...
Um círculo de feedback 231

9 E ELIMINE A MAIORIA DOS CONTROLES...!
Lidere com contexto em vez de com controle 251

▶ **PARTE QUATRO**
Expansão global

10 *Leve tudo para o mundo!* 287

Conclusão 317
Agradecimentos 325
Bibliografia selecionada 327
Índice 333

INTRODUÇÃO

Reed Hastings: "A Blockbuster é mil vezes maior do que nós", sussurrei para Marc Randolph quando entramos em uma sala de reuniões cavernosa no 27º andar da Renaissance Tower em Dallas, Texas, no início do ano 2000. Aquela era a sede da Blockbuster, Inc., na época uma gigante de 6 bilhões de dólares que dominava o ramo de entretenimento doméstico com quase 9 mil locadoras em todo o mundo.

John Antioco, CEO da Blockbuster, um habilidoso estrategista ciente de que o mercado logo seria afetado por uma internet onipresente e super-rápida, nos recebeu com gentileza. Ele apareceu com seu cavanhaque grisalho e um terno caro, e sua expressão era bastante tranquila.

Eu, por outro lado, estava uma pilha de nervos. Havia dois anos, Marc e eu cofundáramos e dirigíamos uma pequena startup que permitia às pessoas escolherem DVDs em um site, recebendo-os pelo serviço postal dos Estados Unidos. Contávamos com cem funcionários e meros 300 mil assinantes, e nosso começo foi bem difícil. Só naquele ano, nossas perdas totalizariam 57 milhões de dólares. Ansiosos para fechar um acordo, trabalhamos durante meses só para que Antioco respondesse às nossas ligações.

Sentamo-nos ao redor de uma enorme mesa de vidro e, depois de alguns minutos de papo, Marc e eu apresentamos nossa proposta. Sugerimos que a Blockbuster comprasse a Netflix para que, em seguida, desenvolvêssemos e executássemos o Blockbuster.com como seu braço de aluguel de vídeos online. Antioco ouviu com atenção, balançou afirmativamente a cabeça várias vezes e perguntou: "Quanto a Blockbuster teria de pagar pela Netflix?" Quando ouviu a nossa resposta — 50 milhões de dólares —, ele recusou categoricamente. Marc e eu fomos embora, desapontados.

Quando me deitei naquela noite e fechei os olhos, visualizei todos os 60 mil funcionários da Blockbuster explodindo em gargalhadas com nossa proposta ridícula. Claro que Antioco não estava interessado. Por que uma potência como a Blockbuster, com milhões de clientes, receitas consideráveis, um CEO talentoso e uma marca que era sinônimo de filmes em casa estaria interessada em uma aspirante fraca como a Netflix? O que tínhamos a oferecer que eles mesmos não pudessem fazer com mais eficiência?

Pouco a pouco, entretanto, o mundo mudou e nosso negócio se firmou e cresceu. Em 2002, dois anos após aquela reunião, abrimos o capital da Netflix. Apesar do nosso crescimento, a Blockbuster ainda era cem vezes maior do que nós (5 bilhões contra 50 milhões de dólares). Além disso, a Blockbuster era propriedade da Viacom, que na época era a empresa de mídia mais valiosa do mundo. Em 2010, contudo, a Blockbuster declarou falência. Em 2019, apenas uma única locadora de vídeo da rede ainda permanece aberta — em Bend, Oregon. A Blockbuster não conseguiu migrar do aluguel de DVDs para o streaming de vídeo.

O ano de 2019 também foi digno de nota para a Netflix: nosso filme *Roma* foi indicado na categoria de melhor filme e ganhou três Oscars, uma grande conquista para o diretor Alfonso Cuarón, o que ressaltou a nossa transformação em uma empresa de entretenimento completa. Há muito tempo, saímos de nosso negócio de DVDs por correio para nos tornarmos não apenas um serviço de streaming com mais de 180 milhões de assinantes em 190 países, mas uma grande produtora de nossos próprios filmes e programas de televisão para o mundo todo. Tivemos o privilégio de trabalhar com alguns dos criadores mais talentosos da indústria, como Shonda Rhimes, Joel e Ethan Coen e Martin Scorsese. Introduzimos uma nova maneira de as pessoas assistirem e apreciarem ótimas histórias que, em seus melhores momentos, quebraram barreiras e enriqueceram vidas.

Muitas vezes me perguntam: "Como isso aconteceu? Por que a Netflix conseguiu se adaptar diversas vezes e a Blockbuster não?" Naquele dia em que fomos a Dallas, a Blockbuster estava com as cartas na mão. Eles possuíam a marca, o poder, os recursos e a visão. A Blockbuster ganhava de nós sem mexer um dedo.

Não era óbvio na época, nem mesmo para mim, mas nós tínhamos uma coisa que a Blockbuster não tinha: uma cultura que colocava as pessoas acima dos processos, que enfatizava mais a inovação do que a eficiência e que mantinha pouquíssimos controles. Nossa cultura — focada em alcançar o melhor desempenho com a densidade de talento e em liderar as nossas equipes com contexto em vez de com controle — nos permitiu crescer e mudar continuamente à medida que o mundo e as necessidades de nossos assinantes se transformavam à nossa volta.

A Netflix é diferente. Temos uma cultura em que a regra é não ter regras.

A CULTURA NETFLIX É ESTRANHA

Erin Meyer: Cultura corporativa pode ser um pântano cafona de linguagem vaga e diretrizes incompletas e ambíguas. O que é pior: os valores da empresa — como são articulados — quase nunca correspondem à maneira como as pessoas se comportam na realidade. Slogans descolados em cartazes ou em relatórios anuais muitas vezes acabam se revelando palavras vazias.

Durante muitos anos, uma das maiores empresas americanas exibiu orgulhosamente a seguinte lista de valores no saguão de sua sede: "Integridade. Comunicação. Respeito. Excelência." A empresa?

A Enron. A companhia se gabava de seus valores ilustres até desabar em um dos maiores escândalos de fraude e corrupção corporativa da história.

A cultura Netflix, por outro lado, é famosa — ou infame, dependendo do ponto de vista — por sua sinceridade. Milhões de executivos já estudaram o Netflix Culture Deck, um conjunto de 127 slides destinados originalmente para uso interno, mas que Reed compartilhou na internet em 2009. Dizem que Sheryl Sandberg, diretora de operações do Facebook, afirmou que o Culture Deck "pode muito bem ser o documento mais importante já produzido no Vale do Silício". Eu adorei o Netflix Culture Deck por sua honestidade. E o detestei por seu conteúdo.

Eis uma amostra para que vocês possam entender por quê:

> Como qualquer empresa, tentamos fazer boas contratações
>
> NETFLIX

> Ao contrário de muitas empresas, acreditamos que:
>
> *desempenho razoável resulta em uma generosa rescisão*
>
> NETFLIX

> As outras pessoas devem receber generosas rescisões agora para que possamos abrir uma vaga a fim de encontrar uma estrela para aquela função
>
> ## O Teste de Retenção aplicado por gestores:
>
> Por quais dos meus funcionários, caso pedissem demissão para trabalharem em um cargo equivalente em outra companhia, eu lutaria, no sentido de mantê-los na Netflix?
>
> **NETFLIX**

Independentemente da ética questionável na demissão de funcionários esforçados que não conseguem realizar um trabalho extraordinário, esses slides me pareceram pura má administração. Eles violam o princípio que Amy Edmondson, professora da Harvard Business School, chama de "segurança psicológica". Em seu livro, *The Fearless Organization*, lançado em 2018, ela explica que, se você deseja incentivar a inovação, precisa criar um ambiente onde as pessoas se sintam seguras para sonhar, falar e correr riscos. Quanto mais segura a atmosfera, mais inovação você obterá.

Ao que parece, ninguém na Netflix leu esse livro. Contratar os melhores e, em seguida, injetar medo em seus funcionários talentosos dizendo que eles serão descartados na pilha da "generosa rescisão" caso não se destaquem? Essa me parecia uma maneira infalível de acabar com qualquer esperança de inovação.

Eis outro slide do conjunto:

> ## Diretrizes e Controle de Férias da Netflix
>
> "não há diretriz nem controle"
>
> Também não há diretrizes de vestimenta na Netflix, mas ninguém vai ao trabalho pelado
>
> Lição: você não precisa de diretrizes para tudo
>
> **NETFLIX**

Não atribuir dias de férias aos funcionários parece completamente irresponsável. É uma ótima maneira de criar condições de trabalho extenuantes, onde ninguém ousa tirar um dia de folga. E apresentar isso como um benefício.

Funcionários que tiram férias são mais felizes, gostam mais de seu trabalho e têm maior produtividade. No entanto, muitos hesitam em tirar as férias que lhes são atribuídas. De acordo com uma pesquisa realizada pelo Glassdoor em 2017, os trabalhadores americanos tiram apenas 54% dos dias de férias a que têm direito.

Se você remover por completo a atribuição de férias, é provável que seus funcionários tirem ainda menos tempo de folga devido a um comportamento humano bem documentado, que os psicólogos chamam de "aversão à perda". Nós, seres humanos, detestamos mais perder o que já temos do que gostamos de ganhar algo novo. Diante da possibilidade de perder algo, faremos tudo o que pudermos para evitar essa perda. Então, tiramos férias.

Por outro lado, sem a atribuição de férias, não há medo de perdê-las e é menos provável que um funcionário as tire por conta própria. A regra do "use ou perca", incorporada a muitas políticas tradicionais, parece uma limitação, mas, na verdade, incentiva as pessoas a darem um tempo.

Eis aqui um último slide:

Honestidade Sempre

Como líder, ninguém de seu grupo
deveria ser significativamente surpreendido
por suas opiniões

É claro que ninguém apoiaria abertamente um local de trabalho baseado em segredos e mentiras. Mas às vezes é melhor ser diplomático do que oferecer opiniões de forma brusca — por exemplo, quando um integrante da equipe precisa de apoio moral ou de uma dose de autoconfiança. Todos concordamos com "honestidade às vezes". Mas uma política geral de "honestidade sempre" parece uma ótima maneira de destruir relacionamentos, acabar com a motivação e criar um ambiente de trabalho desagradável.

No geral, o Netflix Culture Deck me pareceu hipermasculino, uma política agressiva e de muito confronto — talvez um reflexo do tipo de empresa que se espera ter sido construída por um engenheiro com visão racionalista e mecanicista da natureza humana.

Entretanto, apesar de tudo isso, não se pode negar um fato...

A NETFLIX TEM SIDO EXTREMAMENTE BEM-SUCEDIDA

Em 2019, dezessete anos depois de a Netflix abrir o capital, o preço de suas ações subiu de 1 para 350 dólares. Em comparação, 1 dólar investido no índice S&P 500 ou na NASDAQ quando a Netflix abriu o capital teria rendido de 3 a 4 dólares no mesmo período.

Não é apenas o mercado de ações que adora a Netflix. Consumidores e críticos também adoram. Os programas originais da Netflix, como *Orange Is the New Black* e *The Crown*, se tornaram alguns dos mais amados da década, e *Stranger Things* provavelmente é a série de televisão mais assistida em todo o mundo. Programas como *Elite*, na Espanha, *Dark*, na Alemanha, *The Protector*, na Turquia, e *Sacred Games*, na Índia, elevaram o nível da narrativa ficcional em seus países de origem e produziram uma nova geração de estrelas globais. Nos Estados Unidos, nos últimos anos, a Netflix recebeu mais de trezentas indicações ao Emmy e arrebatou vários prêmios da Academia. Além disso, a Netflix foi indicada a dezessete categorias do Globo de Ouro, mais do que qualquer outra rede ou serviço de streaming, e em 2019 conquistou o primeiro lugar entre as empresas mais conceituadas dos Estados Unidos no ranking nacional anual do Reputation Institute.

Os funcionários também adoram a Netflix. Em uma pesquisa de 2018 realizada pelo Hired (uma plataforma online para talentos em tecnologia), profissionais da área tecnológica classificaram a Netflix como a empresa na qual mais gostariam de trabalhar, superando companhias como a Google (2ª), a Tesla (3ª) e a Apple (6ª). Em outro ranking de "Funcionário Mais Satisfeito" de 2018, com base em mais de cinco milhões de avaliações anônimas de funcionários de 45 mil empresas norte-americanas de grande porte compiladas pela equipe do Comparably — um site de salários e carreiras —, a Netflix foi classificada como a segunda empresa com funcionários mais satisfeitos entre as milhares avaliadas. (Só ficou atrás da HubSpot, uma firma de software com sede em Cambridge.)

O mais interessante é que, diferentemente de boa parte das empresas que fracassam quando a indústria muda, a Netflix respondeu de forma bem-sucedida, ao longo de apenas quinze anos, a quatro grandes transições que transformaram o ramo do entretenimento e dos negócios:

- De DVDs por correio ao uso da internet para streaming de séries e filmes já lançados;
- Do streaming de conteúdo antigo ao lançamento de conteúdo novo e original (como *House of Cards*) produzido por estúdios externos;
- Do licenciamento de conteúdo de estúdios externos à construção do próprio estúdio interno, criando programas de televisão e filmes premiados (como *Stranger Things*, *La Casa De Papel* e *The Ballad of Buster Scruggs*.)
- De uma companhia dos Estados Unidos a uma empresa internacional que entretém pessoas em 190 países.

O sucesso da Netflix vai além do incomum. É incrível. Evidentemente, algo singular está acontecendo, algo que não aconteceu com a Blockbuster, que declarou falência em 2010.

UM TIPO DIFERENTE DE LOCAL DE TRABALHO

A história da Blockbuster não é uma anomalia. Boa parte das empresas fracassa quando o mercado muda. A Kodak não conseguiu se adaptar à mudança das fotos em papel para as digitais. A Nokia não teve sucesso na transição dos celulares dobráveis aos smartphones. A AOL não conseguiu se adaptar ao uso da banda larga em detrimento da internet discada. Meu primeiro negócio, a Pure Software, também não conseguiu se adaptar às mudanças da indústria, porque a cultura da nossa empresa não foi otimizada para inovação nem flexibilidade.

Fundei a Pure Software em 1991. No começo, tínhamos uma cultura ótima. Éramos uma dúzia de pessoas criando algo novo e nos divertindo muito. Como vários empreendimentos pequenos, tínhamos pouquíssimas regras ou diretrizes que inibissem nossas ações. Quando o cara do marketing decidia trabalhar em sua sala de jantar porque se servir de uma tigela de cereal quando quisesse "o ajudava a pensar", ele não precisava pedir permissão à gerência. Quando a encarregada das instalações desejava comprar catorze cadeiras de escritório com estampa de oncinha para os integrantes de nossa equipe porque elas estavam em liquidação na Office Depot, ela não precisava preencher um pedido de compra ou obter a aprovação do diretor financeiro.

Então a Pure Software começou a crescer. Quando contratamos novos funcionários, alguns cometeram deslizes que trouxeram prejuízo à empresa. Toda vez que isso acontecia, eu implantava um processo para impedir que aquele erro voltasse a ocorrer. Por exemplo, certo dia um de nossos vendedores, Matthew, viajou para Washington a fim de se encontrar com um cliente em potencial. O cliente estava hospedado no Willard InterContinental Hotel, de cinco estrelas, então Matthew também se hospedou lá, e pagou uma diária de 700 dólares. Quando descobri, fiquei frustrado. Pedi ao RH que elaborasse uma política de viagens determinando quanto os funcionários poderiam gastar em passagens, refeições e hotéis e exigindo a aprovação da gerência, além de um limite de gastos específico.

Nossa contadora, Sheila, tinha um poodle preto, que às vezes trazia consigo para o escritório. Certo dia, cheguei ao trabalho e descobri que o cachorro fizera um enorme buraco no tapete da sala de reuniões. Substituir aquilo custaria uma fortuna. Criei uma nova diretriz: nada de cães no trabalho sem autorização especial do RH.

As diretrizes e os processos de controle tornaram-se tão fundamentais para o trabalho que aqueles que eram bons em dançar conforme a música foram promovidos, enquanto os muitos rebeldes e criativos se sentiram sufocados e foram trabalhar em outros lugares. Lamentei por vê-los partir, mas acreditava que era o que acontecia quando uma empresa crescia.

Então duas coisas ocorreram. A primeira foi que fracassamos em inovar com rapidez. Nós nos tornáramos cada vez mais eficientes e cada vez menos criativos. Para crescer, tivemos que comprar outras empresas que possuíam produtos inovadores. Isso gerou uma maior complexidade dos negócios, o que por sua vez nos levou a criar mais regras e processos.

A segunda foi que o mercado mudou de C++ para Java. Para sobreviver, era preciso mudar. Mas nossos funcionários haviam sido treinados para seguir protocolos; a orientação não era pensar com ousadia ou mudar com rapidez. Ou seja, não conseguimos nos adaptar, e, em 1997, acabamos vendendo a empresa para nosso maior concorrente.

Em minha empresa seguinte, a Netflix, eu esperava promover a flexibilidade, a liberdade dos funcionários e a inovação em vez de estimular a prevenção de erros e o respeito às regras. Ao mesmo tempo, estava ciente de que, à medida que uma empresa cresce, se você não a administra com diretrizes ou processos de controle, é provável que a organização mergulhe no caos.

Por meio de uma evolução gradual ao longo de muitos anos de tentativa e erro, descobrimos uma abordagem para fazer isso funcionar. Se você der mais liberdade aos funcionários em vez de desenvolver processos que os impeçam de exercer o próprio discernimento, eles tomarão decisões melhores e será mais fácil responsabilizá-los. Isso também cria uma força de trabalho mais feliz e motivada, além de uma empresa mais ágil. Contudo, para desenvolver uma base que permita esse nível de liberdade, primeiro você precisa expandir dois outros elementos:

+ Desenvolva a densidade de talento.

Na maioria das empresas, as diretrizes e os processos de controle são implementados para lidarem com comportamento desleixado, falta de profissionalismo ou irresponsabilidade por parte dos funcionários. Mas, se você evitar essas pessoas ou demiti-las, não precisará de regras. Se criar uma empresa composta por funcionários com alto desempenho, você poderá eliminar a maioria dos controles. Quanto maior for a concentração de talentos, maior a liberdade que você poderá oferecer.

+ Estimule a sinceridade.

Funcionários talentosos têm muito a aprender uns com os outros. Mas os protocolos de etiqueta vigentes geralmente impedem os funcionários de fornecer o feedback necessário para elevar o desempenho a outro nível. Quando integrantes talentosos da equipe adotam o hábito de fornecer feedback, todos melhoram no que fazem enquanto se tornam implicitamente responsáveis uns pelos outros, reduzindo ainda mais a necessidade de controles tradicionais.

Com esses dois elementos estabelecidos, você agora pode...

- Reduza os controles.

Comece arrancando páginas do manual do funcionário. Políticas de viagem, políticas de despesas, políticas de férias — tudo isso pode ir para o lixo. Mais tarde, à medida que o talento se tornar mais denso e o feedback, mais frequente e sincero, você poderá eliminar os processos de aprovação de toda a empresa, ensinando a seus gestores princípios como "Lidere com contexto em vez de com controle" e treinando seus funcionários a usarem diretrizes como "não tente agradar ao chefe".

O melhor de tudo é que, quando você começa a desenvolver esse tipo de cultura, dá início a um ciclo virtuoso. A retirada dos controles cria uma cultura de "Liberdade com Responsabilidade" (expressão que os funcionários da Netflix usam tanto que em inglês dizemos "F&R", abreviação de *Freedom and Responsability*), o que atrai talentos de ponta e possibilita o uso de menos controles ainda. Tudo isso leva a um nível de agilidade e inovação que a maioria das empresas não é capaz de igualar. Mas você não pode atingir esse nível de uma só vez.

PRIMEIRO
Desenvolva a densidade de talento criando uma força de trabalho com alto desempenho.
Implemente a sinceridade estimulando muitos feedbacks.
Remova controles como políticas de férias, de viagens e de despesas.

SEGUNDO
Fortaleça a densidade de talento pagando os melhores salários do mercado.
Aumente a sinceridade enfatizando a transparência organizacional.
Livre-se de mais controles como aprovações de decisões.

TERCEIRO
Maximize a densidade de talento implementando o Teste de Retenção.
Maximize a sinceridade criando círculos de feedback.
Elimine a maioria dos controles liderando com contexto em vez de com controle.

Os nove primeiros capítulos deste livro cobrem, ao longo de três ciclos, tal abordagem de implementação em três etapas, cada ciclo formando uma parte. O décimo capítulo analisa o que aconteceu quando começamos a levar nossa cultura corporativa a uma variedade de culturas *nacionais* — uma transição que levou a uma série de novos desafios interessantes e importantes.

Obviamente, quase todo projeto experimental inclui sucessos e fracassos. A vida na Netflix — assim como a vida em geral — é um pouco mais complicada do que sugere esse diagrama em forma de tornado. Por isso pedi a alguém de fora que estudasse nossa cultura e escrevesse este livro comigo. Queria que um especialista imparcial visse de perto como a cultura de fato se desenrola, dia após dia, dentro da empresa.

Pensei em Erin Meyer, cujo livro *The Culture Map* eu acabara de ler. Professora da escola de administração INSEAD, nas redondezas de Paris, Erin fora recentemente eleita pelo Thinkers50 uma das mais influentes intelectuais da área de negócios. Ela escreve com frequência a respeito de sua pesquisa sobre diferenças culturais no ambiente de trabalho para a *Harvard Business Review*, e ao ler seu livro descobri que ela também tinha sido professora voluntária do Corpo da Paz no sul da África dez anos depois de mim. Enviei uma mensagem para ela.

Em fevereiro de 2015, li uma matéria no *Huffington Post* intitulada "Uma razão para o sucesso da Netflix: a empresa trata os funcionários como adultos". A matéria explicava:

> A Netflix supõe que você tem uma incrível capacidade de discernimento (...) E discernimento é a solução para quase todo problema ambíguo. Não os processos.
>
> O outro lado da moeda (...) é que se espera que as pessoas tenham um desempenho de alto nível, senão rapidamente são jogadas no olho da rua (com uma generosa rescisão).

Fui ficando cada vez mais curiosa sobre como uma empresa poderia operar com sucesso na vida real seguindo a metodologia apresentada. A ausência de processos está fadada a gerar pandemônio, e mostrar a porta da rua para funcionários que não tenham desempenho de alto nível costuma instigar terror na força de trabalho.

Então, alguns meses depois, acordei e encontrei o seguinte e-mail em minha caixa de entrada:

> De: Reed Hastings
> Data: 31 de maio de 2015
> Assunto: Corpo da Paz e livro
>
> Erin,
> Fui membro do Corpo da Paz na Suazilândia (1983–85). Hoje, sou CEO da Netflix. Adorei seu livro, e agora todos os nossos líderes o estão lendo.
> Gostaria de tomar um café com você algum dia. Vou a Paris várias vezes.
> Mundo pequeno!
>
> Reed

Reed e eu aprofundamos mais a nossa relação, e em dado momento ele sugeriu que eu entrevistasse os funcionários da Netflix para eu ter uma ideia em primeira mão de como é de fato a cultura da empresa, além de coletar dados com o intuito de escrever um livro com ele. Era uma oportunidade de descobrir como uma empresa com uma cultura em oposição direta a tudo o que sabemos sobre psicologia, negócios e comportamento humano alcançou resultados tão notáveis.

Realizei mais de duzentas entrevistas com funcionários e ex-funcionários da Netflix no Vale do Silício, Hollywood, São Paulo, Amsterdã, Singapura e Tóquio, conversando com funcionários de todos os níveis, desde executivos a assistentes administrativos.

A Netflix no geral não acredita no anonimato, mas insisti que todos tivessem a opção de fornecer as respostas anonimamente. Aqueles que assim escolheram são mencionados neste livro apenas por um primeiro nome fictício. No entanto, fiéis à cultura de "honestidade sempre" da Netflix, muitos assumiram a identidade abertamente, felizes em compartilhar todo tipo de opiniões e histórias surpreendentes, e às vezes pouco lisonjeiras, sobre si mesmos e seu empregador.

VOCÊ PRECISA LIGAR OS PONTOS DE MANEIRA DIFERENTE

Em seu famoso discurso de cerimônia de formatura na Universidade de Stanford, Steve Jobs disse: "Não dá para ligar os pontos olhando para a frente; você só consegue ligá-los olhando para trás. Precisa confiar que eles vão se conectar de algum modo no seu futuro. Você precisa confiar em algo — intuição, destino, vida, carma, o que for. Essa abordagem nunca me decepcionou e fez toda a diferença na minha vida."

Jobs não está sozinho. Dizem que o mantra de Sir Richard Branson é "A-B-C-D" (*Always be connecting the dots* em inglês, ou "Sempre esteja ligando os pontos"). E David Brier e a Fast Company lançaram um vídeo fascinante em que afirmam que a maneira como ligamos os pontos de nossa vida define como vemos a realidade e, portanto, como tomamos decisões e chegamos a conclusões.

O objetivo é incentivar as pessoas a questionarem como os pontos são conectados. Na maioria das empresas, as pessoas unem os pontos da mesma maneira que todos fazem e sempre fizeram. Isso preserva o *status quo*. Um dia, porém, alguém aparece e liga os pontos de outra forma, o que leva a uma compreensão completamente diferente de mundo.

Foi o que aconteceu na Netflix. Apesar da experiência de Reed na Pure Software, ele não se propôs exatamente a montar uma empresa com um ecossistema único. Em vez disso, buscou flexibilidade organizacional. Então, alguns acontecimentos o levaram a ligar os pontos da cultura corporativa de maneira diferente. Aos poucos, à medida que esses elementos se agrupavam, ele foi capaz — apenas retrospectivamente — de entender o que na cultura foi crucial para impulsionar o sucesso da Netflix.

Neste livro, ligaremos os pontos capítulo a capítulo, na ordem em que os descobrimos na Netflix. Também veremos como eles se desenrolam no atual ambiente de trabalho da Netflix, o que aprendemos ao longo do caminho e como você pode implementar sua própria versão de Liberdade com Responsabilidade em sua empresa.

PARTE UM

PRIMEIROS PASSOS PARA UMA CULTURA DE LIBERDADE COM RESPONSABILIDADE

Primeiro, desenvolva a densidade de talento...
1 ▸ **Um ótimo ambiente de trabalho é composto por colegas incríveis**

Em seguida, estimule a sinceridade...
2 ▸ **Diga o que você realmente pensa (com intuito construtivo)**

Agora, comece a remover os controles...
3a ▸ **Elimine a política de férias**
3b ▸ **Elimine aprovações de viagens e despesas**

Esta seção demonstra como uma equipe ou empresa pode começar a implementar uma cultura de Liberdade com Responsabilidade. Esses conceitos se apoiam um no outro. Embora você possa tentar implementar elementos de cada capítulo isoladamente, essa abordagem talvez seja arriscada. Quando você desenvolve a densidade de talento, pode lidar sem problemas com a sinceridade. Somente então poderá começar a eliminar com segurança as políticas que controlam sua equipe.

*PRIMEIRO, DESENVOLVA
A DENSIDADE DE TALENTO...*

1

UM ÓTIMO AMBIENTE DE TRABALHO É COMPOSTO POR COLEGAS INCRÍVEIS

Nos anos 1990, eu gostava de alugar fitas VHS na Blockbuster da minha rua. Pegava dois ou três filmes de cada vez e os devolvia logo para evitar multas por atraso. Então, certo dia, mexi em uma pilha de papéis na mesa da sala de jantar e vi uma fita a que eu assistira semanas antes e esquecera de devolver. Quando levei o filme para a loja, a mulher me disse que a multa seria de 40 dólares! Eu me senti um idiota.

Mais tarde, isso me fez pensar. Grande parte dos lucros da Blockbuster vinha de multas por atraso. Se o seu modelo de negócios depende de induzir sua base de clientes a se sentir idiota, dificilmente você obterá muita lealdade por parte deles. Será que havia outro modelo capaz de proporcionar o prazer de assistir a filmes em casa sem a dor de precisar pagar muito quando se esquecesse de devolvê-los?

No início de 1997, quando a Pure Software foi vendida, Marc Randolph e eu começamos a pensar em abrir um negócio de filmes por correspondência. A Amazon estava se saindo bem com os livros. Por que não filmes? Os clientes poderiam alugar fitas VHS em nosso site e devolvê-las pelo correio. Então, descobrimos que enviar e receber de volta uma fita VHS custaria quatro dólares cada trecho. Não seria um grande mercado. Era muito caro.

Mas um amigo me contou sobre uma nova invenção chamada DVD, que chegaria naquele outono. "São como CDs, mas capazes de armazenar um filme", explicou. Corri até os correios e enviei diversos CDs para mim mesmo (não consegui encontrar um DVD de verdade para fazer o teste). Cada um custou 32 centavos. Então, voltei para casa em Santa Cruz e esperei ansiosamente que chegassem. Dois dias depois, caíram pela fenda do correio, ilesos.

Lançamos a Netflix em maio de 1998, a primeira loja online de aluguel de DVDs do mundo. Contávamos com trinta funcionários e 925 títulos, que compreendiam quase todo o catálogo de DVDs disponíveis na época. Marc foi o CEO até 1999, quando assumi o cargo, e ele se tornou um de nossos executivos.

No início de 2001, o número de assinantes subiu para 400 mil; o de funcionários, para 120. Tentei evitar os mesmos problemas de liderança de meus tempos na Pure Software e, embora dessa vez não tivéssemos implementado regras e controles em excesso, eu também não era capaz de definir a Netflix como um ótimo ambiente de trabalho. Mas estávamos crescendo, os negócios iam bem, e nossos funcionários achavam o trabalho satisfatório.

LIÇÕES DE UMA CRISE

Então, na primavera de 2001, veio a crise. A primeira bolha da internet estourou, e dezenas de empresas online faliram e desapareceram. Todo o financiamento de capital de risco foi interrompido, e, de repente, não conseguimos captar os fundos adicionais necessários para administrarmos o negócio, que estava longe de ser lucrativo. O moral no escritório estava baixo e prestes a baixar ainda mais. Precisávamos demitir um terço de nossa equipe.

Sentei-me com Marc e Patty McCord — ela viera comigo da Pure Software e era chefe do RH —, e estudamos a contribuição de cada funcionário. Não tínhamos nenhum desempenho explicitamente ruim. Então, dividimos a equipe em duas pilhas: os oitenta com melhor desempenho, que manteríamos; e os quarenta menos incríveis, que demitiríamos. Aqueles que eram excepcionalmente criativos, faziam um ótimo trabalho e colaboravam bem com os demais iam imediatamente para a pilha dos "mantidos". A dificuldade era que havia muitos casos limítrofes. Alguns eram ótimos colegas e amigos, mas executavam um trabalho razoável em vez de excelente. Outros trabalhavam como loucos, mas demonstravam um discernimento irregular e precisavam de muita ajuda. Alguns eram excepcionalmente talentosos e tinham alto desempenho, mas também reclamavam muito ou eram pessimistas. A maioria deles teria de ir embora. Não seria fácil.

Nos dias que antecederam as demissões, minha mulher comentou que eu estava muito nervoso, e ela estava certa. A minha preocupação era que a motivação no escritório despencasse. Eu tinha certeza de que, após a demissão de seus amigos e colegas, os que ficassem pensariam que a empresa não era leal a seus funcionários. Aquilo deixaria todos furiosos. Pior ainda, os "mantidos" teriam de arcar com o trabalho dos dispensados, o que certamente traria amargura. Já estávamos com pouco dinheiro. Será que aguentaríamos um colapso adicional no moral?

O dia então chegou e, como esperado, foi horrível. As pessoas que demitimos choraram, bateram portas e gritaram de frustração. Ao meio-dia, tudo já tinha sido feito, e esperei a segunda parte da tempestade: a reação dos funcionários remanescentes... Contudo, apesar de algumas lágrimas e da tristeza evidente, estava tudo calmo. Então, após algumas semanas, por um motivo que não consegui entender a princípio, a atmosfera melhorou drasticamente. Estávamos em redução de custos e abríramos mão de um terço da força de trabalho, mas o escritório encontrava-se subitamente repleto de paixão, energia e ideias.

Alguns meses depois, chegamos ao fim do ano. Os aparelhos de DVD estavam em alta naquele Natal, e, no início de 2002, nosso negócio de assinatura de DVDs por correio crescia rapidamente outra vez. De uma hora para outra, estávamos trabalhando muito mais — com 30% a menos de mão de obra. Para a minha surpresa, aquelas oitenta pessoas faziam tudo com mais paixão do que nunca. Trabalhavam mais horas, mas o ânimo estava ótimo. Não eram apenas os funcionários que se sentiam mais felizes. Eu acordava de manhã e mal podia esperar para chegar ao escritório. Naquela época, eu levava Patty McCord todo dia ao trabalho, e, quando chegava à casa dela em Santa Cruz, ela praticamente pulava para dentro do carro com um grande sorriso: "Reed, o que está acontecendo? Será que isso é como quando estamos apaixonados? Será que é só um efeito químico maluco e essa empolgação logo vai passar?"

Patty expressou muito bem a sensação. Todo o escritório parecia repleto de pessoas loucamente apaixonadas pelo trabalho.

Não estou defendendo demissões e, felizmente, nunca mais tivemos de fazer nada parecido na Netflix. Contudo, nos dias e meses que se seguiram às demissões de 2001, descobri algo que mudou por completo a maneira como eu entendia tanto a motivação dos funcionários quanto a responsabilidade da liderança. A experiência foi um momento decisivo para minha compreensão do papel da densidade de talento nas empresas. As lições que então aprendemos se tornaram a base de muito do que levou ao sucesso da Netflix.

Antes de continuarmos a descrever essas lições, porém, é necessário apresentar Patty adequadamente, porque ela teve um papel fundamental no desenvolvimento da Netflix por mais de uma década, e sua pupila, Jessica Neal, está hoje à frente do RH na empresa. Conheci Patty McCord na Pure Software. Em 1994, ela ligou do nada para o escritório e pediu para falar com o CEO. Naquela época, minha irmã mais nova atendia os telefonemas e me passou a ligação na mesma hora. Patty fora criada no Texas, um sotaque que mal deu para perceber em nossa conversa. Ela disse que trabalhava para a Sun Microsystems no departamento de RH, mas que gostaria de vir para a Pure Software e administrar nosso RH. Convidei-a para tomar um café.

Durante a primeira metade da reunião, não entendi nada do que Patty dizia. Pedi que ela me falasse sobre sua filosofia de RH, e ela disse: "Acredito que todo indivíduo deve ser capaz de diferenciar sua contribuição para a empresa e suas aspirações individuais. Como chefe de gerenciamento de capital humano, eu trabalharia com você, o CEO, com o objetivo de aumentar o quociente de inteligência emocional de nossas lideranças e melhorar o envolvimento dos funcionários." Minha cabeça começou a girar. Eu era jovem e mal-educado e, quando ela parou de falar, eu disse: "É assim que o pessoal de RH fala? Não entendi uma palavra. Se vamos trabalhar juntos, você vai ter que parar de falar assim."

Patty se sentiu insultada e falou isso na minha cara. Quando chegou em casa naquela noite e o marido perguntou como fora a entrevista, ela respondeu: "Ruim. Briguei com o CEO." Mas adorei o modo como ela me disse exatamente o que pensava a meu respeito. Eu lhe dei o emprego e, desde então, temos uma amizade franca e duradoura, que persiste mesmo após sua saída da Netflix. Pode ser em parte porque somos muito diferentes: eu sou um nerd viciado em matemática e engenheiro de software, ela é especialista em comportamento humano e uma contadora de histórias. Quando olho para uma equipe, vejo números e algoritmos que conectam as pessoas e as discussões. Quando Patty olha para uma equipe, vê emoções e respostas interpessoais sutis que me são invisíveis. Patty trabalhou para mim na Pure Software até a empresa ser vendida em 1997 e juntou-se a nós nos primórdios da Netflix.

Depois das demissões de 2001, Patty e eu passamos diversas viagens de carro tentando entender por que o ambiente de trabalho melhorara tanto e como poderíamos manter aquela energia positiva. Acabamos concluindo que aquilo que Patty chamava de nosso dramático aumento de "densidade de talento" estava por trás das melhorias.

DENSIDADE DE TALENTO: PESSOAS TALENTOSAS TORNAM UMAS ÀS OUTRAS MAIS EFICIENTES

Todo funcionário tem algum talento. Quando éramos uma equipe de 120 pessoas, algumas eram extremamente talentosas, e outras, moderadamente talentosas. No geral, tínhamos uma quantidade razoável de talentos dentro da força de trabalho. Após as demissões, com a permanência apenas das oitenta pessoas mais talentosas, ficamos com uma quantidade menor de talento no geral, mas a quantidade de talento por funcionário era maior. Nossa "densidade" de talento tinha aumentado.

Descobrimos que uma empresa com grande densidade de talento é uma na qual todos desejam trabalhar. Pessoas com alto desempenho prosperam especialmente em ambientes em que a densidade de talentos geral é alta.

Nossos funcionários estavam aprendendo mais uns com os outros, e as equipes realizavam mais — e com mais rapidez. Isso aumentava a motivação e a satisfação individual, e levava toda a empresa a produzir mais. Descobrimos que o fato de estarmos rodeados pelos melhores elevou um trabalho que já era bom a um patamar totalmente novo.

E o mais importante: trabalhar com colegas de fato talentosos foi empolgante, inspirador e muito divertido — algo que permanece tão verdadeiro na empresa hoje, com sete mil funcionários, quanto foi com aqueles oitenta.

Em retrospecto, entendi que um ou dois indivíduos com desempenho meramente razoável reduzem o desempenho de todos na equipe. Se você tem uma equipe com cinco funcionários incríveis e dois razoáveis, os razoáveis vão:

- minar a energia dos gestores, de modo que eles fiquem com menos tempo para dedicar àqueles com alto desempenho;
- reduzir a qualidade das discussões em grupo, diminuindo o QI geral da equipe;
- forçar outras pessoas a desenvolverem maneiras de contorná-los, reduzindo a eficiência;
- levar os integrantes da equipe que buscam excelência a se demitirem;
- mostrar à equipe que você aceita mediocridade, multiplicando o problema.

Para funcionários com melhor desempenho, um ótimo ambiente de trabalho não oferece um escritório luxuoso, uma academia linda ou sushi grátis no almoço. Está relacionado à alegria de se ver cercado por pessoas talentosas e colaborativas. Pessoas que podem ajudá-lo a ser melhor. Quando cada integrante da equipe é excelente, o desempenho aumenta à medida que os funcionários aprendem e motivam uns aos outros.

O DESEMPENHO É CONTAGIANTE

Com as demissões de 2001, Reed aprendeu que o desempenho — bom ou ruim — é contagiante. Se você tem integrantes com desempenho razoável, isso faz com que muitos indivíduos que podem ser excelentes apresentem um desempenho razoável. E se você tem uma equipe composta inteiramente por pessoas de alto desempenho, cada uma estimula a outra a alcançar mais.

O professor Will Felps, da Universidade de New South Wales, na Austrália, conduziu um estudo fascinante para demonstrar o comportamento contagiante no ambiente de trabalho. Ele criou diversas equipes com quatro estudantes universitários e pediu que cada uma concluísse uma tarefa de gerenciamento em 45 minutos. As equipes que fizessem o melhor trabalho receberiam uma recompensa de 100 dólares.

Sem os alunos saberem, algumas equipes incluiriam um ator, que interpretaria um entre diversos papéis: o "preguiçoso", que se desligaria do projeto, colocaria os pés em cima da mesa e ficaria enviando mensagens de texto; o "idiota", que se expressaria com sarcasmo e diria coisas como "você está de sacanagem?" e "obviamente, você nunca teve uma aula de administração"; e o "pessimista depressivo", que pareceria alguém cujo gato acabara de morrer, reclamaria que a tarefa era impossível, expressaria dúvidas sobre o sucesso da equipe e às vezes baixaria a cabeça sobre a mesa. O ator faria isso sem transparecer para o restante da equipe que não era um estudante comum.

Felps descobriu primeiro que, mesmo quando outros membros da equipe eram excepcionalmente talentosos e inteligentes, o mau comportamento de um indivíduo diminuía a eficiência de toda a equipe. Em dezenas de testes, realizados durante períodos de um mês, os grupos com um elemento com desempenho negativo apresentaram resultados de 30 a 40% inferiores ao das demais equipes.

Essas descobertas contrariavam as pesquisas de décadas anteriores, que sugeriam que cada membro de uma equipe agia de acordo com os valores e normas do grupo. O comportamento de um indivíduo logo contagiava os outros membros, mesmo que o grupo ficasse junto por apenas 45 minutos. Como explica Felps: "O que mais surpreendia era como os outros membros da equipe começavam a assumir as características do indivíduo." Quando o impostor era preguiçoso, o resto do grupo perdia o interesse pelo projeto. Cedo ou tarde, outra pessoa anunciaria que a tarefa não era importante. Se o ator era um idiota, outros no grupo também começavam a agir de maneira semelhante: insultando uns aos outros, falando com rispidez. Quando o ator era um pessimista depressivo, os resultados se mostravam ainda mais sérios. Felps diz: "Lembro-me de ter assistido ao vídeo de um dos grupos. Você começa com todos os membros sentados eretos, energizados e animados para assumirem uma tarefa potencialmente desafiadora. No final, eles estão com a cabeça sobre a mesa, esparramados."

Felps demonstrou o que Patty e eu já havíamos aprendido em 2001. Se você tem um grupo com alguns integrantes meramente razoáveis, é provável que o desempenho deles contagie os demais, diminuindo o desempenho de toda a organização. A maioria de nós se lembra de momentos em nossas vidas em que testemunhamos esse princípio do comportamento contagioso em primeira mão. No meu caso, isso aconteceu quando eu tinha 12 anos.

Eu nasci em Massachusetts, em 1960. Eu era um garoto normal, sem nenhum grande talento ou habilidade. Quando eu estava no terceiro ano, nos mudamos para Washington. As coisas teriam dado certo por lá, e eu tinha um grande grupo de amigos, mas nos recreios do sexto e do sétimo ano, havia um garoto, Calvin, que começou a organizar lutas. Não que ele intimidasse ou ameaçasse qualquer um de nós. Mas aquele garoto, que de outro modo não seria digno de nota, criou um padrão de comportamento que afetou a conduta e a reação dos demais. Eu não queria participar, mas a vergonha de não lutar seria pior do que fazer parte daquilo. E, durante o dia inteiro, de fato importava quem ganhara ou perdera a luta. Sem Calvin, nossa maneira de interagir uns com os outros e brincar juntos teria sido dramaticamente melhor. Quando meu pai nos disse que voltaríamos para Massachusetts, eu mal podia esperar para ir embora.

Após as demissões de 2001, percebemos que também tínhamos um punhado de pessoas na Netflix que criavam um ambiente de trabalho indesejável. Muitos não eram ótimos em seus trabalhos de diversas pequenas maneiras, o que sugeria aos outros que o desempenho medíocre era aceitável, e reduzia o desempenho de todos no escritório.

Em 2002, com uma nova compreensão do que vem a ser um ótimo ambiente de trabalho, Patty e eu assumimos um compromisso. No futuro, nosso objetivo principal seria fazer todo o possível para mantermos a densidade de talento pós-demissões e todas as coisas ótimas que resultaram daquilo. Contrataríamos os melhores funcionários e pagaríamos os melhores salários do mercado. Treinaríamos os nossos gestores para terem a coragem e a disciplina de se livrarem de qualquer funcionário que demonstrasse comportamentos indesejáveis ou que não apresentasse desempenho exemplar. Concentrei-me em garantir que a Netflix fosse composta por funcionários — desde a recepcionista até a equipe executiva do mais alto escalão — com o melhor desempenho e a maior capacidade de colaboração do mercado.

O PRIMEIRO PONTO

Este é o ponto vital para a fundação de toda a história da Netflix.

Um ambiente de trabalho ágil e inovador é composto pelo que chamamos de "colegas incríveis" — pessoas altamente talentosas, de diferentes realidades e com perspectivas diversas, excepcionalmente criativas, que realizam quantidades significativas de trabalho importante e colaboram de maneira eficaz. Além disso, nenhum dos outros princípios funcionará a menos que você garanta que esse primeiro ponto seja implementado.

▶ **LIÇÕES DO CAPÍTULO 1**

- Seu objetivo número um como líder é desenvolver um ambiente de trabalho composto exclusivamente por colegas incríveis.

- Colegas incríveis realizam quantidades significativas de trabalho importante e são excepcionalmente criativos e apaixonados.

- Idiotas, preguiçosos, pessimistas ou pessoas gentis com um desempenho que não seja excelente derrubarão o desempenho de todos se permanecerem na equipe.

Rumo a uma cultura de Liberdade com Responsabilidade

Uma vez que alcançar uma alta densidade de talento e tiver eliminado os indivíduos nem tão excelentes, você estará pronto para introduzir uma cultura de sinceridade.

Isso nos leva ao capítulo 2.

EM SEGUIDA, ESTIMULE A SINCERIDADE...

2

DIGA O QUE VOCÊ REALMENTE PENSA (COM INTUITO CONSTRUTIVO)

Em meus primeiros anos como CEO da Pure Software, eu lidava bem com a tecnologia. Mas ainda era muito ruim na parte pessoal da liderança. Eu evitava conflitos. Achava que as pessoas ficariam aborrecidas se as confrontasse diretamente com um problema, então tentava contornar as questões quando surgiam.

É um traço de personalidade que remonta à minha infância. Quando eu era criança, meus pais eram compreensivos, mas não conversávamos sobre emoções em nossa casa. Eu não queria aborrecer ninguém, então evitava assuntos complicados. Não tinha muitos modelos de sinceridade construtiva e demorei muito tempo para me sentir confortável com isso.

Sem pensar muito sobre o assunto, trouxe essa atitude para o trabalho. Na Pure Software, por exemplo, tínhamos um líder sênior muito atencioso chamado Aki, que, em determinado momento, na minha opinião, estava demorando muito para desenvolver um produto. Fiquei frustrado e aborrecido. Contudo, em vez de conversar com Aki, fiz um acordo externo com outro grupo de engenheiros para que dessem andamento ao projeto. Quando Aki soube o que eu tinha feito, ficou furioso. Ele veio até mim e disse: "Você fica chateado comigo e, em vez de me dizer como se sente, simplesmente age pelas minhas costas?"

Aki estava totalmente certo: a maneira como lidei com o problema foi horrível. Mas eu não sabia como falar abertamente sobre meus temores.

O mesmo problema afetou minha vida pessoal. Quando a Pure abriu o capital em 1995, minha esposa e eu estávamos casados havia quatro anos e tínhamos uma filha pequena. Eu estava no auge de minha vida profissional, mas não sabia como ser um bom marido. Tudo ficou mais difícil no ano seguinte, quando a Pure adquiriu outra empresa a quase cinco mil quilômetros de distância. Eu passava metade da semana fora, mas, quando minha esposa expressava sua frustração, eu me defendia dizendo que tudo o que fazia era para o bem da família. Quando os amigos lhe perguntavam "Você não está animada com o sucesso de Reed?", ela sentia vontade de chorar. Estava distante de mim, e eu estava ressentido com ela.

A situação mudou quando procuramos um terapeuta de casal. Ele nos fez falar sobre nossos ressentimentos. Comecei a ver nosso relacionamento pelos olhos dela. Ela não se importava com dinheiro. Ela me conheceu em 1986 em uma festa para os voluntários que retornavam do Corpo da Paz e se apaixonou pelo cara que tinha acabado de passar dois anos dando aulas na Suazilândia. Agora se via presa a um sujeito obcecado pelo sucesso nos negócios. Por que ela deveria estar entusiasmada?

Dar e receber feedback transparente nos ajudou muito. Percebi que estava mentindo para ela. Enquanto falava coisas como "a família é a coisa mais importante para mim", faltava a jantares em casa e trabalhava até tarde da noite. Vejo agora que minhas palavras não eram apenas banalidades. Eram mentiras. Ambos aprendemos o que poderíamos fazer para sermos parceiros melhores, e nosso casamento voltou à vida. (Estamos casados há 29 anos e temos dois filhos adultos!)

Então, tentei assumir o mesmo compromisso de ser sincero no escritório. Comecei a incentivar todos a dizerem exatamente o que pensavam, mas com intuito construtivo — não atacando ou ferindo alguém, mas colocando sentimentos, opiniões e feedbacks na mesa, onde esses assuntos poderiam ser tratados.

Quando começamos a dar uma quantidade cada vez maior de feedback sincero uns aos outros, vi que aquilo tinha um benefício adicional. Elevava nosso desempenho.

Um exemplo logo no início envolveu nosso diretor financeiro, Barry McCarthy. Barry foi o primeiro diretor financeiro da Netflix, atuando de 1999 até 2010. Ele foi um grande líder, visionário, íntegro e com uma incrível capacidade de ajudar todos a entenderem profundamente as nossas finanças. Mas ele também era um pouco mal-humorado. Quando a diretora de marketing, Leslie Kilgore, mencionou o mau humor de Barry para mim, eu a incentivei a conversar com ele. "Diga a ele exatamente o que você me falou", sugeri, inspirado pelas experiências com a terapia de casal.

Leslie foi diretora de marketing de 2000 a 2012 e atualmente faz parte de nosso conselho administrativo. À primeira vista, sua personalidade parece bem pragmática, mas ela tem um senso de humor certeiro e muitas vezes surpreendente. Leslie falou com Barry no dia seguinte e se saiu muito melhor do que eu jamais conseguiria. Ela encontrou uma maneira de calcular quanto dinheiro o mau humor dele estava custando aos negócios. Falou na linguagem financeira que ele usava, acrescentando à conversa uma dose de seu humor contagiante, e Barry ficou balançado. Ele reuniu sua equipe, contou a eles sobre o feedback recebido e pediu que chamassem sua atenção quando seu mau humor estivesse influenciando as ações dos outros.

Os resultados foram notáveis. Nas semanas e meses seguintes, muitos membros da equipe financeira comentaram comigo e com Patty sobre a mudança positiva na liderança de Barry. E esse não foi o único benefício.

Depois que Leslie passou um feedback construtivo para Barry, Barry deu um feedback construtivo para Patty e, depois, para mim. Ao ver quão bem o chefe respondera ao feedback de Leslie, os membros da equipe de Barry ousaram lhe informar, com uma pitada de bom humor, quando seu mau humor estava reaparecendo e começaram a dar mais feedback uns para os outros. Não contratamos novos talentos nem aumentamos os salários de ninguém, mas a sinceridade aumentava diariamente a densidade de talento no escritório.

Vi que dar feedbacks e expressar opiniões abertamente, em vez de fazer fofoca, reduzia as traições e a politicagem e nos permitia sermos mais rápidos. Quanto mais as pessoas ouviam no que podiam melhorar, melhor todos trabalhavam e melhor nos saíamos como empresa.

Foi quando criamos a expressão: "Só fale de uma pessoa aquilo que você diria na cara dela." Modelei esse comportamento da melhor maneira possível e, sempre que alguém vinha a mim para reclamar de outro funcionário, eu perguntava: "O que essa pessoa respondeu quando você lhe disse isso diretamente?" É uma atitude muito radical. Na maioria das situações, tanto sociais quanto profissionais, pessoas que sempre dizem o que pensam são logo isoladas e até mesmo banidas. Na Netflix, porém, nós as abraçamos. Trabalhamos duro para fazer com que as pessoas deem feedback construtivo — para superiores, subordinados e toda a empresa — continuamente.

Doug, funcionário de nossa equipe jurídica, deu um exemplo dessa sinceridade em ação. Ele ingressou na empresa em 2016 e não muito depois viajou a trabalho para a Índia com um colega sênior chamado Jordan. Como ele explicou: "Jordan é o tipo de colega que leva doces para as pessoas no aniversário delas. Mas também é muito ambicioso e impaciente." Embora Jordan enfatizasse a necessidade de desenvolver bons relacionamentos e focasse na construção de laços pessoais, quando chegaram à Índia seu comportamento não foi condizente com o que ele pregava.

> Estávamos jantando com uma fornecedora da Netflix chamada Sapna em um restaurante em uma colina com vista para Mumbai. Sapna tinha uma personalidade forte e uma risada ainda mais

> poderosa. Estávamos nos divertindo muito, mas, toda vez que o assunto desviava do trabalho, Jordan parecia ficar irritado. Sapna e eu estávamos rindo e comentando sobre o fato de seu bebê já andar aos dez meses enquanto meu sobrinho de dezessete meses desenvolvera uma técnica de se arrastar, de modo que não precisava das pernas para nada. Foi um grande momento de camaradagem, o tipo de ligação que certamente melhoraria os negócios. Mas Jordan irradiava frustração. Ele afastou a cadeira da mesa e ficava olhando para o celular o tempo todo, como se isso fosse fazer com que os cafezinhos chegassem mais rápido. Percebi que o comportamento dele estava prejudicando nossos esforços.

Em qualquer um de seus trabalhos anteriores, Doug não teria dito nada, silenciado por atitudes relacionadas a protocolo, hierarquia e gentileza. E ele ainda não tinha se adaptado o suficiente à cultura Netflix para se arriscar abertamente a chamar a atenção do novo colega quanto ao seu comportamento. Foi apenas uma semana depois de voltarem para casa que ele criou coragem. "Deixe eu agir no estilo Netflix", disse para si mesmo. E acrescentou "Feedback da viagem à Índia" à pauta de sua próxima reunião com Jordan.

Ao entrar na sala na manhã da reunião, o estômago de Doug revirava. O feedback era o primeiro item da pauta. Doug perguntou a Jordan se ele tinha algum feedback para lhe passar, e Jordan lhe forneceu alguns. Isso facilitou as coisas. Então Doug disse: "Jordan, eu não gosto de dar feedback. Mas vi algo na Índia que acho que poderia ser útil para você." Jordan se lembra da situação da seguinte maneira:

> Deixe-me ser bem claro. Eu me considero um rei da construção de relacionamentos. Toda vez que vou à Índia, faço um discurso para todos da equipe sobre como criar laços emocionais. É por isso que o feedback de Doug me atingiu com tanta força. Por estar estressado, agi como um robô, sabotando meus próprios objetivos, sem

> nem perceber meu comportamento. Vou à Índia todo mês. Agora não faço mais um discurso para os outros antes de ir. Em vez disso, começo a viagem dizendo aos meus colegas: "Ei, pessoal, essa é a minha fraqueza! Se eu começar a olhar para o relógio enquanto Nitin estiver nos mostrando a cidade, me deem um bom chute na canela! Agradecerei depois."

As pessoas aprendem mais rápido e são mais eficazes no trabalho quando dar e receber feedback é comum. A única parte infeliz foi o fato de Doug não ter chamado Jordan em um canto e dado o feedback durante o jantar na Índia, para que ele talvez pudesse salvar a refeição.

ALTO DESEMPENHO + SINCERIDADE ALTRUÍSTA = DESEMPENHO EXTREMAMENTE ALTO

Imagine comparecer a uma reunião às nove da manhã de segunda-feira com os outros membros de sua equipe de trabalho. Você está tomando um café e ouvindo seu chefe divagar sobre seus planos para um próximo retiro corporativo, quando uma voz em sua cabeça começa a gritar furiosamente em desacordo com o que ele está dizendo. A programação que seu chefe está delineando parece um fracasso garantido — e você tem certeza de que o programa que você bolou enquanto assistia a uma reprise de *Grey's Anatomy* na noite anterior seria mais eficaz. Você se pergunta: *Devo dizer alguma coisa?* Mas você hesita, e o momento passa.

Dez minutos depois, uma de suas colegas, que muitas vezes é enfadonha e repetitiva — mas uma otimista contagiante (e, como todos sabem, muito sensível) — começa a atualizar a equipe sobre o projeto mais recente em que esteve trabalhando. A voz em sua cabeça suspira com a inutilidade da apresentação e a trivialidade subjacente do próprio projeto. Mais uma vez você se pergunta: *Devo falar alguma coisa?* Mas, de novo, seus lábios permanecem fechados.

Você provavelmente já passou por momentos assim. Você nem sempre fica calado, mas muitas vezes fica — e, nesse caso, é provável que seja por um destes motivos:

- Você acha que sua opinião não será apoiada.
- Você não quer ser visto como "difícil".
- Você não quer entrar em uma discussão desagradável.
- Você não quer arriscar aborrecer ou irritar os colegas.
- Você tem receio de "não fazer parte da equipe".

Mas se você trabalha na Netflix, provavelmente você *falará*. Você dirá a seu chefe que o plano dele para o retiro não vai dar certo e que você tem uma ideia melhor. Após a reunião, falará para sua colega por que acha que ela deve repensar o projeto que apresentou. E, por precaução, depois de pegar um café, conversará com outro colega para mencionar que ele ficou na defensiva na reunião geral da semana anterior quando lhe pediram para explicar uma decisão que ele tomara recentemente.

Na Netflix, deixar de falar quando você discorda de um colega ou tem um feedback que poderia lhe ser útil é o mesmo que ser desleal com a empresa. Afinal, você poderia ajudar os negócios — mas está optando por não fazer isso.

Quando soube da sinceridade na Netflix, estava cética. A Netflix promove não apenas um feedback sincero como também um feedback *frequente*, o que, em minha experiência, apenas aumenta as chances de você ouvir algo que o magoará. A maioria das pessoas tem dificuldade de ouvir comentários severos, os quais podem levar a uma espiral de pensamentos negativos. A ideia de uma política que incentive as pessoas a dar feedbacks sinceros com frequência me parecia não apenas desagradável como também muito arriscada. Mas, assim que comecei a colaborar com os funcionários da Netflix, vi os benefícios.

Em 2016, Reed me pediu para fazer um discurso de abertura na reunião trimestral de liderança da empresa em Cuba. Era a primeira vez que eu trabalhava para a Netflix, mas todos os participantes já haviam lido o meu livro, *The Culture Map*, e eu queria apresentar algo novo. Trabalhei intensamente em uma apresentação personalizada, repleta de novos materiais. Normalmente, quando falo para grandes públicos, uso um conteúdo testado e comprovado. Dessa vez, ao subir no palco, ouvi meu coração batendo mais rápido do que o normal. Os primeiros 45 minutos foram bem. A plateia, composta por cerca de quatrocentos chefes de equipes da Netflix do mundo inteiro, estava envolvida, e cada vez que eu fazia uma pergunta, dezenas de mãos se erguiam.

Então convidei os participantes a formarem pequenos grupos para cinco minutos de discussão. Quando desci do palco e caminhei por entre os participantes ouvindo trechos de conversas, notei uma mulher com sotaque americano expressando-se com considerável animação. Quando ela percebeu que eu a observava, me chamou e explicou: "Eu estava dizendo aos meus colegas que a maneira como você está promovendo a discussão acaba minando sua mensagem sobre diversidade cultural. Quando você pede comentários e chama a primeira pessoa que levanta a mão, está caindo na armadilha que seu livro nos pede para evitar, porque apenas os americanos levantam as mãos, então apenas eles têm a chance de falar."

Fiquei surpresa. Era a primeira vez que alguém me dava feedback negativo no meio de uma apresentação e na frente de um grupo de outros participantes. Comecei a me sentir nauseada — especialmente quando percebi que, é claro, ela estava certa. Tive dois minutos para fazer um rápido ajuste. Quando voltei a falar, sugeri que ouvíssemos um comentário de cada país representado na plateia: primeiro Holanda, então França, Brasil, Estados Unidos, Singapura e Japão. Funcionou lindamente, e eu jamais teria usado essa técnica naquele momento sem ter recebido o feedback.

Isso definiu o padrão para outras interações que se seguiram. Durante minhas entrevistas com os funcionários da Netflix, eles me ofereciam feedback sobre minhas próprias ações, às vezes antes mesmo que eu tivesse a chance de fazer uma pergunta.

Por exemplo, logo antes de entrevistar Danielle Crook-Davies, da base da Netflix sediada em Amsterdã, ela me cumprimentou calorosamente, disse que adorara meu livro e, antes mesmo de nos sentarmos, perguntou: "Posso lhe dar um feedback?" Então, ela me disse que a narradora da versão em áudio de meu livro era surpreendentemente ruim e seu tom de voz sabotava minha mensagem. "Espero que você encontre uma maneira de regravá-lo. O livro tem um conteúdo incrível, mas a voz estraga tudo." Fiquei surpresa, mas, ao refletir, reconheci que ela estava certa. Naquela noite, fiz um telefonema pedindo para regravarem o livro.

Em outro momento, enquanto conduzia entrevistas em São Paulo, um gestor brasileiro começou com um amigável "Adoraria lhe dar um feedback". Nós tínhamos acabado de nos cumprimentar, mas tentei agir como se aquilo fosse normal. Então, ele me disse que o e-mail de preparação que eu enviara aos entrevistados era tão estruturado que parecia autoritário. "Você mesma diz em seu livro que nós brasileiros preferimos deixar as coisas mais implícitas e flexíveis. Mas você não seguiu o próprio conselho. Na próxima vez, pode ser bom enviar um e-mail com temas, não com perguntas específicas. A resposta será melhor." Eu me vi engolindo em seco desconfortavelmente enquanto ele pegava o meu e-mail e apontava as frases problemáticas. Mais uma vez, o feedback me ajudou. Nas viagens seguintes, antes de enviar um e-mail de preparação pré-entrevista, eu o mostrava aos meus respectivos contatos locais, que muitas vezes tinham ideias úteis sobre como envolver os entrevistados.

Dados todos os benefícios do feedback sincero, você pode se perguntar por que damos e recebemos tão pouco retorno na maioria das empresas. Uma rápida olhada no comportamento humano explica por quê.

NÓS ODIAMOS A SINCERIDADE (MAS AINDA A DESEJAMOS)

Poucas pessoas gostam de receber críticas. Receber más notícias sobre o seu trabalho gera um sentimento de dúvida, frustração e vulnerabilidade. Seu cérebro responde ao feedback negativo com as mesmas reações de lutar ou fugir de uma ameaça física, liberando hormônios na corrente sanguínea, acelerando o tempo de resposta e intensificando as emoções.

Se há algo que odiamos mais do que receber críticas diretas é receber esse feedback negativo diante de outras pessoas. A mulher que me deu feedback no meio da minha palestra (e na frente dos colegas dela) me ajudou muito. Ela tinha uma opinião que poderia me ajudar ali, na hora. Mas receber um feedback diante de um grupo dispara alarmes de perigo no cérebro humano. O cérebro é uma máquina de sobrevivência eficaz, e uma de nossas técnicas de sobrevivência mais bem-sucedidas é o desejo de encontrar segurança nos números. Nosso cérebro está constantemente atento a sinais de rejeição de grupos, que em tempos mais primitivos levariam ao isolamento e, potencialmente, à morte. Se alguém chama a sua atenção por um erro que você está cometendo na frente de sua tribo, a amígdala, a parte mais primitiva do cérebro, que está sempre alerta ao perigo, dispara um alarme: "Este grupo está prestes a rejeitar você." O impulso animal natural diante disso é fugir.

Ao mesmo tempo, há muitas pesquisas indicando que receber feedback *positivo* estimula o cérebro a liberar ocitocina, o mesmo hormônio de bem-estar que faz a mãe se sentir feliz quando amamenta o bebê. Não é de admirar que muitas pessoas prefiram elogiar a dar um feedback honesto e construtivo.

Contudo, pesquisas mostram que a maioria de nós entende instintivamente o valor de ouvir a verdade. Em um estudo de 2014, a empresa de consultoria Zenger Folkman coletou dados sobre feedback de quase mil pessoas. Eles descobriram que, apesar dos agradáveis benefícios dos elogios, as pessoas — em uma proporção de aproximadamente três para um — acreditam que um feedback corretivo colabora mais para a melhoria de seu desempenho do que um feedback positivo. A maioria afirmou não acreditar que o feedback positivo tivesse um impacto significativo em seu sucesso.

Aqui estão mais algumas estatísticas reveladoras da mesma pesquisa:

- 57% dos entrevistados afirmaram que preferem receber feedback corretivo a positivo.
- 72% consideraram que seu desempenho melhoraria caso recebessem mais feedbacks corretivos.
- 92% concordaram com o comentário: "O feedback negativo, caso transmitido de modo adequado, melhora o desempenho."

É estressante e desagradável ouvir o que estamos fazendo de errado, mas, após o estresse inicial, o feedback de fato ajuda. A maioria das pessoas entende intuitivamente que um simples ciclo de feedback pode ajudá-las a melhorar seu trabalho.

O CICLO DE FEEDBACK: CULTIVANDO UMA CULTURA DE SINCERIDADE

Em 2003, os moradores de Garden Grove, Califórnia, uma pequena comunidade ao sul de Los Angeles, estavam às voltas com um problema. Acidentes envolvendo carros e pedestres eram assustadoramente frequentes nas ruas de escolas primárias. As autoridades instalaram placas de limite de velocidade para que os motoristas desacelerassem, e a polícia adotou uma postura mais rígida ao multar os infratores.

Mas as taxas de acidentes não mudaram muito.

Então tentaram outra abordagem, com monitores dinâmicos de velocidade. Em outras palavras, "feedback para os motoristas". Cada um incluía uma placa indicando o limite de velocidade, um radar e um visor que anunciava "Sua Velocidade". Os motoristas que passavam obtinham dados em tempo real de sua velocidade e um lembrete de a quanto deveriam estar.

Os especialistas duvidavam que isso fosse ajudar. Afinal, todo mundo tem um velocímetro no painel do carro. Além disso, há muito tempo a doutrina de aplicação da lei sustenta que as pessoas só obedecem às regras quando enfrentam claras consequências por quebrá-las — por que os monitores influenciariam o comportamento dos motoristas?

Mas influenciaram. Estudos demonstraram que os motoristas reduziram a velocidade em 14% — em três escolas, a velocidade média caiu para *abaixo* do limite de velocidade determinado. Quatorze por cento é uma melhoria grande para algo tão simples e de baixo custo quanto um feedback.

Um ciclo de feedback é uma das ferramentas mais eficazes para a melhora de desempenho. Aprendemos mais rápido e produzimos mais quando tornamos o ato de dar e receber feedback parte contínua de como colaboramos uns com os outros. O feedback nos ajuda a evitar mal-entendidos, cria um clima de corresponsabilidade e reduz a necessidade de hierarquias e regras.

No entanto, incentivar o feedback sincero em uma empresa é muito mais difícil do que instalar placas de trânsito. Promover uma atmosfera de sinceridade exige que seus funcionários abandonem anos de condicionamento e crenças firmemente enraizadas como "Dê feedback apenas quando alguém pedir" e "Elogie em público, critique em particular".

Ao considerar a possibilidade de dar feedback, as pessoas em geral se sentem divididas entre duas questões concorrentes: não querem magoar os sentimentos de quem ouve, mas também querem ajudar a pessoa a ser bem-sucedida. O objetivo na Netflix é que ajudemos uns aos outros a obter sucesso, mesmo que isso signifique magoar os sentimentos de alguém de vez em quando. Mais importante, descobrimos que, no ambiente certo e com a abordagem certa, conseguimos dar feedback *sem* magoar os sentimentos alheios.

Se você deseja desenvolver uma cultura de sinceridade em sua empresa ou em sua equipe, há várias etapas que você pode seguir. A primeira não é a mais intuitiva. Você pode pensar que o primeiro passo para cultivar a sinceridade seria começar pelo mais fácil: fazer o chefe fornecer um extenso feedback à equipe. Em vez disso, recomendo focar em algo muito mais difícil: fazer os funcionários darem um feedback sincero para o chefe. Isso pode ser acompanhado por um feedback de chefe para funcionário. Mas a sinceridade de fato decola quando os funcionários começam a fornecer feedback sincero aos seus líderes.

DIGA AO REI QUANDO ELE ESTIVER NU

Assim como muita gente, durante a infância eu ouvi a famosa história da "nova roupa do rei", que falava de um tolo no poder, tão convencido de que estava usando a roupa mais sofisticada já feita que desfilou nu diante dos súditos. Ninguém ousou apontar o óbvio, exceto uma criança sem entendimento de hierarquia, poder ou consequências.

Quanto mais você avança em uma empresa, menor é o feedback que recebe e, portanto, maior a probabilidade de "trabalhar nu" ou cometer algum outro erro que é óbvio para todos, exceto para você. Isso não apenas é disfuncional como também perigoso. Se um assistente errar um pedido de café e ninguém lhe disser nada, não é grande coisa. Mas, se o diretor financeiro errar algo no balanço e ninguém se atrever a questioná-lo, isso colocará a empresa em uma crise.

A primeira técnica que os gestores da Netflix utilizam para fazer com que seus funcionários lhes deem um feedback sincero é incluir regularmente o feedback na programação das reuniões individuais com os funcionários. Não apenas peça o feedback, mas informe e mostre aos funcionários que isso é esperado. Coloque o feedback como primeiro ou último item do planejamento, para que fique separado das discussões operacionais. Quando chegar o momento, solicite e incentive o funcionário a dar feedback para você (o chefe) e então, se quiser, retribua dando feedback para ele.

Enquanto recebe o feedback, o seu comportamento é um fator fundamental. Você deve demonstrar ao funcionário que é seguro dar feedback, respondendo a todas as críticas com gratidão e, acima de tudo, fornecendo-lhe "sugestões de pertencimento". Daniel Coyle, autor de *The Culture Code*, descreve essas sugestões como gestos que indicam que "Seu feedback faz de você um membro mais importante desta tribo" ou "Você foi sincero comigo e de forma alguma isso colocará em risco o seu emprego ou o nosso relacionamento; você pertence a este lugar". Sempre falo com minha equipe de liderança sobre a manifestação de "sugestões de pertencimento" em situações em que um funcionário está fornecendo feedback ao chefe, porque um funcionário que é corajoso o bastante para dar um feedback sincero provavelmente se preocupará: "Será que meu chefe usará isso contra mim?" ou "Isso prejudicará a minha carreira?".

Uma sugestão de pertencimento pode ser um gesto pequeno, como usar um tom de voz agradecido, aproximar-se fisicamente ou olhar nos olhos do interlocutor. Ou pode ser algo maior, como agradecer à pessoa pela coragem e mencionar isso para o restante da equipe. Coyle explica que a função de uma sugestão de pertencimento "é responder à antiga pergunta sempre presente em nossos cérebros: 'Estamos seguros aqui? Qual é o nosso futuro com essas pessoas? Existem perigos à espreita?'" Quanto mais você e os outros em sua empresa respondem a todos os momentos de sinceridade com sugestões de pertencimento, mais coragem as pessoas terão para expressar sua sinceridade.

Ted Sarandos, diretor de conteúdo da Netflix, é um líder da equipe de Reed que solicita feedback abertamente e fornece sugestões de pertencimento quando os recebe.

Ted é responsável por todos os programas de televisão e filmes disponíveis na Netflix. Ele desempenhou um papel fundamental na reformulação da indústria do entretenimento e é frequentemente descrito como uma das pessoas mais importantes de Hollywood. Ted não é um típico magnata da mídia. Ele não terminou a faculdade, tendo adquirido sua cultura cinematográfica trabalhando em locadoras do Arizona.

Uma matéria do *Evening Standard* de maio de 2019 o descreveu assim:

> Se a Netflix fizesse uma minissérie sobre Ted Sarandos, seu diretor de conteúdo multimilionário, certamente começaria por sua infância nos anos 1960, com ele sentado de pernas cruzadas diante do brilho azulado de uma tela de televisão em um bairro pobre de Phoenix, Arizona, alheio ao caos dos quatro irmãos que brinca-

vam ao seu redor. Ele passava horas assim, tendo a programação da TV como sua única rotina.

Na adolescência, conseguiu um emprego em uma locadora de vídeos e, nas longas horas vazias de seu dia de trabalho, começou a vasculhar os novecentos títulos da loja. Ele desenvolveu um conhecimento enciclopédico de cinema e televisão — além de uma ótima intuição quanto ao que as pessoas gostavam (alguém uma vez o chamou de "algoritmo humano"). E ainda dizem que televisão em excesso apodrece o cérebro...

Em julho de 2014, Ted contratou Brian Wright, vice-presidente sênior da Nickelodeon, para liderar os contratos de conteúdo para jovens adultos. (O primeiro momento de glória de Brian na Netflix foi assinar o contrato de um programa chamado *Stranger Things*, poucos meses após assumir o cargo.) Em seu primeiro dia na Netflix, Brian viu Ted receber um feedback público. Diz ele:

Em todos os meus empregos anteriores, tudo que importava era quem tinha e quem não tinha privilégios. Se você desse feedback ao seu chefe ou discordasse dele em uma reunião na frente de outras pessoas, isso seria a morte política. Você acabaria na Sibéria.

Era segunda de manhã, meu primeiro dia de trabalho naquele emprego novinho em folha, e eu estava em alerta máximo, tentando descobrir quais eram as políticas do lugar. Às onze da manhã, compareci à minha primeira reunião liderada por Ted (chefe do meu chefe, que, na minha opinião, é uma celebridade), com mais umas quinze pessoas de diversos níveis da empresa. Ted estava falando sobre o lançamento da segunda temporada de *The Blacklist*. Um sujeito quatro níveis hierárquicos abaixo dele o interrompeu: "Ted, acho que você está esquecendo alguma coisa. Você está interpretando mal o acordo de licenciamento. Essa abordagem não vai funcionar." Ted reiterou sua posição, mas o sujeito não recuou. "Não vai funcionar. Você está misturando dois relatórios diferentes, Ted. Você entendeu errado. Precisamos tratar diretamente com a Sony."

Não dava para acreditar que aquele sujeito estava confrontando o próprio Ted Sarandos diante de um grupo de pessoas. De acordo com minha experiência anterior, isso equivaleria a cometer suicídio profissional. Eu estava escandalizado. Meu rosto ficou todo vermelho. Eu queria me esconder embaixo da mesa.

Quando a reunião terminou, Ted se levantou, pousou a mão no ombro desse cara e disse com um sorriso: "Ótima reunião. Obrigado por sua contribuição hoje." Fiquei tão surpreso que tive de me esforçar para não ficar boquiaberto.

Mais tarde, encontrei Ted no banheiro masculino. Ele perguntou como estava sendo meu primeiro dia, então eu disse: "Uau, Ted, ainda não acredito no jeito como aquele cara falou com você na reunião." Ted pareceu completamente confuso. Ele disse: "Brian, o dia que você se pegar sonegando feedbacks porque está preocupado com sua popularidade é o dia em que precisará sair da Netflix. Nós contratamos você por causa de suas opiniões. Todas as pessoas naquela sala são responsáveis por me dizer francamente o que pensam."

Ted demonstrou com clareza as duas necessidades comportamentais básicas para fazer com que os funcionários deem um feedback sincero ao chefe. Não apenas peça o feedback, mas informe e demonstre aos funcionários que isso é o esperado (por exemplo, as instruções para Brian). Então, quando você receber o feedback, responda com sugestões de pertencimento; nesse caso, a mão de Ted sobre o ombro daquele sujeito na reunião.

Na Netflix, Reed é um dos líderes que exibe com frequência esses dois comportamentos. E, em troca, recebe mais feedback negativo do que qualquer outro líder da empresa. A prova disso é sua avaliação 360 graus, por escrito, aberta à contribuição de todos, na qual ele obtém consistentemente mais feedback do que qualquer outro funcionário da empresa. Reed sempre solicita feedback e responde aos comentários religiosamente com sugestões de pertencimento, às vezes até falando em público sobre quão satisfeito ficou por ter recebido uma crítica. Eis um parágrafo de um memorando que ele compartilhou com todos os funcionários da Netflix na primavera de 2019:

> O 360 é sempre uma época muito estimulante do ano. Os comentários que mais contribuem para o meu crescimento são infelizmente os mais dolorosos. Então, no espírito do 360, obrigado por corajosa e honestamente terem destacado para mim: "**Nas reuniões, você costuma pular tópicos ou tratar deles com pressa quando está impaciente ou quando conclui que não vale a pena discutir sobre determinado tópico na programação (...) No mesmo contexto, cuidado para não deixar que seu ponto de vista prevaleça. Você pode sabotar o debate ao indicar uma conformidade onde não há.**" Tão verdadeiro, tão triste e tão frustrante que eu ainda me porte dessa forma. Continuarei a trabalhar nisso. E espero que todos vocês também continuem a me fornecer feedback construtivo.

Rochelle King se lembra claramente de como é dar um feedback construtivo ao CEO da empresa. Em 2010, ela trabalhava como diretora de produtos criativos da Netflix havia cerca de um ano. Era subordinada a um vice-presidente, que trabalhava para o *chief product officer*, que por sua vez trabalhava para Reed, de modo que ela estava três níveis abaixo do CEO. Sua história de sinceridade na Netflix é clássica:

> Reed conduzia uma reunião com cerca de 25 diretores, vice-presidentes e parte da equipe executiva. Patty McCord disse algo com que Reed não concordou. Ele ficou visivelmente irritado com ela e desdenhou com sarcasmo de seu comentário. Quando ele falou, pairou um tipo de hesitação pública e coletiva, e ouviu-se um ofegar contido. Talvez Reed estivesse muito frustrado para perceber

> a reação dos demais, mas senti que não era um grande momento de liderança para ele.

Rochelle levou a sério o princípio da Netflix de que se calar em uma circunstância dessas equivaleria a deslealdade. Ela passou a noite escrevendo um e-mail para Reed — e relendo-o "cem vezes, porque, mesmo sendo a Netflix, aquilo ainda parecia um pouco arriscado". O e-mail que ela finalmente enviou dizia:

> Olá Reed,
>
> Como uma das pessoas presentes na reunião de ontem, seus comentários para Patty me pareceram desdenhosos e desrespeitosos. Trago isso porque, no retiro do ano passado, você falou sobre a importância de criar um ambiente onde as pessoas sejam incentivadas a falar e a contribuir com a discussão (seja discordando ou concordando).
> Ontem, na sala, tínhamos um grupo diverso — diretores e vice-presidentes —, e alguns não o conhecem muito bem. Caso eu também não o conhecesse, o tom de voz que você usou com Patty me impediria de futuramente expressar minha opinião na sua frente em público, com medo de que você desprezasse minhas ideias. Espero que não se importe por eu lhe dizer isso.
>
> Rochelle

Após ouvir essa história de Rochelle, pensei em todos os meus empregos anteriores, desde garçonete no Sri Lanka Curry House, passando por gerente de treinamento em uma grande multinacional, até diretora de uma pequena empresa com sede em Boston e professora de uma escola de administração. Tentei lembrar se, em qualquer um desses papéis, eu já ouvira alguém dizer com educação e sinceridade para o chefe da empresa que seu tom de voz em uma reunião fora inadequado. E minha resposta foi um grande e retumbante: NÃO!

Quando enviei um e-mail a Reed perguntando se ele se lembrava do incidente com Rochelle cinco anos antes, ele respondeu em poucos minutos:

> Erin, lembro-me da sala (King Kong) e de onde Patty e eu estávamos sentados. Lembro-me de ter me sentido um merda depois pelo modo como lidei com a minha frustração.
>
> Reed

Minutos depois, ele encaminhou a cópia do e-mail de Rochelle, assim como a resposta que ele enviara para ela:

> Rochelle, gostei muito de receber esse feedback, e, por favor, continue chamando a minha atenção se vir algo que lhe pareça inapropriado.
>
> Reed

O feedback de Rochelle, embora franco, foi atencioso e genuinamente destinado a ajudar Reed a melhorar. Mas o grande risco de promover um clima de sinceridade são as muitas maneiras pelas quais as pessoas podem, tanto intencional quanto acidentalmente, fazer mau uso disso. O que nos leva ao segundo passo de Reed para desenvolver uma cultura de sinceridade no ambiente de trabalho.

ENSINE TODOS OS FUNCIONÁRIOS A DAREM E A RECEBEREM BEM OS FEEDBACKS

Há uma cena em *Nasce uma Estrela,* o filme indicado ao Oscar de Bradley Cooper e Lady Gaga, em que a sinceridade usada de maneira errada é mostrada em toda a sua feiura.

Lady Gaga está em uma banheira cheia de espuma. Ela tinha acabado de ser reconhecida como uma estrela musical pelos próprios méritos, recebendo três indicações ao Grammy. Seu mentor (que havia pouco tempo se tornara seu marido) entra no banheiro após ter bebido demais e lhe diz sinceramente o que acha da nova música que ela acabou de tocar no *Saturday Night Live*.

```
Você foi indicada e isso é ótimo (...) Eu só es-
tou tentando entender. (Sua música) "Why You Come
Around Me with an Ass Like That" ["Como Você me
Aparece com uma Bunda Dessas"]. (Olhos reviran-
do... longo suspiro) Talvez eu tenha falhado com
você. Você é constrangedora. Preciso ser honesto.
```

Apesar de toda a conversa sobre feedback na Netflix, esse tipo de sinceridade não daria certo. Um clima de sinceridade não quer dizer que vale tudo. Nas primeiras vezes em que os funcionários da Netflix me deram feedback, fiquei tão surpresa que pensei que as regras sobre isso eram algo do tipo "diga o que lhe vier à cabeça, não importam as consequências". Mas os gestores da Netflix investem um tempo significativo ensinando aos funcionários o que é certo e errado na troca de feedbacks. Eles têm um documento explicando como fornecer um feedback eficaz. Fazem sessões de treinamento dedicadas ao ensino e à prática de dar e receber feedbacks.

Você também pode fazer isso. Após examinar todo o material da Netflix sobre sinceridade e ouvir dezenas de entrevistados explicando como aquilo funciona, descobri que as lições podem ser resumidas aos 4As.

DIRETRIZES DE FEEDBACK DOS 4AS

Dando feedback

1. **ALVO A ALCANÇAR:** O feedback deve ter um intuito construtivo. Dar feedback com o objetivo de desabafar frustrações, ferir intencionalmente outra pessoa ou promover sua proposta polí-

tica não é tolerável. Explique com clareza como uma mudança de comportamento específica ajudará o indivíduo ou a empresa, não como isso vai ajudar você. "A maneira como você palita os dentes em reuniões com parceiros externos é irritante" é um feedback errado. O feedback certo seria: "Se você parar de palitar os dentes em reuniões com parceiros externos, é mais provável que eles o vejam como um profissional e que possamos estabelecer um relacionamento forte com eles."

2. **AÇÃO ESPECÍFICA:** Seu feedback deve se concentrar no que o destinatário pode mudar. O feedback errado para mim em Cuba teria sido parar no comentário: "Sua apresentação está minando sua mensagem." O certo foi: "A maneira como você pede informações à plateia resulta apenas na participação de americanos." Melhor ainda seria: "Se você encontrar uma maneira de solicitar contribuições de pessoas de outras nacionalidades presentes, sua apresentação será mais poderosa."

Recebendo feedback

3. **AGRADECER:** Ao receber críticas, a tendência natural do ser humano é reagir se defendendo ou se desculpando; por reflexo, todos tentamos proteger nossos egos e reputações. Quando você recebe feedback, precisa combater essa reação natural e, em vez disso, se perguntar: "Como posso demonstrar gratidão por esse feedback ouvindo-o com atenção, considerando a mensagem com a mente aberta e não ficando na defensiva nem com raiva?"

4. **ACEITAR OU DESCARTAR:** Você receberá muitos feedbacks de muitas pessoas enquanto estiver na Netflix. Precisa ouvir e considerar todos. Mas não é obrigado a segui-los. Agradeça com sinceridade. Mas você e a pessoa que dá o feedback devem entender que a decisão de reagir a ele depende exclusivamente de quem o recebe.

No exemplo mencionado no início deste capítulo, em que Doug deu um feedback para Jordan sobre como ajustar seu comportamento a fim de obter mais sucesso enquanto trabalhava na Índia, podemos ver os 4As lindamente representados. Doug viu como a abordagem comercial de Jordan estava sabotando seus próprios objetivos. A intenção de Doug era ajudar Jordan a melhorar e a empresa a ser bem-sucedida (Alvo a Alcançar). O feedback que ele forneceu foi tão prático que Jordan afirma que agora adota uma abordagem diferente toda vez que trabalha na Índia (Ação específica). Jordan expressou sua gratidão (Agradecer). Ele poderia ter optado por descartar o feedback, mas dessa vez aceitou-o dizendo: "Agora não faço mais um discurso para os outros antes de ir. Em vez disso, começo a viagem dizendo aos meus colegas: 'Ei, pessoal, essa é a minha fraqueza! Se eu começar a olhar para o relógio enquanto Nitin estiver nos mostrando a cidade, me deem um bom chute na canela!'" (Aceitar ou Descartar.)

A maioria das pessoas, como Doug, acha muito difícil fornecer feedback em tempo real. Muitos estão tão profundamente condicionados a esperar o momento certo e as condições certas antes de dizerem a verdade que a utilidade do feedback quase sempre se perde. Isso nos leva à terceira prioridade ao incutir uma cultura de sinceridade em sua equipe.

ESTIMULE O FEEDBACK A QUALQUER HORA E EM QUALQUER LUGAR

A única questão que ainda resta é onde e quando dar um feedback — e a resposta é: a qualquer hora e em qualquer lugar. Isso pode significar passar um feedback em particular, a portas fechadas. Erin obteve seu primeiro feedback na Netflix diante de um grupo de três ou quatro pessoas, no meio de uma palestra. Isso também é válido. Pode até ser gritado na frente de um grupo de quarenta pessoas se o feedback for mais útil ali.

Rose, vice-presidente da Equipe de Comunicações Globais, forneceu um exemplo.

> Quarenta colegas vieram do mundo inteiro para uma reunião de dois dias, e eu tinha sessenta minutos na programação para apresentar o plano de marketing do lançamento da segunda temporada de *13 Reasons Why*.
> Quando lançamos a primeira temporada, o suicídio na história causou uma controvérsia que incendiou a opinião pública. Para a segunda temporada, eu queria adotar uma abordagem diferente, comum em publicidade de marca, de onde vem a minha experiência, mas que não é comum na publicidade tradicional, que era a norma da Netflix.
> Meu plano incluía uma parceria com a Universidade Northwestern para realizar um estudo independente, analisando o impacto da série em telespectadores adolescentes. A Netflix não influenciaria no estudo, mas eu esperava que os resultados ajudassem a posicionar melhor o lançamento da segunda temporada.

Essa apresentação de sessenta minutos era a única chance de Rose para convencer os colegas de marketing da estratégia. Quinze minutos depois, no entanto, a plateia a contestava: "Por que você investiria dinheiro nisso quando nem sabe quais serão os resultados? Será que um estudo pode ser independente se nós o financiarmos?" Rose se sentiu atacada.

> Cada mão levantada parecia outro desafio. Era como se todos gritassem: "Você sabe o que está fazendo?!" Eu me peguei falando mais rápido a cada desafio, e a frustração na sala aumentava. Quanto mais o grupo me questionava, e quanto mais eu ficava preocupada em talvez não terminar de passar o conteúdo, mais rápido eu falava.

Então, Bianca, uma colega bem próxima de Rose, ergueu o braço no fundo da sala, oferecendo-lhe um colete salva-vidas... no estilo Netflix:

"Rose! Isso não está funcionando! Você está perdendo o controle! Parece estar na defensiva! Está falando rápido demais. Não está ouvindo as perguntas. E está se repetindo sem abordar as preocupações dos outros. Respire fundo. Você PRECISA DA SALA."

> Naquele momento, eu me vi como a plateia estava me vendo: sem fôlego e falando mais do que ouvindo. Respirei fundo. "Obrigada, Bianca. Você está certa. Estou preocupada com o tempo. Preciso que todos entendam o projeto. Estou aqui para ouvir e responder a suas perguntas. Vamos voltar. A quem não dei atenção?" Conscientemente, mudei minha energia, e isso provocou uma mudança na sala. Tons de voz mais baixos. As pessoas começaram a sorrir. A agressividade na reunião se dissipou. Consegui inteirar o grupo sobre o assunto. A sinceridade de Bianca me salvou.

Na maioria das empresas, gritar críticas a alguém diante de um grupo de quarenta indivíduos enquanto essa pessoa está no meio de uma apresentação seria considerado inapropriado e inútil. Mas, se você conseguir estimular uma cultura de sinceridade eficiente, todos os envolvidos reconhecerão que esse feedback de Bianca foi um presente. A intenção de Bianca era apenas ajudar Rose a ter sucesso (Alvo a Alcançar). Ela descreveu ações específicas que Rose poderia realizar para melhorar seu desempenho (Ação específica). Rose recebeu o feedback com gratidão (Agradecer). Nesse caso, ela seguiu os conselhos que Bianca lhe dera, para o benefício de todos (Aceitar ou Descartar). Se você seguir o modelo dos 4As, o feedback poderá e deverá ser fornecido exatamente quando e onde for mais útil.

Nesse caso, Bianca agiu de boa-fé, mas e se não tivesse sido assim? Alguém com contas a ajustar poderia fingir seguir as diretrizes dos 4As, mas ter como real objetivo sabotar a mensagem de Rose ou prejudicar sua reputação. É compreensível que tanta sinceridade ainda pareça arriscada para você. Isso nos leva ao conselho final para promover um clima de sinceridade.

ESCLAREÇA E REFORCE A DIFERENÇA ENTRE SER GENEROSAMENTE SINCERO E UM GÊNIO ARROGANTE

Todos nós já trabalhamos com pessoas evidentemente geniais. Você conhece o tipo: cheio de ideias incríveis, articulado, capaz de resolver problemas de uma só tacada. Quanto mais denso o talento de sua empresa, mais pessoas geniais você terá na equipe.

Mas, com tantas pessoas geniais em volta, você corre um risco. Às vezes, pessoas realmente talentosas ouvem há tanto tempo o quão ótimas são que começam a sentir que são de fato melhores do que todo o resto. Elas podem rir de ideias que consideram pouco inteligentes, revirar os olhos quando as pessoas se expressam de modo desarticulado e insultar indivíduos que consideram menos dotados do que elas. Em outras palavras, essas pessoas podem ser arrogantes.

Se você está promovendo uma cultura de sinceridade em sua equipe, primeiro precisa se livrar dos indivíduos arrogantes. Muitos podem pensar: "Esse cara é tão tão genial, não podemos perdê-lo." Mas não importa quão genial seja esse sujeito arrogante; se você o mantiver na equipe, não poderá se beneficiar da sinceridade nem de nenhuma das outras lições. O custo da arrogância para a eficácia do trabalho em equipe é muito alto. É provável que pessoas arrogantes destruam sua empresa de dentro para fora. E a maneira favorita de fazerem isso é muitas vezes esfaqueando os colegas na frente de todos e depois se justificando: "Eu só estava sendo sincero."

Até mesmo na Netflix, onde pregamos "nada de gênios arrogantes", vez ou outra temos um funcionário com dificuldades para lidar com limites. Quando isso acontece, você precisa intervir. Paula, uma especialista em conteúdo original, foi um exemplo. Paula era excepcionalmente criativa e tinha uma extensa rede de contatos, o que era um grande trunfo. Ela passava muitas horas lendo roteiros e pensando em como transformar uma potencial série de TV em um grande sucesso. Paula tentou viver a cultura Netflix sendo aberta e sincera em todas as instâncias.

Nas reuniões, Paula costumava falar com veemência, repetindo-se, às vezes batendo com os punhos na mesa para reforçar uma posição. Ela falava por cima dos outros com frequência caso não estivessem entendendo sua ideia. Paula também era muito eficiente, claro. Muitas vezes, trabalhava no computador enquanto outras pessoas falavam, principalmente se não concordava com o ponto de vista delas. Se as pessoas fossem prolixas ou demorassem a ir direto ao assunto, ela as interrompia e as informava a esse respeito. Paula não achava que agia com arrogância, apenas acreditava que vivia a cultura de feedbacks sinceros da Netflix. No entanto, devido ao seu comportamento difícil, Paula não trabalha mais na empresa.

Sinceridade altruísta não significa que você possa expressar sua opinião sem se preocupar com o impacto que isso causará nas outras pessoas. Ao contrário, exige que todos pensem com atenção na regra dos 4As. Isso requer reflexão e, às vezes, preparação antes de fornecer um feedback, assim como controle e treinamento da parte das lideranças. Justin Becker, gerente de engenharia da equipe de reprodução API (sigla em inglês para "Interface de Programação de Aplicação") da Netflix, deu o seguinte exemplo em uma apresentação de 2017 intitulada: "Será que sou um gênio arrogante?".

> Quando comecei na Netflix, um engenheiro do meu grupo cometeu um grande erro na minha área de especialização e enviou um e-mail no qual se eximia da responsabilidade e não apresentava nenhuma forma de corrigir aquilo. Fiquei chateado e liguei para o engenheiro: minha intenção era mostrar a ele o caminho certo. Fui direto e critiquei suas ações. Não gostei de ter feito aquilo, mas senti que era algo bom para a empresa.
>
> Uma semana depois, o chefe da equipe dele parou inesperadamente em minha mesa. Ele me disse que estava ciente da minha

conversa com o engenheiro e que não achava que eu estava tecnicamente errado, mas que o funcionário andava desmotivado e improdutivo desde que eu conversara com ele, e perguntou se era minha intenção tornar sua equipe improdutiva. Não, claro que não. O gestor prosseguiu: "Você acha que poderia ter dito ao meu engenheiro o que precisava dizer de uma maneira que o deixasse mais positivo e motivado para corrigir o erro?" Claro, eu provavelmente poderia fazer isso. "Bom. Por favor, sempre faça isso no futuro." E foi o que eu fiz.

A conversa durou menos de dois minutos e foi imediatamente eficaz. Observe que ele não me acusou de ser arrogante. Em vez disso, perguntou: 1) "Você pretende prejudicar a empresa?" e 2) "Você é capaz de agir decentemente?" Na verdade, existe apenas uma única resposta certa para essas perguntas. Se ele apenas dissesse "Você é arrogante", eu poderia ter respondido "Não, não sou". Contudo, ao fazer as perguntas, ele jogou para mim o ônus de pensar na resposta e desencadeou um momento de autorreflexão.

Justin seguiu parcialmente as diretrizes dos 4As da sinceridade. Ele pretendia ajudar o engenheiro a seguir o caminho certo. Enfatizou que tinha em mente o interesse da empresa. Talvez sua mensagem tivesse até mesmo uma ação específica. Mas ainda assim ele ficou parecendo arrogante, porque também quebrou parte da primeira regra da sinceridade e deu um feedback como meio de desabafar suas frustrações. Seguir outras regras gerais de feedback crítico, como "Nunca faça críticas quando ainda estiver com raiva" e "Use uma voz calma ao fornecer feedbacks corretivos", também poderia ter ajudado.

Claro, muitos de nós já fomos arrogantes em algum momento. No caso de Justin, ele confundiu arrogância com sinceridade. Justin foi capaz de adaptar seu comportamento. Ele está na Netflix até hoje.

No capítulo 8, retornaremos a esse tópico e exploraremos outros métodos que você pode usar para incentivar a sinceridade da equipe. Enquanto isso...

O SEGUNDO PONTO

Se você tem um grupo de pessoas altamente talentosas, atenciosas e bem-intencionadas, pode pedir que façam algo que não é nada natural, mas incrivelmente útil para a velocidade e eficiência de uma empresa. Você pode pedir que deem uns aos outros um monte de feedback sincero e que desafiem figuras de autoridade.

▶ LIÇÕES DO CAPÍTULO 2

- Com sinceridade, os funcionários de alto desempenho se tornam excelentes. Dar feedback sincero com frequência aumenta exponencialmente a velocidade e a eficiência de sua equipe ou força de trabalho.

- Abra espaço para a sinceridade ao criar momentos de feedback em suas reuniões regulares.

- Treine seus funcionários para darem e receberem feedback de forma eficaz, seguindo as diretrizes dos 4As.

- Como líder, solicite feedback com frequência e responda com sugestões de pertencimento ao recebê-lo.

- Livre-se de indivíduos arrogantes enquanto promove uma cultura de sinceridade.

Com densidade de talento e sinceridade, você está pronto para começar a remover controles e oferecer mais liberdade no local de trabalho.

Rumo a uma cultura de Liberdade com Responsabilidade

A maioria das empresas possui uma ampla variedade de processos de controle para garantir que os funcionários se comportem de forma a beneficiar a empresa. Os mecanismos de controle incluem diretrizes, procedimentos de aprovação e supervisão da gerência.

Primeiro, concentre-se no desenvolvimento de um ambiente de trabalho com alta densidade de talento. Em seguida, desenvolva uma cultura de sinceridade, garantindo que todos deem e recebam muitos feedbacks.

Com um clima de sinceridade, o chefe não é mais o principal responsável por corrigir o comportamento indesejável de um funcionário. Quando toda a comunidade fala abertamente sobre quais comportamentos individuais são bem-sucedidos na empresa e quais não são, o chefe não precisa se envolver tanto na supervisão do trabalho de um funcionário.

Com esses dois elementos estabelecidos, você está pronto para começar a remover os controles. Os capítulos 3a e 3b vão mostrar como.

AGORA, COMECE A REMOVER OS CONTROLES...

3a

ELIMINE A POLÍTICA DE FÉRIAS

Muito antes da Netflix, eu já acreditava que o valor de um trabalho criativo não devia ser medido por horas de trabalho. Esse tipo de pensamento é uma relíquia da era industrial, quando os funcionários executavam tarefas que agora são feitas por máquinas.

Se um chefe de equipe viesse até mim e dissesse "Reed, quero promover a Sherry, ela trabalha loucamente", eu ficaria frustrado. E eu com isso? Quero que esse gestor me diga "Vamos promover a Sherry, ela está causando um grande impacto", não porque ela está acorrentada à escrivaninha. E se Sherry estivesse alcançando resultados incríveis trabalhando 25 horas por semana deitada em uma rede no Havaí? Bem, vamos lhe dar um grande aumento! Ela é extremamente valiosa.

Hoje, na era da informação, o que importa é o que você realiza, não quantas horas trabalha, especialmente para funcionários de empresas criativas como a Netflix. Nunca prestei atenção em quantas horas as pessoas estão trabalhando. Quando o assunto é a maneira como julgamos o desempenho na Netflix, o simples fato de alguém trabalhar muito é irrelevante.

Contudo, até 2003, nós atribuíamos férias e controlávamos os dias de folga, como todas as outras empresas que eu conhecia. A Netflix estava seguindo o fluxo. Cada funcionário recebia um número específico de dias de férias por ano, de acordo com seu tempo na empresa.

Então, uma sugestão de um funcionário nos levou a fazer uma mudança. Ele destacou:

> Estamos todos trabalhando online em alguns fins de semana, respondendo a e-mails tarde da noite, tirando uma tarde para resolver assuntos pessoais. Não contamos as horas trabalhadas por dias ou por semanas. Por que contamos dias de férias por ano?

Não havia resposta. Um funcionário podia trabalhar das nove da manhã às cinco da tarde (turno de oito horas) ou das cinco da manhã às nove da noite (turno de dezesseis horas). Essa é uma variação de 100%, mas ninguém monitorava isso. Então, por que devo me preocupar se esse funcionário trabalha cinquenta ou 48 semanas por ano? Essa é apenas uma variação de 4%. Patty McCord sugeriu que eliminássemos de vez a política de férias: "Vamos apenas dizer que a nossa política de férias é: 'Tire-as!'."

Eu gostava da ideia de dizer às pessoas que elas eram responsáveis pelas próprias vidas e podiam decidir sozinhas quando trabalhar e quando fazer uma pausa. Mas não conhecia nenhuma outra empresa que fizesse isso. Fiquei preocupado com a maneira como a coisa se desenrolaria. Durante esse período, muitas vezes eu acordava à noite com um dos dois pesadelos a seguir:

No primeiro, é verão. Estou atrasado para uma reunião importante. Entro no estacionamento do escritório e corro até o prédio. A preparação que tenho a fazer é gigantesca. Exigirá a colaboração de todo o escritório. Entro correndo pela porta da frente, gritando nomes: David! Jackie! Mas o escritório está em um silêncio mortal. Por que o lugar está vazio? Finalmente, encontro Patty em seu escritório usando uma estola de penas brancas. "Patty! Cadê todo mundo?", pergunto, ofegante. Ela ergue o olhar da mesa com um sorriso. "Ah, oi, Reed! Estão todos de férias!"

Essa era uma grande preocupação. Éramos um grupo de pessoas reduzido com muito a realizar. Se dois membros da equipe de cinco compradores de DVDs tirassem férias durante um mês no inverno, isso prejudicaria os negócios. Será que funcionários permanentemente em férias afundariam a empresa?

No segundo pesadelo, é inverno e há uma nevasca lá fora, como havia em Massachusetts quando eu era criança. Todo o quadro de funcionários está preso no escritório, com montes de neve bloqueando a porta. Há estalactites de gelo do tamanho de presas de elefante no teto. O vento açoita as janelas. O escritório está cheio de gente. Alguns estão deitados no chão da cozinha, dormindo. Outros olham, absortos, para seus computadores. Estou furioso. Por que ninguém está trabalhando? Por que todos estão tão cansados? Tento fazer com que as pessoas adormecidas no chão voltem ao trabalho. Eu as ponho de pé, mas, ao voltarem às suas escrivaninhas, elas caminham como zumbis. No fundo, sei por que estamos todos exaustos e presos naquele edifício. Faz anos que ninguém tira férias.

Eu me preocupava com o fato de que as pessoas parassem de tirar férias caso não fossem obrigadas. Será que a nossa "Ausência de Política de Férias" se tornaria uma política de "Sem Férias"? Muitas de nossas maiores inovações ocorreram quando as pessoas tiraram uma folga. Um exemplo disso foi Neil Hunt, que foi nosso *chief product officer* por quase vinte anos. Neil é do Reino Unido. Patty o chama de "Cérebro no Espeto", porque ele tem 1,93m, é magro como um lápis e muito inteligente. Neil supervisionou muitas das inovações técnicas que tornaram a Netflix o que é hoje. Ele também é apaixonado por férias radicais ao ar livre.

Quando Neil saía de férias, costumava ir a lugares isolados. Sempre que voltava, trazia uma fantástica ideia nova de como avançar nos negócios. Certa vez, ele e sua esposa levaram serras de gelo para as montanhas ao norte da Sierra Nevada e passaram uma semana dormindo em iglus. Ao voltar, Neil havia inventado um novo algoritmo matemático para melhorar a maneira como selecionávamos os filmes que oferecíamos aos nossos clientes. Ele era a prova viva de por que as empresas se beneficiam quando os funcionários tiram férias. O tempo livre fornece uma amplitude mental que permite que você pense de forma criativa e veja o trabalho sob uma luz diferente. Se você trabalha o tempo todo, nunca ganha a perspectiva de ver seus problemas com novos olhos.

Patty e eu reunimos a equipe executiva para discutirmos as duas ansiedades contraditórias que ocupavam minha mente enquanto nos preparávamos para nos livrarmos de nossa política de férias. Decidimos, ainda que com alguma apreensão, eliminar a política de férias, mas apenas como uma experiência. O novo sistema permitiria que todos os funcionários tirassem férias sempre que quisessem, pelo tempo que quisessem. Não haveria necessidade de pedir aprovação prévia, nem se esperaria que os funcionários ou seus respectivos gestores contassem os dias fora do escritório. Cabia ao funcionário decidir se e quando desejava tirar algumas horas, um dia, uma semana ou um mês fora.

A experiência deu certo, e até hoje operamos dessa forma, o que trouxe uma infinidade de benefícios. Férias ilimitadas ajudam a atrair e a manter os melhores talentos, especialmente gente da Geração Z e os millennials, que resistem aos relógios de ponto. A eliminação dessa política também reduz a burocracia e os custos administrativos gerados para acompanhar quem está de férias e quando. O mais importante: a liberdade sinaliza aos funcionários que confiamos que eles farão a coisa certa, e isso, por sua vez, os incentiva a serem responsáveis.

Dito isso, se você eliminar a política de férias sem seguir alguns outros passos necessários, pode deparar com um dos meus pesadelos se tornando realidade. O primeiro passo é...

LÍDERES DEVEM TIRAR GRANDES PERÍODOS DE FÉRIAS

Recentemente, deparei com uma matéria escrita pelo CEO de uma pequena empresa que tentou implementar a mesma experiência de férias da Netflix, mas foi consideravelmente menos bem-sucedido. Ele escreve:

> Se eu tirar duas semanas de férias, meus colegas de trabalho vão pensar que sou preguiçoso? É certo tirar mais tempo de férias do que o meu chefe? (...) Eu entendo. Por quase uma década, minha empresa ofereceu tempo de férias ilimitado. Ao aumentarmos para quarenta o número de funcionários, perguntas como essas começaram a pairar. Na primavera passada, meu comitê executivo resolveu que era hora de colocar a política em votação para que todos os funcionários decidissem. Não posso dizer que fiquei surpreso quando minha equipe acabou decidindo cancelar as férias ilimitadas em favor de uma política mais finita, baseada em tempo de empresa.

Mas eu fiquei surpreso. Nosso plano de férias ilimitado é tão popular que eu não conseguia imaginar isso acontecendo na Netflix. Minha primeira pergunta foi "será que o líder dava o exemplo de tirar períodos mais longos de férias?". Mais adiante, encontrei a resposta na matéria:

> Mesmo como CEO, sob nosso plano de férias ilimitadas, percebi que estava tirando um total de apenas duas semanas de férias por ano. De acordo com o novo plano (férias finitas), planejo usar a maior parte, senão todas, de minhas cinco semanas. Para mim, o medo de perder esses dias que "ganhei" é o que me motiva a usá-los.

Se o CEO está tirando apenas duas semanas de férias, *é claro* que seus funcionários sentem que o plano ilimitado não lhes dá muita liberdade. Eles sem dúvida vão ter mais tempo de férias com três semanas concedidas do que com um número indefinido e um chefe que tira apenas duas. Na ausência de uma política, a quantidade de férias que as pessoas tiram reflete em grande parte o que elas veem o chefe e os colegas tirarem. E é por esse motivo que, se você quiser eliminar a política de férias de sua empresa, deve começar por fazer com que todos os líderes tirem um período expressivo de férias e falem muito sobre o assunto.

Patty argumentou isso desde o início. Durante a reunião de liderança de 2003, na qual decidimos iniciar a experiência da não-política-de-férias, Patty insistiu que, para que aquilo funcionasse, nós, a equipe executiva, teríamos que dar o exemplo, tirando longas férias e falando muito a respeito delas. Sem uma política, o exemplo do chefe se tornaria incrivelmente importante. Ela nos disse que queria ver nossos cartões-postais da Indonésia ou do Lago Tahoe espalhados por todo o escritório, e que, quando Ted Sarandos voltasse de suas férias de julho no sul da Espanha, ela esperava que todos assistíssemos à sua apresentação de sete mil slides.

Com a ausência de uma política, a maioria das pessoas passa a observar os colegas de departamento para entender os "limites sutis" do que é aceitável. Sempre gostei de viajar e, antes de suspendermos nossa política de férias, tentei tirar um bom período de folga. Mas, depois que fizemos isso, comecei a falar muito mais sobre aquelas férias para qualquer um que quisesse ouvir.

Quando comecei a colaborar com Reed, eu supunha que ele trabalhasse como um maníaco. Fiquei muito surpresa ao ver que ele parecia estar sempre de férias. Ele não pôde se encontrar comigo enquanto eu estava em Los Gatos porque estava escalando nos Alpes; ele reclamou de um torcicolo por conta de travesseiros ruins depois de passar uma semana na Itália com a esposa; e um ex-funcionário me contou que ele e Reed tinham acabado de voltar de uma semana de excursão de mergulho em Fiji. Pelas contas de Reed, ele tira seis semanas de férias por ano. Do alto da minha limitada experiência, eu acrescentaria um "no mínimo".

O exemplo de Reed é fundamental para que as férias ilimitadas sejam bem-sucedidas na Netflix. Se o CEO não estabelece um modelo, o método não funciona. Mesmo assim, o fato de Reed tirar férias substanciais teve o efeito pretendido em algumas áreas da Netflix, mas não se saiu tão bem em outras. Quando os líderes abaixo de Reed não seguiam o exemplo dele, seus funcionários pareciam os zumbis do segundo pesadelo de Reed.

Tome como exemplo Kyle, executivo de marketing. Antes de ingressar na Netflix, ele trabalhava como jornalista de mídia impressa. Kyle adora a emoção e a pressão que advêm do trabalho com prazos limitados: "Estamos no meio da noite, e chegam notícias urgentes. O jornal será impresso em poucas horas. Não há nada mais emocionante do que a pressão do relógio e a recompensa de terminar em questão de horas um projeto que deveria levar dias." Os filhos de Kyle são adultos. Ele está com quase sessenta anos e até pouco tempo chefiava um dos departamentos da Netflix sediados em Hollywood. Na empresa, ele continuou a trabalhar como se estivesse sempre com um prazo apertado — assim como todo mundo em seu departamento. Kyle explicou: "Todos trabalhamos loucamente, mas é porque somos apaixonados por nosso trabalho." Kyle não tira muitas férias e não fala muito sobre o assunto, mas as pessoas em seu departamento ouviram a mensagem claramente.

A gerente de marketing Donna é um exemplo de síndrome de *burnout*.

De acordo com seu relógio inteligente, Donna dormira quatro horas e 32 minutos na noite anterior. Trabalhar até tarde e acordar cedo em um esforço para concluir o que ela descreveu como "montanhas de trabalho incompleto" era seu *status quo*. Donna não tirava férias havia quatro anos, desde o nascimento do primeiro de seus dois filhos. "Tirei alguns dias de folga para visitar minha mãe no Dia de Ação de Graças. Passei o tempo todo trabalhando."

Por que Donna não usou a liberdade atribuída aos funcionários da Netflix e tirou mais tempo de folga? "Meu marido trabalha com animação, e sou eu quem garante o pão de cada dia." Donna trabalhava muito porque era isso que seu chefe e todos na equipe faziam, e ela não queria que parecesse que não estava dando o máximo de si: "A cultura Netflix tem ótimos ideais, mas às vezes a lacuna entre os ideais e a prática é grande, e ela deve ser preenchida pela liderança. Quando os líderes não dão um bom exemplo... acho que o resultado são pessoas como eu."

À medida que a Netflix cresce, aumenta também o número de pequenos grupos que parecem não ter sido alcançados pelo modelo de Reed e pelas instruções iniciais de Patty. Nessas equipes da Netflix, a "ausência de política de férias" parece mais uma política de "sem férias". Mas muitos líderes na empresa estão copiando o exemplo de Reed de tirar longas férias e se certificar de que todos estejam vendo. E, quando isso acontece, os funcionários usam a liberdade que a Netflix oferece de muitas formas surpreendentes e benéficas.

Greg Peters, que substituiu Neil Hunt como *chief product officer* em 2017, é um exemplo. Ele faz seu horário de oito às dezoito para estar em casa a tempo de jantar com os filhos. Greg faz questão de tirar férias longas, para visitar a família de sua esposa em Tóquio, e incentiva a equipe a fazer o mesmo. "Como líderes, o que dizemos é apenas metade da equação", explica Greg. "Nossos funcionários também estão de olho no que fazemos. Se eu disser 'Quero que você encontre um equilíbrio saudável e sustentável entre sua vida profissional e a pessoal', mas ficar no escritório doze horas por dia, as pessoas vão reproduzir minhas ações, não minhas palavras."

As ações de Greg estão falando alto e claro, e seu pessoal está ouvindo.

John, um engenheiro que trabalha na equipe de Greg, é mais um exemplo. Ele dirige um Oldsmobile 1970 de duas cores, marrom e bege, com bancos dianteiros de vinil, painéis com visual de madeira e muitas memórias. John adora a sensação de ser transportado de volta aos anos 1970 enquanto dirige até o escritório na sede da Netflix no Vale do Silício. O Oldsmobile oferece o espaço necessário para sua mountain bike, seu violão, o filhote de cachorro da raça leão-da-Rodésia e as filhas gêmeas de seis anos. John se sente um pouco culpado por seu extraordinário equilíbrio entre vida profissional e pessoal.

> Já tirei sete semanas de férias este ano e estamos apenas em outubro. Meus chefes tiram muitas férias, mas acho que nem eles sabem quanto eu tirei. Ninguém nunca me perguntou ou esboçou

> qualquer reação. Ando de bicicleta, sou músico e minhas filhas precisam de mim. Costumo pensar: se estou ganhando todo esse dinheiro (...) será que não deveria trabalhar mais? Mas estou fazendo muita coisa, então digo a mim mesmo que esse equilíbrio incrível entre vida profissional e pessoal (...) é correto.

Outros membros da equipe de Greg encontraram maneiras criativas de organizar suas vidas que, em uma política tradicional de férias, seriam impossíveis. Sarah, uma engenheira de software sênior, trabalha de setenta a oitenta horas semanais, mas tira dez semanas de férias por ano (mais recentemente, fez uma viagem à Amazônia brasileira para conhecer mais a respeito dos ianomâmis). Ela considera isso um ciclo de várias semanas de trabalho intenso, seguidas de uma semana fazendo algo completamente diferente. "Esse é o grande benefício da liberdade de férias da Netflix", explicou. "Não é você poder tirar mais ou menos dias de férias, mas é poder organizar a vida da maneira louca que quiser. Desde que você faça um ótimo trabalho, ninguém se importa."

O comportamento do chefe parece ser tão influente que pode até mesmo eliminar normas culturais nacionais. Antes de se tornar *chief product officer*, Greg trabalhou por um tempo como gerente geral da Netflix em Tóquio. No Japão, quem trabalha no setor executivo é conhecido por trabalhar por muitas horas e folgar por um curto período. Há histórias de pessoas que trabalham tanto que literalmente morrem por causa disso. Existe até uma palavra para esse fenômeno: "karoshi". O trabalhador japonês médio tira cerca de sete dias de férias por ano, e 17% deles simplesmente não tiram férias.

Certa noite, enquanto tomávamos uma cerveja e comíamos sushi, Haruka, gerente de trinta e poucos anos, me contou: "Em meu último emprego, trabalhei para uma empresa japonesa. Durante sete anos, eu chegava ao trabalho às oito da manhã e pegava o último trem para casa logo após a meia-noite. Nesses sete anos, tirei apenas uma semana de férias, para ir ao casamento da minha irmã nos Estados Unidos." Essa experiência é comum no Japão.

Entrar para a Netflix mudou a vida de Haruka. "Quando Greg estava aqui, ele ia embora do escritório todos os dias antes da hora do jantar, e os demais funcionários faziam o mesmo. Ele com frequência ia passar férias na ilha de Okinawa ou em Niseko, levava os filhos para esquiar e, quando voltava, mostrava as fotos para nós. Ele também perguntava sobre nossas férias, então todos começamos a tirá-las. Meu maior medo de sair da Netflix é que eu teria que voltar a uma vida sufocante de dias longos e ininterruptos de trabalho, porque a Netflix oferece um equilíbrio incrível entre vida profissional e pessoal."

Greg, um americano, conseguiu que um escritório inteiro de japoneses trabalhasse e tirasse férias como se fossem europeus. Ele não criou regras ou preocupações. Apenas deu o exemplo de comportamento e comunicou suas expectativas.

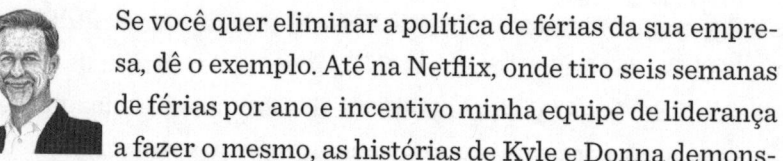

Se você quer eliminar a política de férias da sua empresa, dê o exemplo. Até na Netflix, onde tiro seis semanas de férias por ano e incentivo minha equipe de liderança a fazer o mesmo, as histórias de Kyle e Donna demonstram que fazer repercutir a ideia de tirar longas férias requer constantes lembranças e atenção. Mas, se você e sua equipe de liderança forem o modelo que querem que a equipe siga, então não precisarão se preocupar em tirar zumbis sem férias do chão da sua cozinha.

Dar o exemplo enquanto líder é o primeiro passo para fazer com que as férias ilimitadas funcionem de maneira adequada. A outra preocupação que muitos expressam em relação ao assunto é a de que suas equipes usem a liberdade para tirar meses e meses de férias ou que saiam em momentos inconvenientes, prejudicando o trabalho da equipe e sabotando os negócios. Isso nos leva ao segundo passo necessário para a suspensão bem-sucedida da política de férias. Execute-o bem, e isso vai ajudar a resolver também o problema de qualquer líder em sua organização que, como Kyle, não segue o exemplo de seus chefes no quesito tirar longas férias e, assim, fracassa em conseguir o equilíbrio saudável entre a vida profissional e a pessoal na própria equipe.

DEFINIR E REFORÇAR O CONTEXTO PARA ORIENTAR O COMPORTAMENTO DOS FUNCIONÁRIOS

Em 2007, Leslie Kilgore cunhou a expressão "Liderar com contexto em vez de com controle" (a qual exploraremos mais adiante, no capítulo 9), mas não tínhamos esse princípio orientador quando eliminamos a política de férias em 2003. Tínhamos apenas a noção de que os líderes devem tirar muitas férias e falar muito sobre elas para que os funcionários sigam pelo mesmo caminho. Não tínhamos pensado muito na necessidade de dizer alguma outra coisa específica ou definir um contexto. Dissemos às pessoas que não estaríamos atribuindo nem controlando dias de férias. E deixamos desse jeito. Em alguns meses, começamos a ter problemas.

Em janeiro de 2004, um diretor do departamento de contabilidade entrou no meu escritório e reclamou: "Graças à sua brilhante ideia de eliminar a política de férias, este ano fecharemos o balanço com atraso." Um integrante de sua equipe, cansado de ter que trabalhar nas duas primeiras semanas de janeiro — o período anual crítico para os contadores — reivindicou o direito de tirar essas duas semanas de férias, jogando o departamento no caos.

Em outra situação, esbarrei com a responsável por uma das equipes diante da fruteira da cozinha. Seus olhos e seu rosto estavam inchados, como se ela tivesse chorado. "Reed, essa liberdade de férias está me matando!" Sua equipe de quatro pessoas tinha um prazo iminente a cumprir, de um grande projeto. A licença-paternidade de um funcionário teria início na semana seguinte. Agora, outra a informara que dali a duas semanas faria um cruzeiro de um mês no Caribe. Ela achou que não podia dizer não a nenhum deles. "Este é o preço da liberdade que oferecemos", lamentou-se.

É assim que chegamos ao segundo passo fundamental para eliminar sua política de férias com sucesso. Quando você elimina uma política, os funcionários não sabem como operar com essa ausência. Alguns ficam paralisados até que o chefe lhes diga explicitamente qual o modo correto de proceder. Se você não disser a eles "Tire uma folga", eles não tirarão. Outros imaginam que têm total liberdade para se comportar de maneiras completamente inapropriadas, como sair de férias em um momento que prejudique os demais. Isso não apenas sabota a eficiência da equipe como pode levar o gestor a tomar uma medida súbita e demitir o funcionário, o que não é bom para ninguém.

Na ausência de uma política por escrito, todo chefe deve dedicar algum tempo para conversar com a equipe sobre quais comportamentos são aceitáveis e adequados. O diretor de contabilidade deveria ter sentado com seus funcionários e explicado quais meses eram adequados para tirar férias — e que janeiro estava fora de questão para todos os contadores. A gestora de olhos inchados junto à fruteira deveria ter trabalhado com a equipe para definir parâmetros de férias do tipo "apenas um membro da equipe poderá sair de cada vez" e "certifique-se de que você não causará sofrimento indevido ao restante do grupo antes de programar suas férias". Quanto mais claro o gestor for ao definir o contexto, melhor. Aquele diretor de contabilidade pode fazer o seguinte pedido: "Por favor, avise com pelo menos três meses de antecedência se for ficar um mês fora, mas, para tirar cinco dias de folga, em geral avisar um mês antes é o apropriado."

À medida que uma empresa cresce, a variedade de maneiras como os líderes definem o contexto e modelam o comportamento aumenta. Devido ao rápido crescimento e mudança da Netflix, é fácil sentir-se sobrecarregado e sob pressão. Qualquer gestor que não seja atencioso e alerta pode deparar rapidamente com um batalhão de Donnas em sua equipe. O erro de Kyle não foi apenas não dar o exemplo de tirar férias longas, mas também não ter definido o contexto de folgas que ele esperava que a equipe tirasse para manter um equilíbrio saudável entre a vida profissional e pessoal. Minha maneira de lidar com isso foi tentar fazer um trabalho melhor na determinação de um contexto, deixando claro, assim, o que eu esperava que nossos líderes estabelecessem com as próprias equipes. Uma das principais ocasiões que uso para definir o contexto é nossa reunião trimestral de negócios, com todos os diretores e vice-presidentes da empresa (10 a 15% de todos os funcionários). Sempre que ouço histórias de pessoas que não tiram férias, sei que é hora de colocar as férias na pauta de uma reunião trimestral da diretoria. Isso me dá a oportunidade de falar sobre o tipo de ambiente ao qual aspiramos, e dá aos nossos líderes a chance de discutir, em pequenos grupos, as técnicas que usam para alcançar um equilíbrio saudável entre a vida profissional e pessoal da nossa força de trabalho.

A LIBERDADE DA POLÍTICA DE FÉRIAS AGREGA VALOR – MESMO QUE NINGUÉM A UTILIZE

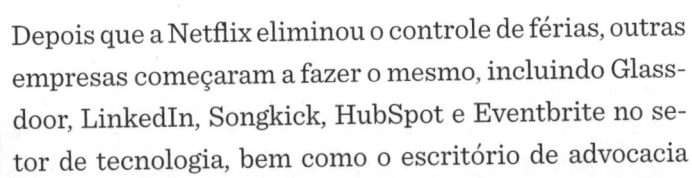

Depois que a Netflix eliminou o controle de férias, outras empresas começaram a fazer o mesmo, incluindo Glassdoor, LinkedIn, Songkick, HubSpot e Eventbrite no setor de tecnologia, bem como o escritório de advocacia Fisher Phillips, o escritório de relações-públicas Golin e a agência de marketing Visualsoft, para citar apenas algumas.

Em 2014, o famoso empresário britânico Richard Branson adotou a ausência de política na Virgin Management. Ele escreveu um artigo sobre sua decisão, explicando-a da seguinte maneira:

> Soube o que a Netflix estava fazendo quando minha filha Holly leu o *Daily Telegraph* e na mesma hora encaminhou a matéria para mim com um e-mail claramente animado que dizia: "Pai, olha só isso." É algo que venho falando já há algum tempo, e acredito que não controlar as férias das pessoas seria uma coisa muito Virgin. Então ela disse: "Tenho um amigo cuja empresa fez a mesma coisa, e parece que eles tiveram um crescimento acentuado em tudo: moral, criatividade e produtividade chegaram às alturas." Não é preciso dizer que fiquei imediatamente intrigado e quis saber mais a respeito.
>
> É sempre interessante observar com que frequência os adjetivos "inteligente" e "simples" descrevem as inovações mais enge-

nhosas. Bem, essa é certamente uma das iniciativas mais simples e inteligentes de que ouço falar em muito tempo, e tenho o prazer de dizer que introduzimos essa mesma (não) política em nossas matrizes no Reino Unido e nos Estados Unidos, onde as políticas de férias podem ser particularmente draconianas.

Trenton Moss, CEO da Webcredible, também aboliu a política de férias de sua empresa e explica como isso atrai bons candidatos e aumenta a satisfação dos funcionários:

A cultura Netflix prega que um superstar é melhor do que duas pessoas comuns. Nós seguimos suas iniciativas. Atualmente, existe uma grande demanda por bons profissionais de experiência do usuário, portanto, manter a equipe é um grande desafio (suspender a política de férias ajuda). Os membros de nossa equipe são sempre acionados no LinkedIn, e muitos profissionais no nosso ramo são millennials ágeis que gostam de se manter em movimento. É fácil implementar férias ilimitadas — você apenas precisa criar um ambiente de confiança, e o nosso se baseia em três regras: 1) sempre atue em prol dos interesses da empresa; 2) nunca faça nada que impeça os outros de alcançarem os próprios objetivos; 3) faça o que puder para alcançar os próprios objetivos. Afora isso, quando se trata de definir o tempo de férias, a equipe pode fazer o que quiser.

Outra empresa, a Mammoth, aprendeu algo interessante quando decidiu testar a política da Netflix e avaliar o resultado. O CEO Nathan Christensen escreveu:

Somos uma empresa pequena e gostamos da ideia de uma política que transmitisse confiança a nossos funcionários e reduzisse a burocracia. Concordamos em experimentá-la por um ano e depois reavaliar. Durante esse tempo, a política se tornou um dos benefícios mais valorizados por nossos funcionários. Em uma pesquisa realizada pouco antes de chegarmos à marca de um ano, eles classificaram as férias ilimitadas como o terceiro melhor benefício entre os que oferecemos, logo atrás do seguro-saúde e de nosso plano de aposentadoria. Superou o seguro oftalmológico, o seguro odontológico e até o desenvolvimento profissional, todos ainda com classificações altas.

Os funcionários de Christensen gostaram muito daquilo, mas não se aproveitaram do benefício: "Dentro da nova política, eles tiraram aproximadamente o mesmo número de dias de férias que no ano anterior (cerca de 14 dias, com a maioria de nossos funcionários tirando entre 12 e 19 dias)."

A Netflix não monitora os dias de férias, portanto, não há dados sobre quantos dias os funcionários estão tirando em média, mas uma pessoa tentou investigar. Em 2007, um jornalista do *Mercury News* de San Jose, Ryan Blitstein, realizou uma pesquisa sobre o assunto. Certa manhã, ele chegou ao escritório empolgado com a possibilidade de um furo jornalístico. Seria uma matéria de primeira página: "A louca política de férias da Netflix!" Ele perguntou a Patty: "As pessoas passam meses de folga explorando lugares exóticos? Vocês ainda conseguem trabalhar?" Em vez de responder, Patty enviou um e-mail aos funcionários dizendo: "Sintam-se à vontade para conversar com o jornalista que estará visitando o escritório." Ele se sentou na lanchonete e fez muitas perguntas à equipe da Netflix.

Ao fim do dia, Blitstein estava arrasado. "Não há matéria aqui! Ninguém está fazendo nada incomum. Você sabe o que seus funcionários me disseram? Eles me falaram que adoram a política de férias, mas que tiram férias do modo como sempre tiraram. Nem mais nem menos. Não há nenhum furo aqui!"

DÊ LIBERDADE PARA OBTER RESPONSABILIDADE

Eu achei que o céu poderia desabar depois que parássemos de controlar as férias, mas não houve grandes mudanças, exceto que as pessoas pareciam mais satisfeitas e nossos funcionários mais independentes — como aquela que queria trabalhar oitenta horas durante três semanas seguidas e, então, visitar a tribo ianomâmi na Amazônia — gostaram particularmente da liberdade. Descobrimos uma maneira de dar aos nossos funcionários com alto desempenho um pouco mais de controle sobre suas vidas, e isso fez com que todos se sentissem um pouco mais livres. Devido à nossa alta densidade de talento, nossos funcionários já eram conscientes e responsáveis. Por causa de nossa cultura de sinceridade, se alguém abusasse do sistema ou tirasse vantagem da liberdade concedida, outros se dirigiriam diretamente a essa pessoa e explicariam o impacto indesejável de suas ações.

Na mesma época, aconteceu outra coisa que nos forneceu uma lição fundamental. Patty e eu percebemos que as pessoas pareciam estar começando a assumir um maior senso de responsabilidade no escritório. Coisas pequenas, como alguém começar a jogar fora o leite da geladeira quando azedava.

Dar mais liberdade aos funcionários os levou a assumirem um maior senso de responsabilidade e a se comportarem com mais adequação. Foi quando Patty e eu cunhamos o termo "Liberdade com Responsabilidade". Não se trata apenas de precisar de ambas as coisas; uma leva à outra. A ficha começava a cair. A liberdade não é o oposto da responsabilidade, como eu pensava. Ao contrário, é um caminho para atingi-la.

Com isso em mente, procurei outras regras das quais poderíamos nos livrar. A política de viagens e despesas foi a seguinte.

3b

ELIMINE APROVAÇÕES DE VIAGENS E DESPESAS

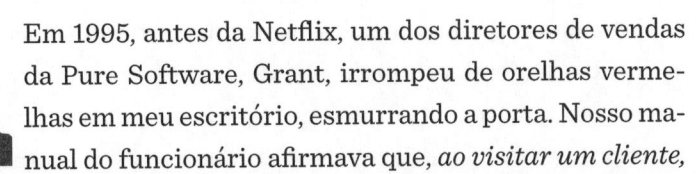

Em 1995, antes da Netflix, um dos diretores de vendas da Pure Software, Grant, irrompeu de orelhas vermelhas em meu escritório, esmurrando a porta. Nosso manual do funcionário afirmava que, *ao visitar um cliente, você pode alugar um carro ou pegar um táxi, mas não ambos*. "Eu aluguei um carro! O escritório do cliente ficava a duas horas de distância! Um táxi teria custado uma fortuna. Era a opção mais correta", explicou Grant. "Houve um evento noturno com vários clientes a quinze minutos do meu hotel. Eu sabia que todos beberíamos, então peguei um táxi. Agora, o departamento financeiro não quer reembolsar os 15 dólares que paguei de táxi porque eu tinha um carro alugado." Grant estava veementemente aborrecido. "Vocês preferiam que eu bebesse e dirigisse?" Patty McCord e eu passamos uma hora pensando em como reescrever o manual para futuras emergências.

Meses depois, Grant se demitiu. "Quando vi como a equipe sênior gasta seu tempo, perdi a confiança na empresa", afirmou em sua entrevista de saída.

Grant estava certo. Na Netflix, eu não queria que *ninguém* perdesse tempo com esse tipo de discussão. Além do mais, não queria que nossos funcionários talentosos achassem que regras estúpidas os impediam de usar o cérebro para fazer o que era melhor. Essa era uma maneira evidente de matar as vibrações criativas que contribuem para um ambiente de trabalho inovador.

Nos primeiros dias da Netflix, éramos como qualquer startup. Não havia regras escritas que determinassem quem poderia gastar o que ou em que hotéis se hospedar quando você viajava. A empresa era tão pequena que cada compra importante era notada. Os funcionários eram livres para comprar o que precisassem, e, caso exagerassem, alguém veria e corrigiria seu comportamento.

Em 2004, no entanto, já éramos uma empresa pública havia dois anos. É nessa fase que a maioria das empresas começa a implementar um monte de políticas. Nosso diretor financeiro, Barry McCarthy, me enviou um documento descrevendo uma proposta para uma nova política de despesas e viagens que refletiria os tipos de regras que a maioria das empresas de médio a grande porte estava usando. Incluía todo tipo de detalhes: qual nível de gestores poderia voar na classe executiva, quanto cada funcionário poderia gastar em material de escritório sem precisar de aprovação, quais as assinaturas necessárias se você quisesse comprar algo caro como um computador novo.

Tínhamos eliminado a política de férias havia pouco tempo e, depois disso, eu estava decidido a não implementar novos processos de controle. Provamos que, com os funcionários certos, exemplos claros dos gestores e suficiente definição de contexto, poderíamos nos dar perfeitamente bem sem um monte de regras. Barry concordou, mas me lembrou de que precisaríamos definir um contexto bem transparente para ajudar os funcionários a entenderem como gastar o dinheiro da empresa com sabedoria.

Convoquei uma reunião em Half Moon Bay. Na pauta, constava o item "como articular diretrizes de gastos para os funcionários na ausência de uma política". Analisamos uma série de casos. Alguns eram bem definidos. Se um funcionário enviasse uma cesta de Natal para um membro da família pela entrega expressa, isso não deveria ser cobrado da Netflix. Mas logo descobrimos que havia muitas situações ambíguas. Se Ted comparecesse a uma festa em Hollywood a trabalho e comprasse uma caixa de bombons para o anfitrião, ele poderia cobrá-la da Netflix? Se Leslie trabalhasse em casa toda quarta-feira, o papel para a impressora seria uma despesa comercial válida? E se sua filha usasse esse mesmo papel para fazer um trabalho da escola?

A única situação em que concordávamos era que, se um funcionário roubasse a empresa, ele perderia o emprego. Mas, então, uma diretora chamada Chloe se adiantou: "Eu roubei a empresa na segunda-feira. Tive de trabalhar até as onze da noite para terminar um projeto. Eu não tinha nada para dar aos meus filhos no café da manhã do dia seguinte, então peguei quatro caixinhas de cereal da cozinha." Bem, isso parecia razoável. Apenas serviu para destacar por que a definição de regras e políticas nunca funcionaria bem. A vida real é muito mais cheia de nuances do que qualquer política jamais seria capaz de compreender.

Sugeri que pedíssemos às pessoas que gastassem dinheiro moderadamente. Os funcionários deviam pensar com cuidado antes de comprar qualquer coisa, como fariam com o próprio dinheiro. Então, criamos nossa primeira diretriz de despesas:

GASTE O DINHEIRO DA EMPRESA COMO SE FOSSE O SEU

Eu me sentia muito bem quanto a isso. Era contido com meu próprio dinheiro e com o dinheiro da empresa, e achava que os demais também seriam. Mas, como se viu, nem todo mundo era tão mão-fechada, e estilos dramaticamente divergentes de como gastar o próprio dinheiro criaram problemas. Houve um exemplo de David Wells, que se juntou ao nosso grupo como vice-presidente de finanças no momento em que discutíamos sobre essa questão em 2004. Mais tarde, se tornou nosso diretor financeiro de 2010 a 2019.

> Fui criado em uma fazenda na Virgínia. Vivíamos ao fim de uma estrada de terra batida de quase dois quilômetros, longe da civilização. Meu cachorro Starr e eu passávamos os dias perseguindo

insetos e remexendo gravetos ao longo dos oitenta hectares de bosque aberto que cercavam a minha casa.

Não nasci em berço de ouro nem preciso de luxo. Quando Reed disse para planejar as viagens como se fossem pagas com meu próprio dinheiro, para mim isso significava voar em classe econômica e me hospedar em hotéis modestos. Sou um cara de finanças, e isso me parecia responsável do ponto de vista fiscal.

Algum tempo depois de implementada a nova política, tivemos uma reunião de liderança no México. Embarquei no voo e me encaminhava para meu lugar na classe econômica quando vi toda a equipe de conteúdo da Netflix acomodada na primeira classe, relaxando com chinelos confortáveis. São assentos caros, e o voo de Los Angeles para a Cidade do México dura apenas algumas horas. Fui cumprimentá-los, e alguns pareceram constrangidos. Mas eis o ponto decisivo: eles não se sentiram assim por estarem na primeira classe. Estavam constrangidos por mim — um alto executivo da empresa voando na classe econômica!

Vimos depressa que *gastar o dinheiro da empresa como se fosse o seu* não era exatamente como queríamos que nossos funcionários se portassem. Um de nossos vice-presidentes, um sujeito chamado Lars, que ganhava um salário significativo, costumava brincar dizendo que, como amava itens de luxo, vivia de salário em salário. O custo desse estilo de vida não era o que estávamos procurando.

Então, alteramos as diretrizes de gastos e viagens para algo ainda mais simples. Hoje, a totalidade de nossa política de viagens e despesas se resume a estas palavras:

ATUE EM PROL DA NETFLIX

Isso funciona melhor. Não é do interesse da Netflix que toda a equipe de conteúdo viaje na classe executiva entre Los Angeles e o México. Mas, se você tiver de pegar um voo noturno de Los Angeles a

Nova York e fazer uma apresentação na manhã seguinte, provavelmente será do interesse da Netflix que você viaje na executiva, para que não fique com olheiras e com a fala arrastada quando chegar o grande momento.

O que poderia ser mais instigante do que a possibilidade de gastar um dinheiro que não é seu para comprar coisas que beneficiem você e seu trabalho, do modo que achar melhor?

Pense nas possibilidades. Você pode fazer uma viagem à Tailândia para visitar seus colegas e promover algumas reuniões. O clima em Bangcoc lhe fará bem, e as massagens são incríveis. Você pode substituir aquela mala cuja roda quebrou em sua última viagem de negócios — essas malas são caríssimas! É claro que em geral as empresas não financiam bagagens, mas obviamente a mala quebrou devido às viagens de negócios, de modo que isso pode ser justificado.

Por outro lado, se você é o dono da empresa, a mesma diretriz de poucas palavras pode lhe despertar uma inesperada sensação de imprudência. Permitir que seus funcionários gastem o dinheiro da empresa do modo que escolherem sem nenhuma aprovação? Isso vai custar caro — pode até levar o negócio todo à falência. Algumas pessoas são honestas e contidas, claro, mas a maioria está sempre procurando uma maneira de maximizar o ganho pessoal.

Isso não é apenas um palpite pessimista. Estudos mostram que bem mais da metade da população prontamente burlaria o sistema para obter mais para si se achasse que não seria pega.

Gerald Pruckner, pesquisador da Universidade de Linz, e Rupert Sausgruber, da Universidade de Economia de Viena, organizaram um estudo para descobrir como as pessoas reagiriam nesse cenário. Eles colocaram jornais à venda em uma caixa, sem monitoramento. O preço era indicado em uma placa, e os transeuntes deveriam colocar o pagamento em uma fenda caso pegassem um exemplar. Havia uma mensagem pedindo que as pessoas fossem honestas. Cerca de dois terços das pessoas que pegaram um exemplar não pagaram. É muita gente desonesta. Seria ingênuo acreditar que apenas o terço honesto trabalharia para você.

Por mais angustiante e aterrador que possa parecer, o mundo dos gastos da Netflix é muito diferente da experiência com os jornais. Não é tão divertido nem assustador quanto você deve estar imaginando. Isso se deve ao contexto definido com antecedência e às verificações posteriores. Os funcionários têm muita liberdade para decidir por si mesmos como gastar o dinheiro da empresa, mas claramente não se trata de uma liberação generalizada.

DEFINA O CONTEXTO COM ANTECEDÊNCIA E FIQUE DE OLHO NOS GASTOS

Os novos funcionários da Netflix ficam ansiosos para entender no que devem ou não gastar dinheiro, e lhes indicamos o contexto para que façam boas escolhas. Nos dez anos em que David Wells foi diretor financeiro, ele determinava a primeira rodada de contexto para os novos recrutas em nossa "Faculdade para Novos Funcionários". Ele explicava o seguinte:

> Antes de gastar qualquer dinheiro, imagine que você será solicitado a ficar diante de mim e de seu próprio chefe e explicar por que escolheu reservar esse voo, esse hotel ou comprar esse telefone específico. Se você se sentir confortável com a explicação de por que tal compra foi do interesse da empresa, então não é necessário perguntar, vá em frente e compre. Mas, se você se sentir um tanto desconfortável ao explicar sua escolha, adie a compra, entre em contato com seu chefe ou compre algo mais barato.

É isso que quero dizer com "contexto com antecedência". As instruções de David para que os funcionários imaginassem a explicação de suas compras para os chefes não são um simples exercício de faz de conta. Se você não tomar cuidado com os gastos, provavelmente TERÁ de explicar suas compras.

Na Netflix, você não precisa concluir um pedido de compra e aguardar a aprovação para adquirir alguma coisa. Você apenas compra, tira uma foto da nota fiscal e a envia diretamente para o reembolso. Mas isso não quer dizer que ninguém preste atenção no que você gasta. A equipe financeira oferece dois caminhos para evitar despesas imprudentes. Os gestores podem escolher qual caminho seguir ou uma combinação dos dois. O primeiro método tende ligeiramente para uma cultura de Liberdade com Responsabilidade. A segunda opção a abraça por completo.

Se o gestor optar por tender ligeiramente para esse caminho, funciona assim: ao fim de cada mês, a equipe financeira envia um link para cada gestor, listando todos os recibos apresentados pelos funcionários nas semanas anteriores. Ele pode clicar nessas despesas e fazer uma busca detalhada para ver o que cada pessoa gastou. Patty McCord, que escolhia esse caminho quando trabalhava na Netflix, abria o e-mail do departamento financeiro no dia 30 de cada mês, rigorosamente, e analisava com atenção as despesas de todos os funcionários do departamento de RH. Ela achava com frequência que as pessoas *estavam* gastando demais. Patty relata um incidente de 2008 envolvendo Jaime, uma recrutadora de sua equipe de RH:

> No fim da tarde de sexta-feira, eu me preparava para ir para casa quando dois funcionários da área de produtos vieram buscar Jaime para ir ao Dio Deka, um restaurante grego sofisticado no Vale do Silício, com estrelas Michelin. Eu disse: "Vocês estão saindo para beber?" Mas Jaime respondeu: "Não, faremos uma reunião no jantar."
>
> No final do mês, quando recebi o relatório de gastos de minha equipe, vi que Jaime apresentara um recibo da Dio Deka no valor de 400 dólares. Aquilo não me pareceu certo. Eu disse: "Ei, Jaime,

essa é a conta de quando você saiu com o pessoal de produtos, algumas semanas atrás?" E era! Ela explicou que John pedira uma garrafa de vinho: "John e Greg gostam de um bom vinho." Aquilo me deixou furiosa!

Eu disse: "Se esses caras querem beber garrafas de vinho de cem dólares, que fiquem à vontade! Nós os pagamos bem o bastante para que possam comprá-las!"

Foi quando Patty definiu o contexto que Jaime precisava ouvir:

"Você pode gastar essa quantia ao levar um candidato para jantar. Se o candidato pedir uma boa garrafa de vinho, tudo bem. Faz parte do seu trabalho. Mas neste caso aqui estamos pagando para vocês comerem e beberem por conta da empresa. Não faz sentido! Se você quer se divertir com seus colegas, pague por isso. Se precisar de um local para uma reunião, requisite uma sala. Isso não foi feito pensando no melhor para a Netflix! Use o bom senso."

Normalmente, depois de apenas uma ou duas conversas esclarecendo o contexto, seus funcionários aprendem a gastar o dinheiro da empresa com sabedoria e a coisa se resolve. Quando os funcionários percebem que os gestores estão de olho nas despesas, é pouco provável que testem os limites. Essa é uma maneira de reduzir gastos, mas muitos gestores da Netflix preferem uma versão mais radical da Liberdade com Responsabilidade.

Para aqueles dispostos a abraçar a Liberdade com Responsabilidade por completo, há outro caminho que elimina o incômodo administrativo de examinar recibos, deixando que nosso departamento de auditoria interna descubra os abusos. Entretanto, caso descubram algum, está tudo acabado para o funcionário.

Leslie Kilgore explica:

Minha equipe de marketing estava sempre viajando. Eles escolhiam os próprios voos e os próprios hotéis. Enumerei diversos cenários para eles, de modo a ajudá-los a escolherem seus gastos. Se você fosse pegar um voo noturno e precisasse trabalhar na manhã seguinte, a classe executiva fazia sentido. Se pudesse pegar um voo noturno na classe econômica para poupar dinheiro e chegar um dia antes ao destino, seria melhor e a Netflix pagaria pela noite extra no hotel. Quase nunca é do interesse da Netflix voar trajetos curtos na classe executiva.

Eu disse a eles que nunca examinaria os relatórios de despesas, mas que o departamento financeiro fazia auditorias anuais em 10% de todas as despesas. Eu confiava que eles seriam econômicos e cuidadosos com o dinheiro da empresa, mas, se o departamento financeiro encontrasse algum negócio escuso, o funcionário seria imediatamente demitido. Nada de uma falta e uma advertência; seria um caso de "abuse de sua liberdade e será demitido" — e esse funcionário seria usado como exemplo para que os outros vissem o que não fazer.

Este é o ponto principal da Liberdade com Responsabilidade. Se o funcionário optar por abusar da liberdade que você lhe concedeu, você precisa demiti-lo, e de forma explícita, para que os outros entendam as implicações. Sem isso, a liberdade não funciona.

ALGUMAS PESSOAS TRAPACEIAM, MAS OS GANHOS SUPERAM AS PERDAS

Quando você oferece liberdade, mesmo definindo o contexto e esclarecendo as implicações do abuso, sempre haverá uma pequena porcentagem de pessoas que enganará o sistema. Quando isso acontecer, não tenha reações exageradas ou crie mais regras. Basta lidar com aquela situação específica e seguir em frente.

A Netflix teve seus trapaceiros. O caso mais comentado é o de um funcionário de Taiwan que viajava muito a negócios e dava um jeito de passar inúmeras férias de luxo à custa da empresa. Seu gestor não verificava os recibos e o departamento de finanças não o auditou durante três anos consecutivos. Quando foi pego, ele já havia gastado mais de 100 mil dólares em viagens pessoais. Nem é preciso dizer que foi demitido.

Na maioria dos casos, os funcionários estão mais interessados em testar até onde podem ir do que em desfalcar a empresa. O vice-presidente de operações corporativas Brent Wickens supervisiona os escritórios da Netflix em todo o mundo. Certa primavera, uma mulher de sua equipe, Michelle, fez diversas viagens de negócios a Las Vegas. Brent também verificava as despesas do próprio departamento, mas apenas algumas vezes por ano.

> Certa noite, não consegui dormir, então cliquei no link em meu e-mail intitulado: "Despesas departamentais discriminadas por funcionários". Examinei diversas pessoas de meu grupo quando, de repente, surgiu algo incomum. Michelle tinha uma despesa de viagem de *1.200 dólares* listada como *Comida e Bebida* no cassino Wynn em Las Vegas. Era muita comida e muita bebida para dois dias de viagem! Então, fiquei curioso e comecei a analisar as despesas dela nos últimos meses. Vi vários pequenos itens que não pareciam exagerados. Ela fora a Boston para uma reunião na quinta-feira e passara o fim de semana com a família. Sexta à noite havia uma despesa de restaurante de 180 dólares. Será que ela descontara o jantar familiar?
>
> Esperei até Michelle e eu estarmos no escritório para perguntar sobre aquelas despesas. Mas, ao fazer isso, ela congelou. Não tinha explicação. Nenhuma justificativa, nenhuma desculpa, nada a dizer. Eu a demiti na semana seguinte. Enquanto embalava suas caixas, ela repetiu diversas vezes que aquilo tudo era um engano. Eu me senti horrível e ainda não entendo o que aconteceu. Ela foi embora e traçou uma ótima carreira em outro lugar. A liberdade que oferecemos não foi uma boa combinação para ela.

Na reunião trimestral de negócios seguinte, a diretora de talentos da Netflix na época subiu ao palco e contou a história de Michelle para os 350 participantes, detalhando o caso, mas sem identificar a funcionária e o departamento. Ela pediu aos participantes que compartilhassem a situação com suas equipes para que todos entendessem a gravidade de burlar o sistema. A Netflix traz essas coisas à tona para que outras pessoas possam aprender. Brent se sentiu mal por Michelle, mas entendeu a importância de contar para todos o que aconteceu. Sem esse grau de transparência, a eliminação das aprovações de despesa não dá certo.

A maior despesa resultante dessa liberdade provavelmente é o número de pessoas que opta por voar na classe executiva. A Netflix tem debates em andamento sobre a criação de uma política que restrinja as viagens na classe executiva, mas os gestores seniores ainda preferem a abordagem atual. Quando era diretor financeiro, David Wells estimou que as despesas de viagem são cerca de 10% maiores do que seriam caso a Netflix adotasse um sistema formal de aprovação. Mas, de acordo com Reed, esses 10% são um preço pequeno a pagar comparado aos ganhos significativos resultantes desta prática.

GRANDES LUCROS: GRATUITOS, RÁPIDOS E (SURPREENDENTEMENTE) CONTIDOS

Lembram-se de Grant, o diretor de vendas da Pure Software? Quando veio reclamar sobre sua conta de táxi, ele estava furioso. Disse que era como se a empresa estivesse tirando suas asas com toda aquela burocracia. Ele não podia fazer o que era certo sem se sentir cerceado por determinada regra ou política.

Quando Grant disse tudo aquilo, percebi que se aplicava a toda a nossa força de trabalho. Eu visualizei nossas centenas de funcionários, todos pardais ansiosos para voar, com fitas adesivas vermelhas enormes prendendo suas asas às mesas. Eu não pretendia matar a criatividade e a agilidade dos funcionários com burocracia. As políticas de despesas apenas pareciam uma boa maneira de minimizar riscos e economizar dinheiro.

Mas essa é a mensagem mais importante deste capítulo: mesmo que seus funcionários gastem um pouco mais quando você lhes der liberdade, o custo não será tão alto quanto o de um ambiente de trabalho em que eles não possam voar. Se limitar as escolhas, forçando-os a preencher formulários e pedir permissões, você não apenas frustrará seu pessoal como também perderá a agilidade e a flexibilidade resultantes de um ambiente com poucas regras. Um de meus exemplos favoritos é de 2014, quando um engenheiro júnior detectou um problema que precisava ser resolvido.

Sexta-feira de manhã, 8 de abril. Nigel Baptiste, diretor de envolvimento de parceiros, chegou ao escritório da Netflix no Vale do Silício às 8h15. Era um dia quente e ensolarado, e Nigel assobiava enquanto pegava uma xícara de café na cozinha aberta do quarto andar e voltava para a área onde ele e sua equipe testavam o streaming da Netflix em aparelhos de TV feitos por parceiros oficiais como Samsung e Sony. Contudo, ao chegar ao espaço de trabalho, Nigel parou de assobiar e congelou. O que ele viu — ou melhor, o que ele não viu — deixou-o em pânico. Esta é a recordação dele:

> A Netflix investira muito dinheiro para que nossos clientes pudessem assistir a *House of Cards* nas novas TVs 4K de ultra-alta definição. O problema era que, até aquele momento, basicamente nenhuma TV tinha suporte 4K. Apresentávamos um visual supernítido, mas poucos podiam vê-lo. Agora, nossa parceira, a Samsung, lançava a primeira televisão 4K até então no mercado. Aqueles aparelhos eram caros e não se sabia ao certo se os clientes os comprariam. Meu grande objetivo naquele ano era trabalhar com a Samsung para fazer muitas pessoas assistirem a *House of Cards* em 4K.
>
> Alcançamos uma pequena vitória quando o jornalista Geoffrey Fowler, que analisa produtos de alta tecnologia para o *Washington Post* e tem cerca de dois milhões de leitores, concordou em testar

House of Cards na nova TV da Samsung. Sua resenha precisaria ser ótima para que o 4K decolasse. Na quinta-feira, os engenheiros da Samsung foram até a Netflix com o aparelho 4K e o testaram com meus engenheiros para garantir que o sr. Fowler tivesse uma ótima experiência visual. Quinta à noite, aparelho testado, fomos todos para casa.

Contudo, quando cheguei ao escritório na sexta-feira pela manhã, o aparelho sumira. Depois de verificar as instalações, percebi que tinha sido jogado fora com um monte de TVs antigas que pedimos para serem descartadas.

Aquilo era grave. A TV precisava chegar à sala de estar de Fowler em duas horas. Era tarde demais para ligar para o pessoal da Samsung. Teríamos de comprar outra TV antes das dez da manhã. Comecei a ligar para todas as lojas de aparelhos eletrônicos da cidade. As três primeiras ligações resultaram em: "Desculpe, senhor, não temos esse aparelho." Sentia um enorme nó na garganta. Nós perderíamos o prazo.

Eu estava quase chorando quando Nick, o engenheiro mais jovem de nossa equipe, entrou correndo no escritório. "Não se preocupe, Nigel", disse Nick. "Resolvi o problema. Vim aqui ontem à noite e vi que a TV havia sido descartada. Você não atendeu às minhas ligações nem respondeu as mensagens, então fui até a Best Buy em Tracy, comprei o mesmo aparelho e testei-o esta manhã. Custou 2.500 dólares, mas achei que era a coisa certa a ser feita."

Fiquei chocado. Dois mil e quinhentos dólares! Imagine um engenheiro júnior se sentindo tão empoderado a ponto de gastar tanto sem aprovação porque achou que era o certo a ser feito. Senti uma onda de alívio. Isso jamais poderia ter acontecido na Microsoft, na HP ou em qualquer outra empresa em que trabalhei devido a todas as políticas de autorização de despesas.

No final, Fowler adorou o streaming de alta definição e escreveu o seguinte em sua matéria do *Wall Street Journal* de 16 de abril: "Até mesmo o imperturbável Francis Underwood transpira em ultra-alta definição. Vi suor no lábio superior do vice-presidente fictício de Kevin Spacey enquanto assistia ao streaming de *House of Cards*."

Não quero que regras impeçam nossos funcionários de tomar boas decisões em tempo hábil. A resenha de Fowler valia centenas de vezes mais para a Netflix e para a Samsung do que o custo daquele aparelho. Nick tinha apenas cinco palavras para orientar suas ações: "Atue em prol da Netflix." E essa liberdade permitiu que ele usasse o bom senso para fazer o que era certo para a empresa. Mas liberdade não é o único benefício de eliminar sua política de despesas. O segundo benefício é que a ausência de processos acelera tudo.

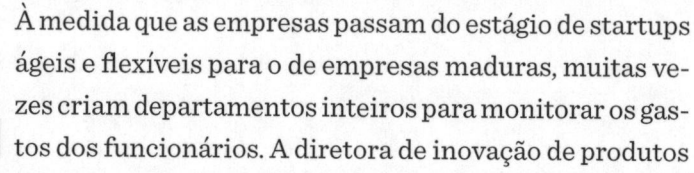

À medida que as empresas passam do estágio de startups ágeis e flexíveis para o de empresas maduras, muitas vezes criam departamentos inteiros para monitorar os gastos dos funcionários. A diretora de inovação de produtos Jennifer Nieva dá um exemplo revelador de seu tempo na Hewlett-Packard:

> Eu amava trabalhar na HP, mas houve uma semana em 2005 em que fiquei tão frustrada que era como se saísse fumaça das minhas orelhas.
>
> Fui designada para administrar um grande projeto, e desde o início ficara acertado que eu precisaria contratar vários consultores externos altamente especializados para trabalharem comigo durante seis meses. Analisei oito empresas de consultoria e escolhi uma. O trabalho de seis meses fora orçado em 200 mil dólares, e eu estava ansiosa para começar. Os consultores estavam disponíveis no momento, mas, se eu demorasse muito, seriam transferidos para outro cliente.
>
> Segui o processo e dei entrada em uma solicitação de aprovação de despesa no sistema de aquisições da HP. Depois, dei uma examinada em tudo aquilo. Eram necessárias as assinaturas de

VINTE nomes para que eu pudesse dar início ao projeto. Minha chefe, o chefe da minha chefe, o chefe do chefe do meu chefe, e também mais de uma dúzia de nomes dos quais eu nunca ouvira falar, pessoas que logo descobri que trabalhavam em nosso departamento de aquisições em Guadalajara, México.

Será que eu perderia aqueles consultores que demorei tanto para encontrar? Minha chefe assinou, o chefe dela assinou, o chefe do chefe dela assinou. Então comecei a ligar para o departamento de aquisições, primeiro diariamente, depois de hora em hora. Na maioria das vezes, ninguém atendia. Por fim, liguei para uma mulher chamada Anna, que me atendeu. Usei todo o meu charme para que ela me ajudasse. A aprovação levou seis semanas, e liguei para Anna tantas vezes que, quando ela decidiu dar o passo seguinte em sua carreira, me pediu para escrever uma recomendação para ela no LinkedIn.

Pense no impacto na agilidade organizacional de uma empresa que tenha centenas — talvez milhares — de Jennifers lidando mensalmente com os mesmos impedimentos. Processos dão aos gestores uma sensação de controle, mas deixam todo o resto mais lento. A história de Jennifer tem uma segunda metade, que é mais satisfatória.

Eu entrei na Netflix em 2009, como gerente de marketing. Depois de três meses, preparei uma campanha de mala direta com três milhões de unidades. Usávamos o correio tradicional para enviar folhetos com fotos de nossos filmes mais populares. O projeto custaria quase um milhão de dólares. Imprimi a Declaração de Trabalho e encontrei meu chefe. "Steve, como faço para iniciar o processo de aprovação dessa despesa de quase um milhão de dólares?", perguntei, preparando-me para o pior. "Você assina e envia por fax de volta ao vendedor", respondeu ele. Não estou brincando. Quase desmaiei.

A partir dos exemplos de Nigel e Jennifer, podemos ver como uma simples diretriz de gastos, como "atue em prol da empresa", oferece aos funcionários liberdade de escolha e a capacidade de progredir com rapidez. Mas liberdade e velocidade não são os únicos benefícios. Um terceiro benefício — mais surpreendente — é que alguns funcionários gastam de fato menos quando a política de despesas é eliminada. Claudio, um diretor do departamento de percepção do consumidor baseado em Hollywood, fornece um exemplo que explica isso:

> Meu trabalho exige fornecer entretenimento aos clientes. Na Viacom, meu último emprego, havia uma política que explicava para que tipo de restaurantes poderíamos levar os clientes, quem pagaria pelo quê e quanto álcool a empresa estava disposta a reembolsar. Eu gostava daquilo, pois fazia eu me sentir seguro de estar agindo de acordo com os padrões. A regra era que, ao jantar com um cliente, eu podia pagar apenas pela primeira garrafa de vinho. Então, no início da refeição, eu dizia: "A Viacom pagará pelo jantar e pela primeira garrafa de vinho. Depois disso, cada um de nós pagará as próprias bebidas." Conhecendo a regra, às vezes podíamos gastar até o limite, pedindo lagosta e uma garrafa de vinho particularmente cara. Mas a regra era transparente desde o início, de modo que podíamos trabalhar com aquilo.
>
> Depois de algumas semanas na Netflix, eu me preparava para meu primeiro jantar com clientes. Perguntei à minha chefe, Tanya: "Qual é a política de despesas para refeições com clientes?" Sua resposta foi irritante: "Não há política. Use o bom senso. Aja em prol da Netflix." Senti que ela estava me testando para ver se eu tinha bom senso, o que me deixou desconfortável.
>
> Naquela refeição, eu estava determinado a mostrar a Tanya como eu era contido. Pedi um dos pratos mais baratos do menu e decidi tomar apenas uma cerveja (mais barata que vinho). No final da refeição, quando vi que os clientes se preparavam para algumas rodadas de bebida, dei uma desculpa, paguei a conta

> e lhes desejei boa-noite. De modo algum eu pagaria pela festa deles.
>
> Durante meu período na Netflix, vi que Tanya não estava tentando me testar. Ela não verificava meus recibos de jantar. Ainda assim, sem uma regra, você nunca sabe quando seu discernimento será questionado. Eu me sinto mais seguro seguindo a mesma prática de pedidos comedidos que usei naquela primeira noite. Sem lagostas e sem vinhos caros.

A história de Claudio ilustra o curioso impacto das regras. Quando você as define, algumas pessoas procuram ansiosamente uma maneira de tirar proveito delas. Se a Viacom dissesse aos funcionários "Peça uma entrada, um prato principal e uma garrafa de vinho ou similar para duas pessoas", eles poderiam pedir caviar, lagosta e uma garrafa de champanhe. Está dentro das regras, mas é muito caro. Quando você instrui as pessoas a agirem pensando no melhor para a empresa, elas pedem salada Caesar, peito de frango e duas cervejas. A empresa que possui uma política não é necessariamente aquela que economiza dinheiro.

O TERCEIRO PONTO

Com uma força de trabalho composta quase exclusivamente por profissionais com alto desempenho, você poderá esperar que as pessoas se comportem com responsabilidade. A partir do momento em que se estabelece uma cultura de sinceridade, os funcionários passam a cuidar uns dos outros e tentam garantir que as ações de seus colegas de equipe estejam alinhadas com o interesse da empresa. Com isso, você pode começar a eliminar os controles e dar mais liberdade à sua equipe. Os melhores lugares por onde começar são a eliminação das políticas de férias, viagens e despesas. Esses elementos dão às pessoas maior controle sobre as próprias vidas e transmitem com clareza a mensagem de que você confia que seus funcionários farão o que é certo. Por sua vez, a confiança que você oferece incutirá um sentimento de responsabilidade em sua força de trabalho, levando todos na empresa a terem mais senso de propriedade.

▶ LIÇÕES DO CAPÍTULO 3A (FÉRIAS)

- Ao eliminar a política de férias, explique que não há necessidade de pedidos de aprovação prévia e que nem os próprios funcionários nem seus gestores devem controlar seus dias fora do escritório.

- Cabe ao funcionário decidir se e quando deseja tirar algumas horas, um dia, uma semana ou um mês de folga.

- Quando você elimina a política de férias, isso deixa um vazio. O que o preenche é o contexto que o chefe fornece para a equipe. Diversas discussões devem ocorrer, estabelecendo a maneira como os funcionários devem abordar suas decisões de férias.

- As práticas exemplificadas pelo chefe serão fundamentais para orientar os funcionários quanto ao comportamento adequado. Um escritório sem política de férias mas com um chefe que nunca sai de férias será um escritório sem férias.

▶ LIÇÕES DO CAPÍTULO 3B (VIAGENS E DESPESAS)

- Ao remover as políticas de viagens e despesas, incentive os gestores a definir com antecedência um contexto sobre como gastar dinheiro e a checar os recibos dos funcionários. Se as pessoas gastarem demais, expanda o contexto.

- Sem controle de despesas, você precisará que o departamento financeiro faça uma auditoria anual de parte dos reembolsos.

- Ao encontrar pessoas que abusam do sistema, demita-as e fale abertamente sobre a situação. Isso é necessário para que os outros entendam as implicações de um comportamento irresponsável.

- Algumas despesas podem aumentar com a liberdade. Mas os custos com gastos excessivos não são tão altos quanto os ganhos resultantes dessa liberdade.

- Com liberdade de despesas, os funcionários poderão tomar decisões rápidas para gastar dinheiro de maneiras que ajudem o negócio.

- Sem a perda de tempo e os custos administrativos associados aos pedidos de compras e processos de aquisição, você desperdiçará menos recursos.

- Muitos funcionários responderão à nova liberdade gastando menos do que gastariam em um sistema com regras. Quando você diz às pessoas que confia nelas, estas demonstram quão confiáveis são.

Rumo a uma cultura de Liberdade com Responsabilidade

No verão logo após termos eliminado com êxito a política de férias, eu me preparava para uma corrida com Tristan, o filho de 11 anos de Patty McCord. Enquanto treinávamos correndo ao longo da costa de Santa Cruz, me vi refletindo sobre minha experiência uma década antes, na Pure Software.

Nos primeiros anos na Pure Software, éramos um pequeno grupo trabalhando sem regras ou políticas. Em 1996, porém, nós crescemos, principalmente por meio de aquisições, e o número de funcionários subiu para setecentos. Quando trouxemos novas pessoas, algumas agiram de forma irresponsável, o que nos custou caro. Respondemos como a maioria das empresas: implementamos políticas para controlar o comportamento das pessoas. Toda vez que adquiríamos uma empresa, Patty pegava nosso manual e o manual deles e os unificava.

Todas essas regras significavam que trabalhar tinha ficado menos divertido — e nossos funcionários mais independentes, que também eram os mais inovadores, deixaram a empresa em busca de ambientes mais empreendedores. Aqueles que escolheram ficar preferiram a familiaridade e a consistência. Eles consideravam o respeito às políticas um valor definitivo. Durante aquelas longas corridas com Tristan, me dei conta de que, sem perceber, tínhamos transformado o ambiente de trabalho na Pure Software em um show de marionetes à prova de erros. O resultado foi que apenas marionetes queriam trabalhar ali (bem, não marionetes de verdade — mas você entende o que eu quero dizer).

Naquele verão, percebi que a Netflix chegara a um ponto em que provavelmente seguiria o mesmo caminho que a Pure Software se não trabalhássemos ativamente contra aquilo. A empresa crescia, e nossos líderes tinham cada vez mais dificuldade de acompanhar o que todos faziam. Normalmente, seria o momento de introduzir mais políticas e processos de controle a fim de lidar com a complexidade que vem do crescimento. Contudo, após o sucesso de nossas experiências com as políticas de férias e despesas, comecei a me perguntar se poderíamos fazer o oposto. Haveria outras regras das quais poderíamos abdicar? Em vez de aumentar o controle dos funcionários à medida que crescíamos, poderíamos aumentar sua liberdade?

Decidimos que, no lugar de estabelecer mais regras e procedimentos, continuaríamos a fazer duas outras coisas.

1. Encontrar novas maneiras de aumentar a densidade de talento. Para atrair e manter as melhores pessoas, teríamos de garantir a mais atraente oferta de remuneração.

2. Encontrar novas maneiras de aumentar a sinceridade. Se pretendíamos eliminar controles, precisaríamos garantir que nossos funcionários tivessem todas as informações necessárias para tomarem boas decisões sem a supervisão dos gestores. Isso exigiria mais transparência organizacional e a eliminação de segredos na empresa. Se quiséssemos que os funcionários tomassem boas decisões por conta própria, eles precisariam saber o que estava acontecendo nos negócios tanto quanto os que estavam no topo.

Esses dois pontos são os tópicos dos dois próximos capítulos.
A título de informação, Tristan me deixou comendo poeira.

PARTE DOIS

PRÓXIMOS PASSOS PARA UMA CULTURA DE LIBERDADE COM RESPONSABILIDADE

Fortaleça a densidade de talento...
4 ▶ Pague os melhores salários do mercado

Aumente a sinceridade...
5 ▶ Compartilhe informações organizacionais

Agora, elimine mais controles...
6 ▶ Aprovações para tomada de decisões não são necessárias

Na próxima seção, vamos ver o processo de implementação da cultura de Liberdade com Responsabilidade. No capítulo sobre densidade de talento, discutiremos processos de remuneração para atrair e manter os profissionais com melhor desempenho. No capítulo sobre sinceridade, deixaremos de falar sobre o fornecimento de feedback individual honesto, já explorado no capítulo 2, para falar de transparência organizacional.

FORTALEÇA A DENSIDADE DE TALENTO...

4

PAGUE OS MELHORES SALÁRIOS DO MERCADO

Em 2015, em certa tarde de sexta-feira, o gerente de conteúdo original Matt Thunell sentiu o coração bater forte ao folhear um roteiro novinho em folha. Espremido em uma mesa de canto em um lugar badalado e barulhento em Hollywood, o agente Andrew Wang almoçava enquanto Matt lia. Da seleção de roteiros à produção de pilotos, Matt é conhecido como um dos executivos criativos mais talentosos do ramo. Uma de suas habilidades: criar vínculos com os agentes certos. Wang ainda não havia compartilhado o rascunho de *Stranger Things* com ninguém, mas, dado o ótimo relacionamento entre os dois, ele passou o roteiro para Matt ali mesmo.

Matt voltou correndo ao escritório e entregou o material para Brian Wright (o ex-vice-presidente da Nickelodeon que conhecemos no capítulo 2). Brian é conhecido em todo o mundo televisivo por sua estranha capacidade de pressentir o que o público gostaria de assistir. "O roteiro era ótimo", disse Brian. "Bons personagens e se movia numa velocidade vertiginosa." As alegações que outros levantariam eram óbvias: "Os protagonistas pré-adolescentes são velhos demais para serem crianças e jovens demais para serem adultos, não será do interesse da maioria dos espectadores", ou "É uma obra de época dos anos 1980 que só interessará a um nicho". Mas Brian via de maneira diferente: "Todo mundo assistiria ao programa. *Stranger Things* se tornaria um sucesso, e a Netflix seria a responsável por fazer isso."

Na primavera de 2015, o roteiro foi comprado e o prazo se aproximava, mas a Netflix ainda não tinha um estúdio. Sucessos como *House of Cards* e *Orange is the New Black* foram produzidos por outros estúdios e então licenciados exclusivamente para a Netflix. A empresa ainda não começara a produzir conteúdo por conta própria. Agora, ela entrava em uma nova fase. Segundo Brian, "Ted tinha deixado claro: nós mesmos produziríamos os próximos programas originais".

Nessa época, a Netflix contava com apenas um punhado de pessoas na equipe de produção, muito menos do que as dezenas de funcionários que um estúdio em geral exigia. Matt se recorda:

> Conseguimos produzir *Stranger Things* porque todos os membros da equipe eram extremamente competentes. Rob é um negociador superbrilhante. Então, quando um dos protagonistas da série não quis assinar um contrato plurianual, ele sabia exatamente o que dizer. Laurence era o cara das finanças. Ele deveria cuidar do dinheiro, mas fazia todo o seu trabalho financeiro e ainda passava o restante do tempo atuando como produtor executivo, fazendo coisas como alugar espaços para os escritores trabalharem. Laurence e Rob fizeram o trabalho de cerca de vinte pessoas.

A primeira temporada de *Stranger Things* levou pouco mais de um ano para ficar pronta. Foi ao ar em 15 de julho de 2016. Alguns meses depois, foi indicada ao Globo de Ouro de melhor série dramática.

O sucesso da Netflix se baseia nesse tipo de história improvável: pequenas equipes compostas exclusivamente por profissionais bem acima da média — o que Reed chama de *times dos sonhos* — resolvendo problemas cabeludos. Matt acrescenta:

> Na maioria dos lugares, existem ótimos funcionários e outros que são apenas bons. Os bons são gerenciados enquanto se confia que as estrelas deem tudo de si. Na Netflix, é diferente. Vivemos em um jardim privativo de excelência onde todos são profissionais com alto desempenho. Você participa das reuniões, e é como se o talento e a capacidade cerebral da sala fossem capazes de gerar eletricidade para o escritório. As pessoas desafiam umas às outras, argumentando entre si, e cada uma delas é quase mais inteligente do que o Stephen Hawking. É por isso que fazemos tanto por aqui, e a uma velocidade vertiginosa. É por causa dessa densidade de talento incrivelmente alta.

A alta densidade de talento da Netflix é o mecanismo que impulsiona o sucesso da empresa. Reed aprendeu essa estratégia simples, mas fundamental, depois das demissões de 2001. Mais complicado, porém, era descobrir quais passos dar no intuito de atrair e manter aquelas pessoas mais talentosas.

OFEREÇA SALÁRIOS DE ASTRO DE ROCK

Nos primeiros anos da Netflix, nós crescemos depressa e precisamos contratar mais engenheiros de software. Com meu novo entendimento de que a alta densidade de talento seria o motor de nosso sucesso, nos concentramos em buscar os profissionais com melhor desempenho do mercado. No Vale do Silício, muitos deles trabalhavam para a Google, a Apple e o Facebook e eram muito bem pagos. Obviamente, não tínhamos dinheiro para atraí-los.

Contudo, como engenheiro, eu conhecia um conceito chamado "princípio do astro de rock", compreendido no mundo do software desde 1968. Ele provém de um famoso estudo realizado em um porão em Santa Monica. Às seis e meia da manhã, nove programadores estagiários foram levados a uma sala com dezenas de computadores. Cada um deles recebeu um envelope pardo explicando uma série de tarefas de codificação e depuração que precisariam concluir da melhor maneira possível nas duas horas seguintes. Milhões de caracteres já foram dedicados na internet à discussão dos resultados dessa pesquisa.

Os pesquisadores esperavam constatar que o melhor dos nove programadores superaria a média dos demais em um fator de 2 ou 3. Mas, no grupo dos nove — em que todos eram pelo menos programadores medianos —, os melhores superaram os piores em muito. O melhor deles era vinte vezes mais rápido em codificação, 25 vezes mais rápido na depuração e dez vezes mais rápido na execução do programa do que o candidato com os resultados mais baixos.

O fato de um desses programadores ter superado tão drasticamente o desempenho de outro tem causado rebuliço na indústria de software desde então, à medida que os gestores discutem como alguns programadores podem valer muito mais do que seus colegas de performance adequada. Com uma quantia fixa de dinheiro para salários e um projeto que eu precisava concluir, eu tinha uma escolha. Poderia contratar de dez a 25 engenheiros medianos ou contratar um "astro de rock" e pagar significativamente mais do que pagaria para os outros se necessário.

Desde então, percebi que o melhor programador não vale dez, mas cem vezes mais do que um programador mediano. Bill Gates, com quem trabalhei enquanto estava no conselho da Microsoft, supostamente foi além. Uma de suas frases é citada com frequência: "Um ótimo torneiro mecânico merece receber várias vezes o salário de um torneiro mecânico mediano, mas um grande engenheiro de software vale dez mil vezes mais do que um engenheiro de software mediano." Na indústria de software, esse é um princípio conhecido (embora ainda muito debatido).

Comecei a me perguntar onde esse modelo se aplicava fora da indústria de software. O motivo pelo qual o engenheiro astro de rock é muito mais valioso do que seus colegas não é exclusivamente por causa da programação. Um ótimo engenheiro de software é incrivelmente criativo e consegue identificar padrões conceituais que outros não conseguem. Ele tem uma perspectiva ajustável, de modo que, quando se vê preso a uma maneira específica de pensar, tem na manga formas de se obrigar, forçar e estimular a olhar além. Essas são as mesmas habilidades necessárias em qualquer trabalho criativo. Patty McCord e eu começamos a procurar onde exatamente o "princípio do astro de rock" poderia ser aplicado na Netflix. Dividimos os trabalhos em cargos operacionais e criativos.

Se você está contratando alguém para um cargo operacional, como limpador de vidraças, sorveteiro ou motorista, o melhor funcionário pode render o dobro do valor da média. Um sorveteiro bom de verdade provavelmente pode fazer duas ou três vezes mais casquinhas do que um mediano. Um motorista realmente bom pode apresentar metade do número de acidentes que um mediano. Mas há um limite para quanto um sorveteiro ou um motorista pode render. Para funções operacionais, você pode pagar um salário dentro da média, e sua empresa se sairá muito bem.

Na Netflix, não temos muitos empregos assim. A maioria de nossas funções se fia na capacidade do funcionário de inovar e trabalhar de forma criativa. Em todas as funções criativas, o melhor é de longe dez vezes melhor do que a média. O melhor especialista em publicidade pode criar uma campanha que atrairá milhões de clientes a mais do que um publicitário mediano. Voltando ao cenário de *Stranger Things*, o relacionamento de Matt Thunell com Andrew Wang e vários outros agentes semelhantes o torna centenas de vezes mais bem-sucedido do que um executivo criativo que não possua relacionamentos assim. A capacidade de Brian Wright de ver que *Stranger Things* seria um sucesso — quando outros estúdios acreditavam que os protagonistas pré-adolescentes não seriam populares — o torna milhares de vezes mais valioso do que um vice-presidente de conteúdo que não tivesse esse sexto sentido para roteiros. Todos esses são trabalhos criativos e todos seguem o princípio do astro de rock.

Não tínhamos muito dinheiro em 2003, mas tínhamos muito a alcançar. Precisávamos pensar cuidadosamente sobre como gastaríamos o pouco que possuíamos. Decidimos que, para qualquer tipo de função operacional, onde houvesse um limite claro de quão bom poderia ser o trabalho, pagaríamos a média do mercado. Mas, para todos os trabalhos criativos, recompensaríamos um funcionário incrível com um dos melhores salários do mercado, em vez de usar o mesmo dinheiro para contratar uma dúzia ou mais de funcionários medianos. Isso resultaria em uma força de trabalho enxuta. Estaríamos confiando em uma pessoa excepcional para fazer o trabalho de muitos. Mas a pagaríamos excepcionalmente bem.

Foi assim que contratamos a maioria dos funcionários da Netflix desde então. Essa abordagem tem sido muito bem-sucedida. Aumentamos exponencialmente nossos resultados e nossa velocidade de inovação.

Também descobri que ter uma força de trabalho enxuta tem vantagens colaterais. Gerenciar bem as pessoas é difícil e exige muito esforço. Gerenciar funcionários com desempenho medíocre é ainda mais difícil e consome muito mais tempo. Ao manter nossa empresa pequena e nossas equipes enxutas, cada gestor tem menos pessoas para gerenciar e, portanto, pode fazer um trabalho melhor nesse aspecto. Quando essas equipes enxutas são compostas exclusivamente por funcionários com desempenho excepcional, os gestores se saem melhor, os funcionários se saem melhor e toda a equipe trabalha melhor — e com mais rapidez.

NÃO É APENAS QUANTO VOCÊ PAGA, É TAMBÉM COMO PAGA

A estratégia de Reed parece ótima. Mas, se você administra uma startup da qual ninguém nunca ouviu falar, pode ficar se perguntando se os profissionais com melhor desempenho virão trabalhar para você, mesmo que esteja pronto a pagar por isso.

Os estudos sugerem que sim. Uma pesquisa de 2018 da OfficeTeam perguntou a 2.800 trabalhadores o que os motivaria a empacotar seus pertences e deixar o emprego. Cerca de 44% dos entrevistados, bem acima de qualquer outra categoria, afirmaram que deixariam o emprego atual por outro que pagasse mais.

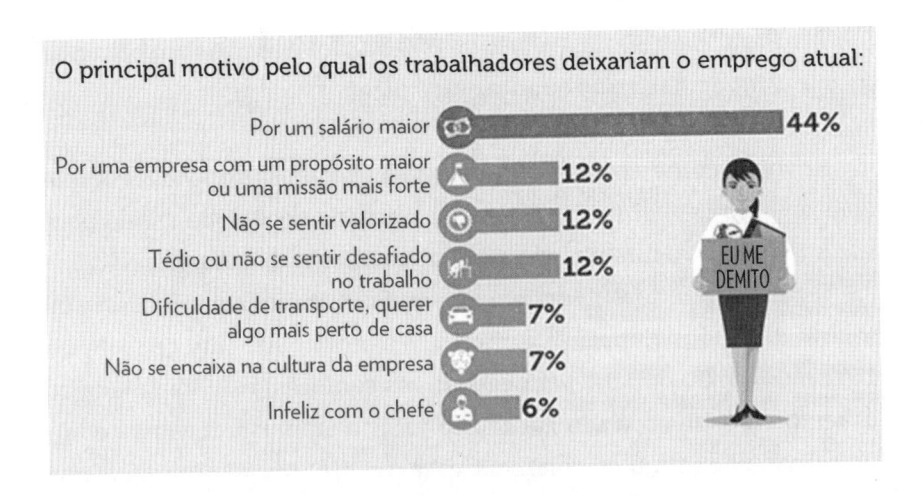

O principal motivo pelo qual os trabalhadores deixariam o emprego atual:

Motivo	%
Por um salário maior	44%
Por uma empresa com um propósito maior ou uma missão mais forte	12%
Não se sentir valorizado	12%
Tédio ou não se sentir desafiado no trabalho	12%
Dificuldade de transporte, querer algo mais perto de casa	7%
Não se encaixa na cultura da empresa	7%
Infeliz com o chefe	6%

Se você trabalha para uma empresa pequena e desconhecida e espera aplicar a teoria de Reed, provavelmente encontrará a pessoa de que precisa.

Mas não é apenas uma questão de quanto você paga às pessoas. A forma de pagamento também é importante. Em boa parte das empresas, funcionários de colarinho branco muito bem remunerados recebem um salário acrescido de um bônus, que é pago caso atinjam um conjunto de metas predeterminadas. Grande parte do salário dos grandes talentos depende de seu desempenho.

Isso não é tão bom quanto parece. Quando Reed e Patty estavam descobrindo como atrair astros de rock para a Netflix, precisaram diferenciar a empresa daquelas de quem estavam tirando o funcionário. Para tanto, criaram um plano que vigora até hoje.

Imaginemos que você gastou todas as suas economias desenvolvendo uma lambreta ultramoderna que levará as pessoas para o trabalho sobrevoando o tráfego. Você encontra um profissional de marketing imensamente talentoso e quer escolher um método de remuneração que o motive a trabalhar pesado — dar o melhor de si — e permanecer na empresa pelos próximos anos. Você deverá considerar duas opções:

1. Pagar para ele um salário anual de 250 mil dólares.
2. Pagar para ele um salário de 200 mil dólares mais um bônus de 25% com base no quanto ele realizar.

Se você é como a maioria dos gestores, escolherá a opção 2. Por que colocar todo esse dinheiro em salário quando você pode usá-lo para incentivar o novo funcionário a fazer o melhor trabalho possível?

Os bônus por desempenho parecem fazer muito sentido. Parte do salário de um funcionário é garantida e a outra parte (em geral de 2 a 15%, mas até 60 ou 80% para executivos seniores) está vinculada ao desempenho. Se você agregar muito valor à empresa, receberá o bônus. Caso não atinja os objetivos, essa quantia não será paga. O que poderia ser mais lógico? Bônus por desempenho são concedidos quase que universalmente nos Estados Unidos e em vários outros lugares.

Mas a Netflix não faz isso.

BÔNUS SÃO RUINS PARA A FLEXIBILIDADE

Em 2003, mais ou menos na mesma época em que deparei com o princípio do astro de rock, aprendemos que os bônus são ruins para os negócios. Patty McCord e eu estávamos nos preparando para uma reunião semanal da equipe de gerenciamento. Na pauta constava uma nova estrutura de bonificação para a equipe executiva. Estávamos empolgados por termos nos tornado uma empresa adulta e queríamos oferecer aos nossos gestores seniores o tipo de remuneração que receberiam em outros lugares.

Passamos horas elaborando as metas de desempenho certas e tentando vinculá-las ao pagamento. Patty sugeriu que vinculássemos o bônus da diretora de marketing, Leslie Kilgore, ao número de novos clientes que contratássemos. Antes da Netflix, Leslie trabalhara para a Booz Allen Hamilton, a Amazon e a Procter & Gamble. Sua remuneração em todos esses lugares era metricamente orientada, vinculada ao cumprimento de objetivos pré-definidos. Por conta disso, ela nos parecia uma boa pessoa com quem começar. Estabelecemos KPIs (indicadores-chave de desempenho, do inglês "Key Performance Indicators") para calcularmos quanto Leslie deveria ganhar a mais caso alcançasse os objetivos.

Na reunião de gerenciamento do dia seguinte, parabenizei Leslie pelos milhares de novos clientes que conquistáramos recentemente. Eu estava prestes a anunciar que isso lhe renderia um enorme bônus se continuasse assim, quando ela me interrompeu. "Sim, Reed, é notável. Minha equipe fez um trabalho incrível. Mas não é mais o número de clientes que contratamos que deve ser medido. Na verdade, isso é irrelevante." Ela continuou nos mostrando numericamente que, embora os novos clientes tenham sido a meta mais importante do último trimestre, o que importava agora era a taxa de manutenção de clientes. Ao ouvi-la, senti uma onda de alívio. Felizmente, eu ainda não vinculara o bônus de Leslie à medida de sucesso errada.

A partir dessa interação com Leslie, aprendi que todo o sistema de bônus se baseia na premissa de que você é capaz de prever o futuro de maneira confiável e que a qualquer momento poderá definir um objetivo que continuará sendo importante no futuro. Mas na Netflix, onde precisamos adaptar depressa nossa direção em resposta a mudanças rápidas, a última coisa que queremos é que nossos funcionários sejam recompensados em dezembro por terem atingido alguma meta estabelecida em janeiro anterior. O risco é os funcionários ficarem tão focados em uma meta pré-definida que talvez não identifiquem o que é melhor para a empresa no momento presente.

Muitos de nossos funcionários em Hollywood vêm de estúdios como a WarnerMedia ou a NBC, onde grande parte da remuneração de executivos tem como base métricas específicas de desempenho financeiro. Se este ano a meta é aumentar o lucro operacional em 5%, a maneira de obter o bônus — em geral um quarto do salário anual — é focar obstinadamente no aumento do lucro operacional. Mas e se uma divisão precisar mudar de rumo para se tornar competitiva dali a cinco anos? Mudanças de rumo envolvem investimentos e riscos que podem reduzir a margem de lucro naquele ano. O valor das ações pode cair. Que executivo faria isso? É por esse motivo que empresas como a WarnerMedia ou a NBC podem achar mais difícil mudar drasticamente diante de novos tempos, do modo como costumamos fazer na Netflix.

Além disso, não acredito que funcionários com alto desempenho se esforçarão mais caso você balance dinheiro à sua frente. Esses funcionários naturalmente vão atrás do sucesso e dedicarão todos os seus recursos para obtê-lo, independentemente de terem ou não um bônus diante do nariz. Adoro esta frase do ex-presidente executivo do Deutsche Bank, John Cryan: "Não faço ideia de por que me ofereceram um contrato com bônus, porque prometo que, em ano nenhum, em dia nenhum, trabalharei mais ou menos só porque alguém me pagará mais ou menos por isso." Qualquer executivo que valha o salário que recebe diria o mesmo.

Uma pesquisa confirma o palpite de Reed. O pagamento condicional funciona para tarefas rotineiras, mas diminui o desempenho do trabalho criativo. Dan Ariely, professor da Universidade Duke, descreve o que encontrou em um fascinante estudo que realizou em 2008:

> Apresentamos a 87 participantes uma série de tarefas que exigiam atenção, memória, concentração e criatividade. Pedimos, por exemplo, que encaixassem peças de um quebra-cabeça de metal em uma armação de plástico e jogassem bolas de tênis em um alvo. Prometemos que eles receberiam um pagamento caso executassem as tarefas excepcionalmente bem. Cerca de um terço das pessoas foi informado que, com base em seu desempenho, receberiam um pequeno bônus, outro terço um bônus de nível médio, e o último terço, um bônus alto.

A primeira vez que realizamos o estudo foi na Índia, onde o custo de vida é baixo, para que pudéssemos pagar quantias substanciais às pessoas, mas ainda ficássemos dentro do nosso orçamento. O bônus mais baixo era de 50 centavos — equivalente ao que os participantes receberiam por um dia de trabalho. O bônus mais alto era de 50 dólares, cinco meses de salário. Era um valor significativo.

Os resultados foram inesperados. As pessoas às quais foram oferecidos bônus médios não tiveram desempenho melhor ou pior do que aquelas para as quais foram oferecidos bônus de baixo valor. Mas o mais interessante foi que o grupo ao qual foi oferecido o maior bônus se saiu pior em todas as tarefas do que os outros dois grupos.

Reproduzimos esses resultados em um estudo no Instituto de Tecnologia de Massachusetts, onde estudantes de graduação tiveram a chance de ganhar um bônus alto (600 dólares) ou um valor mais baixo (60 dólares) ao executar uma tarefa que exigia alguma habilidade cognitiva (soma de números) e outra que exigia apenas habilidade mecânica (pressionar uma tecla o mais rápido possível). Descobrimos que, enquanto a tarefa envolvia apenas habilidade mecânica, os bônus funcionavam como esperado: quanto maior a bonificação, melhor o desempenho. Porém, quando incluímos uma tarefa que exigia habilidades cognitivas, mesmo que rudimentares, o resultado foi o mesmo do estudo da Índia: a oferta de um bônus mais elevado levou a um desempenho inferior.

Essa descoberta faz todo o sentido. O trabalho criativo exige que sua mente desfrute de um nível de liberdade. Se parte daquilo em que você se concentra é saber se seu desempenho lhe renderá um cheque generoso, você não estará naquele espaço cognitivo aberto onde residem as melhores ideias e as possibilidades mais inovadoras. Você apresentará um desempenho pior.

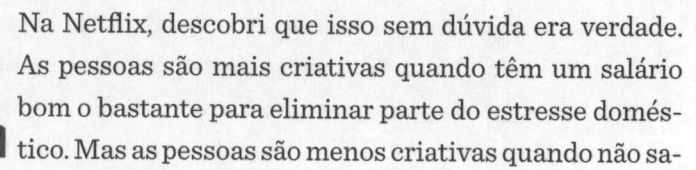

Na Netflix, descobri que isso sem dúvida era verdade. As pessoas são mais criativas quando têm um salário bom o bastante para eliminar parte do estresse doméstico. Mas as pessoas são menos criativas quando não sabem se ganharão mais ou não. Salários altos são bons para a inovação; grandes bônus por mérito, não.

A grande surpresa quando decidimos não pagar bônus foi a quantidade de talentos que conseguimos atrair. Muitos imaginam que você perde vantagem competitiva caso não ofereça bônus. Descobrimos o contrário: ganhamos vantagem competitiva ao atrair os melhores porque investimos todo esse dinheiro em salários.

Imagine que você estava procurando trabalho e recebeu duas ofertas de emprego. Um lugar lhe ofereceu 200 mil dólares mais um bônus de 15% e outro lhe ofereceu 230 mil dólares. Qual você escolheria? Obviamente, você escolheria o pássaro na mão em vez do que está voando: 230 mil dólares. Você conhece sua compensação de cara — sem jogos.

Ao evitar os bônus por desempenho, você poderá oferecer salários-base mais altos e manter seus funcionários altamente motivados. Tudo isso aumenta a densidade de talento. Mas nada aumenta mais a densidade de talento do que pagar às pessoas salários altos e aumentá-los ao longo do tempo para garantir que permaneçam no topo do mercado.

PAGUE SALÁRIOS MAIS ALTOS DO QUE QUALQUER OUTRO LUGAR

Pouco depois de se comprometer a pagar o que fosse necessário para contratar e manter os melhores funcionários, Han, um dos diretores do setor de engenharia, veio até mim e falou que encontrara um candidato incrível para uma vaga. O candidato, Devin, tinha um raro conjunto de habilidades que seria um grande trunfo para a equipe. Mas o salário que ele pedia era quase o dobro do que os outros programadores da equipe recebiam. Era mais até do que Han ganhava. "Sei que ele seria ótimo para a Netflix, mas é certo pagar tanto assim?", pensou Han.

Fiz três perguntas a Han:

1. Algum dos programadores da equipe atual dele é bom o bastante para ocupar o cargo que Devin acabou de deixar na Apple? Não.
2. Três dos atuais funcionários de Han poderiam se unir e contribuir da mesma forma que Devin seria capaz de fazer? Não.
3. Se uma fada madrinha sugerisse que ele poderia trocar alguns de seus programadores atuais por Devin, silenciosamente e sem nenhum tipo de constrangimento, isso seria bom para a empresa? Sim.

Sugeri que Han poderia facilmente arcar com a contratação de Devin. Contrataríamos um número menor de programadores no futuro e usaríamos esse dinheiro para pagar a Devin o que ele valia. Han pareceu contemplativo. "As habilidades de Devin estão sendo muito requisitadas no momento. Se vamos mudar nossa estratégia de contratação para pagar a ele, quero ter certeza de que pagamos o suficiente não apenas para convencê-lo a aceitar o emprego, mas para garantir que Devin não seja atraído por algum concorrente com um salário mais alto."

Decidimos explorar o mercado para descobrir quanto os nossos concorrentes estariam dispostos a pagar pelos talentos de Devin. Depois, pagaríamos a ele um pouco acima do limite máximo.

A equipe de Devin criou muitos dos recursos fundamentais que compõem a atual plataforma Netflix. Eu queria que todos os nossos funcionários fossem tão influentes quanto ele, então decidimos aplicar o mesmo método para definir os salários de todos os futuros contratados.

PAGUE OS MELHORES SALÁRIOS DO MERCADO

Na maioria das empresas, negociar um salário é como comprar um carro usado. Você quer o emprego, mas não sabe o máximo que a empresa está disposta a pagar, então tenta adivinhar o que pedir e o que aceitar. A empresa usa sua ignorância para contratá-lo com o menor salário possível. É uma ótima maneira de conseguir um funcionário por menos do que ele vale, apenas para perdê-lo alguns meses depois para outra empresa por um salário mais alto.

Seguindo essa lógica, o livro *Negotiating Your Salary: How to Make $1000 a Minute*, de Jack Chapman, recomenda a melhor maneira de conseguir um bom acordo com um novo empregador:

> GESTOR CONTRATANTE: Apertamos o nosso orçamento e descobrimos que podemos lhe oferecer um salário de 95 mil dólares por ano! Estamos animados e esperamos que você também esteja!
> VOCÊ: (Fique calado. Cante uma música em sua mente. Conte os pontos no tapete. Passe a língua sobre o aparelho de dentes.)
> GESTOR CONTRATANTE: (agora nervoso) Contudo, talvez consigamos chegar a 110 mil dólares. Será um grande esforço, mas esperamos que você aceite.
> VOCÊ: (Continue cantando silenciosamente para si mesmo.)

A Netflix, por outro lado, **quer** pagar um salário que atrairá e manterá talentos, de modo que sua conversa com os funcionários é voltada para deixar claro que (a) a empresa sabe o que seu possível funcionário poderia ganhar em qualquer outra empresa e (b) pagará mais do que isso.

Tome a experiência de Mike Hastings (sem relação alguma com Reed). Se você acessar o site da Netflix, poderá se perguntar por que o filme *Okja* lhe foi recomendado. É porque todos os programas e filmes da Netflix foram separados em categorias. *Okja* é categorizado como Luta Contra o Sistema, Cerebral, Visualmente Impressionante e Excêntrico. Se você assistir a outros filmes Cerebrais e de Luta Contra o Sistema, *Okja* aparecerá para você. Mike é um dos caras que torna isso possível.

Mike trabalhava em Ann Arbor, Michigan, para o Allmovie.com, quando conseguiu uma entrevista para se juntar à equipe que cuida das classificações da Netflix. Ele queria se mudar para o Vale do Silício, "mas o custo de vida é tão alto na Califórnia que eu não sabia quanto dinheiro pedir". Então, ele leu alguns livros sobre negociações salariais e conversou com alguns amigos. Todos recomendaram que ele não fornecesse qualquer informação precisa. "Você provavelmente vai se desvalorizar, e a Netflix vai tentar tirar proveito disso", disse um amigo. Usando um conversor de salários regionais, Mike decidiu que, se fosse encurralado, pediria o dobro do que ganhava atualmente, "o que me parecia muito".

Ele ensaiou como evitaria de maneira educada todas as perguntas sobre salário, "mas, durante a entrevista, eu disse ao recrutador quanto ganhava e quanto esperava ganhar e depois me censurei durante todo o trajeto de volta a Michigan por ter sido tão idiota". Mike estava deitado em sua cama em Ann Arbor, olhando para seu pôster favorito de Hitchcock, quando o recrutador da Netflix ligou. "Eles ofereceram 30% a mais do que os 100% de aumento que pedi! Devo ter engasgado, porque meu chefe esclareceu: 'Esse é o melhor salário do mercado para sua posição e suas habilidades.'"

PERMANECENDO NO TOPO

A princípio, um novo contratado se sentirá motivado por ter o melhor salário do mercado. Mas logo suas habilidades vão progredir, e os concorrentes começarão a ligar para lhe oferecer salários maiores. Se ele valer a pena, seu valor de mercado crescerá e o risco de ele mudar de emprego aumentará. Portanto, é paradoxal que, quando se trata de ajustar salários, quase todas as empresas do mundo sigam um sistema que provavelmente diminuirá a densidade de talento, incentivando as pessoas a encontrarem emprego em outro lugar. Aqui está um e-mail do diretor de relações públicas João, descrevendo o problema que ele teve em seu emprego anterior:

> Antes da Netflix, trabalhei para uma agência de publicidade norte-americana em São Paulo e adorei. Foi meu primeiro emprego após a faculdade e dei tudo

de mim. Às vezes eu dormia no escritório, no chão da sala da copiadora, para não perder minutos de trabalho no trajeto. Tive muita sorte em conquistar quatro grandes clientes e, em um ano, eu fechava mais contratos do que aqueles que estavam na empresa muitos anos antes de mim. Eu estava muito animado para construir minha carreira naquela empresa que eu adorava. Eu sabia que meus colegas seniores tinham ótimos salários — o dobro, até o triplo do meu, e confiava que, na época da revisão anual de salários, eu receberia um grande aumento que me aproximaria mais de meu nível de contribuição.

No fim do ano, tive minha primeira análise de desempenho, recebi um feedback extremamente positivo (98/100), e a empresa vivia seu ano mais lucrativo até então. Eu não esperava que meu salário dobrasse, mas meu chefe prometeu que cuidaria de mim. No fundo, eu esperava um aumento de 10 a 15%.

No dia da reunião sobre aumentos, eu estava tão animado que cantarolei no carro junto com o rádio por todo o trajeto até o trabalho. Imagine minha decepção quando meu chefe me ofereceu um aumento de 5%. Para dizer a verdade, quase comecei a chorar. A pior parte foi a maneira como ele me informou, com um entusiasmado "parabéns!" e dizendo que aquele era o maior aumento que ele dava naquele ano. Minha reação foi berrar por dentro: "Você acha que eu sou burro?"

Depois disso, meu relacionamento com meu chefe desandou. Continuei fazendo campanha por um aumento maior. Meu chefe se lamentava, dizendo que não queria me perder, e incrementou meu aumento de 5 para 7%. Além disso, disse que minhas expectativas eram "irracionais" e "ingênuas" e que nenhuma empresa concedia aumentos anuais maiores do que aquele. Foi quando comecei a procurar outro emprego.

João era extremamente valioso para sua empresa. Seu chefe o contratou com um salário que o motivava. Porém, em apenas um ano, as crescentes conquistas de João o tornaram muito mais valioso para seu empregador e atraente para os concorrentes. Por que seu empregador lhe ofereceria um aumento que claramente não correspondia ao seu valor de mercado?

A resposta a essa pergunta é que, quando chega a hora da revisão, a maioria das empresas usa "fundos de depósito" e "faixas salariais" para determinar aumentos, em vez de observar o que aquele funcionário vale no mercado. Imagine que o Papai Noel tem oito elfos e, todo ano, em 26 de dezembro, ele aumenta seus salários. Atualmente, cada um deles recebe 50 mil dólares. O Papai Noel e a Mamãe Noel reservam um grande pote de dinheiro para aumentos, digamos 3% do custo total dos salários (o padrão para empresas americanas fica entre 2 e 5%). Ora, 3% de 400 mil dólares correspondem a 12 mil dólares.

Os Noel devem agora decidir como dividir esse dinheiro. Mary tem o melhor desempenho entre os elfos, então eles querem lhe dar um aumento de 6%, deixando 9 mil dólares para distribuir entre seus colegas. Mas ela insiste que deixará a oficina caso não receba um aumento de 15% — o que deixaria apenas 4,5 mil dólares para serem distribuídos entre os outros sete elfos, todos com famílias grandes para alimentar. Papai Noel vai ter que punir todos os outros ajudantes para pagar o valor de mercado de Mary. Provavelmente foi o que aconteceu com João. Supondo que seu chefe teve um aumento de 3%, esses 5% que ele lhe oferecia eram extremamente generosos. Subir para 7% significava que o restante da equipe sofreria com isso. Pagar para João o salário 15% mais alto que ele poderia conseguir no mercado? Impossível!

As faixas salariais criam um problema semelhante. Digamos que na oficina do Papai Noel a faixa salarial para um elfo é de 50 mil a 60 mil dólares. Mary foi contratada por 50 mil e, nos primeiros três anos, Papai Noel aumenta seu salário de 5 a 6%, para 53 mil, depois 56 mil e, então, para 58,8 mil. No quarto ano, entretanto, embora Mary esteja mais experiente e seu desempenho esteja mais alto do que nunca, ela só pode obter um aumento de 2%. Ela está no topo de sua faixa salarial! Hora de procurar uma nova oficina, Mary.

Pesquisas confirmam o que João e Mary já suspeitavam. Você ganhará mais dinheiro se mudar de empresa do que se ficar onde está. Em 2018, o aumento salarial médio anual por funcionário nos Estados Unidos foi de cerca de 3% (5% para os que apresentaram melhor desempenho). Para um funcionário que deixa um emprego e ingressa em uma nova empresa, o aumento médio ficou entre 10 e 20%. Ficar no mesmo emprego é ruim para seu bolso.

Eis o que aconteceu com João:

> A Netflix me contratou por quase o triplo do meu salário e me mudei para Hollywood. Nove meses depois, ajustes salariais eram a última coisa que passava pela minha cabeça. Saí para minha reunião-caminhada semanal com meu chefe, Matias, pelo grande quarteirão do prédio da Netflix em Hollywood. No meio do quarteirão, pintado na parede de um restaurante, há um grande *dim sum* de olhos azuis e língua vermelha. Ao passarmos por ali, Matias mencionou que me daria um aumento de 23% para manter meu salário na faixa mais alta do mercado. Fiquei tão chocado que tive de me sentar ao lado do *dim sum*.
>
> Continuei sendo muito bem-sucedido e sentia que era muito bem pago. Um ano depois, na época da revisão salarial anual, fiquei imaginando se receberia outro aumento enorme. Matias voltou a me surpreender. Dessa vez, ele disse: "Seu desempenho foi excelente e estou muito satisfeito por tê-lo em nossa equipe. O mercado para o seu cargo não mudou muito, por isso não pretendo lhe dar aumento este ano." Aquilo me pareceu justo. Matias me disse que, se eu discordasse, deveria ir até ele com dados que mostrassem como estava o mercado atual para o meu cargo.
>
> Ainda gosto de pensar no que meu primeiro chefe me disse: que eu era ingênuo. Sabendo como funciona o mundo corporativo, vejo que ele estava certo. Fui ingênuo na compreensão dos processos de negócios. Mas, por outro lado, também não é ingênuo o fato de tantas empresas usarem um processo de aumento salarial que expulsa todos os seus melhores talentos porta afora?

João tem um ótimo argumento. Então, por que algumas empresas ainda seguem os métodos tradicionais de aumento? A teoria de Reed é que os aumentos coletivos e as faixas salariais usados na maioria das empresas funcionavam bem quando o emprego normalmente durava a vida inteira e não era provável que o valor de mercado de um indivíduo disparasse em questão de meses. Mas essas condições claramente não se aplicam mais, dada a rapidez com que as pessoas trocam de emprego hoje em dia e a natureza mutável de nossa economia moderna.

Mas o modelo da Netflix de pagar o melhor salário do mercado é tão incomum que é difícil de entender.

Como um gestor pode saber, com regularidade, qual de fato é o melhor salário do mercado para cada um de seus funcionários? Você precisaria investir dezenas de horas ao longo do ano fazendo ligações desconfortáveis para pessoas que mal conhece a fim de descobrir quanto elas e sua equipe estão ganhando. O diretor jurídico da Netflix, Russell, acha isso tão frustrante quanto você deve imaginar.

> A funcionária mais valiosa em minha equipe em 2017 era uma advogada chamada Rani. Na adolescência, Rani se mudou da Índia para a Califórnia. A mãe era professora de matemática em Stanford, e o pai, um famoso e inovador chef de cozinha indiana. Como advogada, Rani era o híbrido de uma matemática brilhante com um cozinheiro brilhante. Ela era capaz de manipular ideias precisas e complexas de uma maneira que eu jamais vira. E possuía ainda outro diferencial ao qual posso me referir melhor como "requinte", o que a tornava uma advogada superior.
>
> Contratei Rani com um salário alto — que eu considerava uma oferta generosa, acima do mercado —, e ela teve um ótimo primeiro ano de trabalho. Quando chegou a hora do aumento, tive um problema. Ao contrário dos outros advogados de minha equipe, Rani tinha um trabalho único, de modo que era difícil encontrar parâmetros de mercado para o seu cargo. Alguns dos outros advogados receberiam grandes aumentos naquele ano — até 25% — devido a claras mudanças no mercado.

Passei dezenas de horas tentando encontrar parâmetros para Rani. Depois de muita pesquisa, liguei para catorze contatos em empresas diferentes, mas nenhum deles estava disposto a compartilhar valores salariais comigo. Então, comecei a ligar para caçadores de talentos. Por fim, recebi três cifras desses recrutadores. Havia todo tipo de valor, mas o maior era de apenas 5% a mais do que Rani já ganhava. A partir desses dados, um aumento de 5% colocaria Rani acima do mercado. Então, foi o aumento que lhe dei.

Ah, cara, que dia ruim! Quando informei Rani de quanto seria seu aumento, ela começou a ranger os dentes e não me olhar nos olhos. Quando expliquei como chegara àquele número, seus olhos se voltaram para a janela. Era como se ela já estivesse calculando para qual empresa iria a seguir. Quando parei de falar, ela ficou em silêncio por um longo tempo e depois, com a voz ligeiramente trêmula, disse: "Estou decepcionada." Sugeri que, se ela achava que o aumento não refletia seu valor de mercado, deveria me apresentar dados. Ela não apresentou.

No ciclo seguinte de revisão salarial, implorei ao RH que me ajudasse. Os números que o RH desenterrou eram quase 30% maiores do que os números encontrados em minha própria pesquisa no ano anterior. Dessa vez, Rani também se adiantara e falara com os próprios contatos. Ela me deu o nome de quatro pessoas em outras empresas que faziam o mesmo trabalho com salários comparáveis aos que o RH me mostrara. Eu a pagara mal no ano anterior porque os dados que eu tinha não refletiam bem sua verdadeira faixa salarial.

Obter comparações salariais para você ou para sua equipe não é apenas demorado e complicado. Em geral, é necessário ligar para as pessoas de sua rede de contatos e fazer aquela embaraçosa pergunta: "Quanto você ganha?"

Mas essa não é a única preocupação. Quão incrivelmente caro isso tudo deve ser? Matias deu a João um aumento de 23% que ele não pediu e no qual nem estava pensando. Russell deu a Rani um aumento de 30% no segundo ano. Quantas empresas podem dar esse tipo de aumento salarial aos seus funcionários? Sua margem de lucro teria que ser muito alta, caso contrário os aumentos anuais o afastariam dos negócios, certo?

A resposta para essas duas perguntas é sim. No entanto, no geral, o investimento compensa.

Em um ambiente de alto desempenho, pagar salários acima do mercado é mais econômico a longo prazo. É melhor ter salários um pouco mais altos do que o necessário, dar um aumento antes que o funcionário peça e aumentar seu salário antes que ele comece a procurar outro emprego, a fim de atrair e manter os melhores talentos do mercado ano após ano. Custa muito mais perder pessoas e recrutar substitutos do que pagar um pouco mais.

Alguns funcionários verão seus salários aumentarem drasticamente em pouco tempo. Se o valor de mercado de um funcionário subir devido ao crescimento de seu conjunto de habilidades ou à escassez de talentos em sua área, aumentamos o seu salário. Os salários de outros funcionários, por outro lado, podem se manter estáveis ano após ano, apesar de fazerem um ótimo trabalho.

A única coisa que tentamos evitar quando possível é diminuir os salários caso o valor de mercado caia (embora possamos fazer isso se alguém mudar de um local para outro). Essa seria uma maneira infalível de reduzir a densidade de talento. Se por algum motivo não pudéssemos arcar com nossas despesas da folha de pagamento, precisaríamos aumentar a densidade de talento abrindo mão de alguns funcionários, reduzindo assim os custos sem diminuir salários individuais.

Descobrir os maiores valores do mercado pode levar muito tempo, mas não tanto quanto encontrar e treinar um substituto quando seus melhores funcionários forem embora para ganhar mais em outra empresa. Embora possa ser difícil, o trabalho de Russell (com a ajuda do RH) é entender quanto outras empresas pagariam para Rani. É uma responsabilidade que Rani deve compartilhar. Ninguém deve saber melhor sua faixa salarial de mercado do que você (em primeiro lugar) e seu chefe (em segundo).

Mas sempre há uma pessoa que provavelmente *sabe* seu valor de mercado mais do que você ou seu chefe. E é alguém com quem vale a pena conversar.

QUANDO OS RECRUTADORES TELEFONAREM, PERGUNTE: "QUANTO?"

Vamos voltar por um instante a Mary, a elfa. Quem é a única pessoa no mundo que conhece o valor de Mary melhor do que ela, Mamãe Noel e até o próprio Papai Noel? É o recrutador da oficina de elfos ao lado. Por definição, o que ela oferece é exatamente seu valor de mercado nesse momento. Se você realmente quer saber quanto vale, converse com os recrutadores.

Eles ligam com frequência para os funcionários da Netflix (e, provavelmente, para seus funcionários mais talentosos), tentando convencê-los a fazer entrevistas para outros empregos. Pode apostar que as concorrentes têm dinheiro e estão dispostas a pagar. O que você gostaria que seus funcionários fizessem ao receberem essas ligações? Levassem o celular para o banheiro e abrissem uma torneira enquanto sussurram ao telefone? Se você não lhes der instruções claras, provavelmente será exatamente o que eles farão — e fizeram na Netflix, até começarem as discussões sobre salários acima do mercado em 2003.

Mais ou menos nessa época, o *chief product officer*, Neil Hunt, veio até mim e Patty para relatar que um de seus engenheiros mais valiosos, George, recebera uma oferta de trabalho na Google com um salário mais alto. Nós dois éramos contra oferecer a George mais dinheiro para ficar e sentimos que ele fora desleal ao fazer uma entrevista para outro emprego às nossas costas. No caminho de volta para Santa Cruz naquela tarde, Patty bufou: "Nenhum funcionário deve ser insubstituível!" Contudo, durante a noite, Patty e eu começamos a pensar no quanto a empresa perderia caso George fosse embora.

Quando Patty entrou no meu carro na manhã seguinte, ela disse: "Reed, quebrei a cabeça a noite inteira. Estamos sendo idiotas! George não é substituível. Não de verdade." Ela estava certa. Havia apenas quatro pessoas no mundo que tinham o mesmo conhecimento de programação de algoritmos, e três delas trabalhavam na Netflix. Se deixássemos George ir embora, outras empresas poderiam tentar levar os outros dois.

Reunimos o mais alto escalão da equipe executiva — incluindo Neil, Ted Sarandos e Leslie Kilgore — para discutir o que fazer com George em particular e com todos os recrutadores que procurassem nossos talentos, em geral.

Ted tinha uma opinião forte, baseada na própria experiência em um emprego anterior. Esta é a sua história:

> Quando morava em Phoenix, trabalhei para uma distribuidora de vídeos domésticos com base em Houston. A empresa me ofereceu um emprego como gerente de filial do centro de distribuição em Denver. Na época, era uma grande promoção para mim — e eu a aceitei. Eles me deram um bom aumento e concordaram em pagar minha moradia em Denver durante seis meses enquanto eu tentava vender minha casa em Phoenix.
>
> Entretanto, após seis meses em Denver, eu não tinha conseguido vender minha casa. Minha vida financeira estava péssima. Aluguei um apartamento ruim em Denver para morar com minha esposa enquanto ainda pagava pela casa grande em Phoenix, na qual eu não podia morar. Então, um recrutador da Paramount me ligou. Atendi a ligação porque estava muito infeliz com essa questão da moradia. Ele me ofereceu um cargo com um salário muito maior e que me permitiria voltar para Phoenix. Eu era feliz no meu emprego, mas aquela oferta resolveria todos os meus problemas.

> Fui até meu chefe e disse que estava indo embora. Ele disse: "Por que você não nos falou que não conseguiu vender sua casa? Nós valorizamos você. Podemos mudar seu contrato para mantê-lo!" Eles me deram mais dinheiro, para igualar o oferecido pela Paramount, e compraram minha casa em Phoenix. Pensei: "Nos últimos seis anos, nunca atendi a uma ligação de recrutador e agora vejo que meu valor de mercado esteve subindo todo esse tempo. Sou mal pago há anos porque considerava um ato de deslealdade ter uma conversa para me certificar do quanto eu valia."
>
> Fiquei muito aborrecido com meu chefe. Senti vontade de perguntar: "Se você sabia meu valor, por que não me ofereceu?" Então, ao amadurecer, dei-me conta: por que ele faria isso, afinal? Cabe a mim saber o meu valor e pedir o quanto valho!

Após contar sua história, Ted disse: "George estava certo ao ir a uma entrevista de um concorrente para descobrir o quanto valia. E seremos idiotas se não lhe pagarmos um salário acima do mercado agora que também sabemos quanto é. Além disso, se há outras pessoas na equipe de Neil para as quais a Google poderia oferecer o mesmo emprego, deveríamos aumentar seus salários para o mesmo nível. Esse é o atual valor de mercado deles."

Leslie se adiantou e disse que já estava fazendo o que Ted sugerira.

> Sempre que contrato um novo funcionário, digo para ler *Rites of Passage at $100,000 to $1 Million+*, que, nas décadas de 1980 e 1990, era *o grande manual dos recrutadores executivos*. O livro mostra como saber seu valor de mercado e como conversar com os recrutadores para obter esse valor.
>
> Digo a todos na minha equipe: "Entendam seu mercado, compreendam o livro e se encontrem com esses recrutadores." Então, eu lhes entrego uma lista com nomes de recrutadores especializados em seus cargos. Quero que todos os meus funcionários esco-

lham ficar. Não quero que fiquem porque não têm opções. Se você é bom o bastante para trabalhar na Netflix, é bom o bastante para ter opções disponíveis. Se você sente que tem uma opção, pode fazer uma boa escolha. Trabalhar na Netflix deve ser uma opção, não uma armadilha.

Depois de ouvir Ted e Leslie, fui persuadido. Seus comentários faziam coro com tudo o que estávamos implementando em termos de pagar salários acima do mercado. Decidimos não apenas dar um aumento para George como também indicar a Neil que descobrisse para quem mais em sua equipe a Google poderia oferecer aquele emprego, e então também aumentar os salários dessas pessoas. É disso que se trata pagar salários acima do mercado. Depois, dissemos a *todos* os nossos funcionários que eles deveriam começar a atender as ligações dos recrutadores e nos dizer o que descobriram. Patty desenvolveu um banco de dados onde todos podiam inserir as cifras salariais propostas em telefonemas e entrevistas.

Então, dissemos a todos os gestores que não deveriam esperar que seu pessoal viesse até eles com uma oferta do concorrente antes de aumentar seus salários. Se não quiséssemos perder um funcionário e víssemos seu valor de mercado aumentar, devíamos aumentar seu salário para o novo patamar.

Em quase todas as empresas do mundo, fazer uma entrevista para outro emprego irritaria, desapontaria ou afastaria seu chefe atual. Quanto mais valioso você é para seu gestor, mais chateado ele ficará, e não é difícil entender por quê. Quando um excelente novo funcionário decide dar uma conferida em um emprego na empresa do lado, você corre o risco de perder todo o seu investimento. Se, durante a entrevista, ele achar que o novo cargo é muito mais emocionante do que aquele que agora ocupa, você o perderá — ou, no mínimo, seu entusiasmo. É por isso que os gestores da maioria das empresas fazem seus funcionários se sentirem traidores ao falarem com recrutadores de outras empresas.

A Netflix não pensa dessa forma. O vice-presidente de conteúdo, Larry Tanz, lembra como aprendeu essa lição. O ano era 2017, e a Netflix acabara de atingir a marca de cem milhões de assinantes. Larry se preparava para uma festa no Hollywood Shrine Auditorium, onde Adam Sandler se apresentaria. Ele estava pegando o casaco para ir até a porta quando o telefone tocou: "Era uma recrutadora do Facebook me convidando para uma entrevista. Parecia que falar com ela, por si só, já era errado, então murmurei que não estava interessado."

Quatro semanas depois, Ted Sarandos, chefe de Larry, apresentava uma atualização mensal à sua equipe: "O mercado está esquentando, e vocês receberão ligações de recrutadores. É possível que recebam telefonemas da Amazon, da Apple e do Facebook. E, se não tiverem certeza de que estão recebendo salários acima do mercado, atendam a essas ligações e descubram quanto essas empresas estão dispostas a pagar. Se descobrirem que podem pagar mais do que nós, nos avisem." Larry ficou surpreso: "Provavelmente, a Netflix é a única empresa que incentiva os funcionários a conversarem e até a serem entrevistados pela concorrência."

Algumas semanas depois, em uma viagem ao Rio, Larry recebeu uma segunda ligação do Facebook: "Estávamos em uma reunião com a famosa cantora brasileira Anitta em sua sala de estar para discutirmos seu próximo documentário na Netflix, *Vai Anitta*. Para os duzentos milhões de brasileiros, Anitta é como Madonna e Beyoncé juntas, então, quando meu celular tocou, eu não atendi." Mas quando Larry ouviu a mensagem do Facebook, retornou a ligação. "Pediram que eu fosse até eles, mas não disseram quanto pagariam. Eu disse que não estava procurando emprego, mas que podíamos conversar."

Larry disse ao chefe que iria à entrevista. "Isso já era estranho. Na maioria das empresas, comparecer a uma entrevista com um concorrente é considerado deslealdade." Larry recebeu a oferta de emprego do Facebook, e de fato lhe pagariam mais do que ele ganhava. Como prometido, Ted aumentou seu salário para a faixa em vigor do mercado.

Agora, Larry incentiva a própria equipe a atender as ligações dos recrutadores: "Mas também não espero que eles venham até mim. Se vejo que alguém pode ganhar mais dinheiro em outro lugar, dou um aumento imediatamente." Para manter os funcionários de ponta, é sempre melhor conceder o aumento *antes* que eles recebam as ofertas.

Isso funcionou para Larry, que recebeu um salário mais alto, e para Ted, que manteve o talentoso Larry. Contudo, as instruções de Ted pareciam extremamente arriscadas. Quantos outros atenderiam essas ligações, se apaixonariam pelo trabalho para o qual estavam sendo entrevistados e deixariam a equipe? Ted explica o seu raciocínio:

> Quando o mercado aquece e os recrutadores ligam, os funcionários ficam curiosos. Não importa o que eu diga, alguns deles terão essas conversas e irão a essas entrevistas. Se eu não lhes der permissão, eles irão furtivamente e em seguida irão embora sem me dar a chance de detê-los. Um mês antes de eu fazer aquela declaração, perdemos uma executiva incrível cujos talentos não poderíamos substituir. Quando ela veio a mim, já havia aceitado o outro trabalho. Não havia nada que eu pudesse fazer. Quando ela me disse que adorava trabalhar na Netflix, mas que receberia um salário 40% mais alto, senti um peso no coração. Eu poderia ter igualado a proposta se soubesse que seu valor de mercado mudara! É por isso que quero que meus funcionários saibam que podem conversar com outras empresas o quanto quiserem, desde que o façam abertamente e nos contem o que descobriram.

A pergunta que Ted ouve dos novos funcionários atualmente é: "Tem certeza de que quer que eu atenda, Ted? Isso não é deslealdade?" Sua resposta é a mesma desde que George veio até Neil com a oferta da Google: "É desleal agir de modo furtivo e esconder com quem anda falando, mas ser entrevistado abertamente e fornecer à Netflix os dados salariais beneficia a todos nós."

Quando os recrutadores ligam, a regra na Netflix é: "Antes de dizer: 'Não, obrigado!', pergunte: 'Quanto?'"

O QUARTO PONTO

Para fortalecer a densidade de talento em sua força de trabalho, contrate um funcionário excepcional para cada função criativa em vez de dez ou mais funcionários medianos. Contrate essa pessoa incrível acima de seja lá qual for seu valor no mercado. Ajuste o salário ao menos anualmente para continuar oferecendo mais do que os concorrentes. Se você não puder pagar aos melhores funcionários salários acima do mercado, demita algumas pessoas menos fabulosas para poder arcar com isso. Dessa forma, o talento se tornará ainda mais denso.

▶ LIÇÕES DO CAPÍTULO 4

- Os métodos usados pela maioria das empresas para remunerar funcionários não são ideais para manter equipes criativas e com alta densidade de talento.

- Divida a sua força de trabalho em funcionários criativos e operacionais. Pague salários acima do mercado para os criativos. Isso pode significar a contratação de um indivíduo excepcional no lugar de dez ou mais funcionários razoáveis.

- Não pague bônus com base em desempenho. Em vez disso, aplique esses recursos no salário.

- Ensine os funcionários a desenvolver sua rede de contatos e a investir tempo em estar sempre cientes do próprio valor de mercado — e do de suas equipes. Isso pode significar receber ligações de recrutadores ou mesmo comparecer a entrevistas em outras empresas. Ajuste os salários de acordo.

Rumo a uma cultura de Liberdade com Responsabilidade

Agora que sua densidade de talento está aumentando, você está quase pronto para tomar medidas drásticas a fim de aumentar a liberdade dos funcionários. Mas primeiro precisa aumentar a sinceridade.

Na maioria das empresas, a maior parte dos funcionários — mesmo que sejam altamente talentosos — não pode receber níveis significativos de liberdade de decisão porque não conhece todos os segredos da empresa que permitem ao alto escalão tomar decisões fundamentadas.

Uma vez que tiver uma empresa repleta dessas raras pessoas responsáveis, motivadas, autoconscientes e autodisciplinadas, você poderá começar a compartilhar com elas quantidades sem precedentes de informações — do tipo que a maioria das empresas mantém trancadas a sete chaves.

Esse é o tema do capítulo 5.

AUMENTE A SINCERIDADE...

5

COMPARTILHE INFORMAÇÕES ORGANIZACIONAIS

Em 1989, depois do Corpo da Paz, mas antes da Pure Software, eu era um engenheiro de software de 29 anos trabalhando em uma startup chamada Coherent Software, que lutava para sobreviver. Certa sexta-feira, cheguei ao meu cubículo de manhã e, pela parede de vidro da sala de reuniões em frente à minha mesa, vi toda a equipe sênior de pé, aglomerada ao lado da janela, com a porta fechada. O que me surpreendeu foi quão imóveis estavam. Em uma viagem recente, eu vira uma lagartixa prestes a ser devorada por uma enorme garça branca. Ela congelou de terror com uma das patas ainda no ar. Era assim que aqueles gestores estavam. Os lábios se moviam freneticamente, mas os corpos estavam imóveis. Por que não se sentavam? Aquela imagem me deixou desconfortável e comecei a me preocupar.

Na manhã seguinte, cheguei cedo ao trabalho, e a equipe sênior se encontrava mais uma vez na sala de reuniões. Naquele dia, estavam sentados, mas, toda vez que alguém abria a porta para tomar café, eu sentia o medo escapando da sala. Será que a empresa estava com problemas sérios? Do que estavam falando?

Até hoje, não sei. Talvez eu tivesse surtado se soubesse. Mas, naquela época, eu me ressenti amargamente por eles não confiarem o suficiente em mim para dizerem o que estava acontecendo, apesar de eu trabalhar bastante e estar comprometido com o sucesso da empresa. Eles tinham um grande segredo que escondiam de todos os funcionários.

Claro, todo mundo tem segredos. A maioria de nós acredita que os segredos nos mantêm em segurança. Quando jovem, meu instinto era guardar em segredo qualquer informação arriscada ou desconfortável. Em 1979, aos 19 anos, fui para a Bowdoin College, uma pequena e confortável faculdade no Maine. Por pura sorte, meu colega de quarto no primeiro ano era um cara da Califórnia chamado Paul. No início do ano, estávamos no dormitório dobrando nossas roupas, e ele mencionou casualmente que era virgem. Ele contou aquilo como se fosse uma coisa supernormal a ser compartilhada, tão simples quanto tomar uma xícara de café. E lá estava eu, virgem também, e totalmente mortificado com a ideia de alguém descobrir minha verdade.

Quando ele me contou aquilo, não pude retribuir contando meu segredo. Estava muito envergonhado, mesmo diante de sua honestidade. Soube depois que meu silêncio fizera com que Paul tivesse dificuldade em confiar em mim. Como confiar em alguém quando sente que essa pessoa está escondendo coisas? Paul, por outro lado, falava sobre suas emoções, medos e erros, e eu me impressionava com a tranquilidade com que ele trazia tudo aquilo a público. Comecei a confiar nele muito depressa. Essa amizade foi transformadora para mim, porque vi que abrir mão de segredos e falar de maneira transparente trazia vantagens incríveis.

Não estou sugerindo que seja aconselhável ou mesmo apropriado falar sobre sua vida sexual com seus colegas. Paul, é claro, não era um colega de trabalho. Mas manter segredos no trabalho é ainda mais gritante e prejudicial do que em um alojamento estudantil.

De acordo com um estudo de Michael Slepian, professor de administração da Columbia Business School, uma pessoa comum guarda 13 segredos, cinco dos quais jamais compartilhou com outra pessoa. Acredito que um gestor padrão guarde ainda mais.

Segundo Slepian, se você é uma pessoa comum, há 47% de chance de que um de seus segredos envolva uma violação de confiança, mais de 60% de que envolva uma mentira ou uma impropriedade financeira e aproximadamente 33% de que envolva roubo, algum tipo de relacionamento oculto ou infelicidade no trabalho. Há muito conteúdo confidencial que precisa ser escondido, e isso cobra um preço psicológico: estresse, ansiedade, depressão, solidão, baixa autoestima. Segredos também ocupam muito espaço em nosso cérebro. Um estudo demonstrou que, se pensarmos no tempo que as pessoas passam tentando efetivamente esconder seus segredos, devemos considerar que elas gastam o dobro disso simplesmente *pensando* nesses segredos em questão.

Por outro lado, quando você compartilha um segredo, isso inunda o receptor com um sentimento de confiança e lealdade. Se eu lhe contasse um grande erro que cometi ou compartilhasse informações que sabotariam meu sucesso, você pensaria: "Bem, se ela me disse isso, me diria qualquer coisa." Sua confiança em mim dispara. Não há melhor maneira de criar confiança mais rápido do que acendendo uma luz diretamente sobre um suposto segredo.

Antes de continuar esta discussão, precisamos de um termo melhor do que "suposto segredo". O problema com a palavra segredo é que, depois que você o conta para alguém, deixa de ser segredo.

COISAS SECRETAS OU CS

CS será o nosso termo (não é um termo da Netflix) para definir informações que você normalmente manteria em segredo porque seria perigoso divulgá-las. Compartilhá-las pode levar a um julgamento negativo, arrisca chatear algumas pessoas, pode causar o caos ou romper uma relação. Caso contrário, não desejaríamos manter aquilo só para nós mesmos.

Informações de CS no trabalho podem ser, por exemplo:

- Você está pensando em fazer uma reestruturação e pessoas podem perder o emprego.

- Você demitiu um funcionário, mas explicar o porquê prejudicaria a reputação da pessoa.
- Você tem informações "secretas" que não deseja vazar para os concorrentes.
- Você cometeu um erro que poderia prejudicar sua reputação, talvez arruinar sua carreira.
- Dois líderes estão em conflito e, se suas equipes souberem, haverá inquietação.
- Funcionários podem ser presos se compartilharem certos dados financeiros com um amigo.

Como podem ver, as empresas estão cheias de CS. Todos os dias, os gestores lidam com perguntas do tipo: "Devo contar ao meu pessoal? Nesse caso, a que risco?" Mas ficar calado também acarreta riscos, como o medo de Reed e a queda de produtividade na Coherent Software demonstraram tanto tempo antes.

Quase todos os gestores gostam da *ideia* de transparência. Mas, se você quer criar um ambiente de compartilhamento intenso, a primeira coisa a fazer é observar em seu escritório sinais que sem querer possam sugerir a todos que segredos estão sendo guardados. Certa vez, fui visitar um colega CEO de outra empresa no Vale do Silício. Esse cara falava muito sobre a importância da transparência organizacional e houve matérias no noticiário sobre as ousadas iniciativas que ele estava tomando para aumentar a abertura no ambiente de trabalho.

Quando cheguei, peguei o elevador até o último andar da sede da empresa. A recepcionista me guiou por um longo e silencioso corredor. O escritório do CEO ficava a um canto. A porta estava aberta (já que ele falava sobre assumir uma "política de portas abertas"), mas, sentada do lado de fora, havia uma secretária, como se estivesse de guarda. Tenho certeza de que aquele cara tinha um bom motivo para ter um escritório de canto tranquilo com uma porta que ele trancava à noite e um guarda que garantia que ninguém entrasse despercebido. Mas aquele escritório berrava: "Estamos mantendo segredos aqui!"

É por isso que não tenho meu próprio escritório nem um cubículo com gavetas muito perto. Durante o dia, posso usar uma sala de reuniões para algumas discussões, mas meu assistente sabe que deve agendar a maioria de minhas reuniões nos escritórios de outras pessoas. Sempre tento ir ao espaço de trabalho da pessoa com quem estou tratando em vez de fazê-la vir a mim. Uma de minhas preferências é realizar reuniões durante caminhadas, nas quais muitas vezes encontro outros funcionários que também se reúnem ao ar livre.

Não se trata apenas de escritórios. Qualquer área fechada simboliza coisas ocultas e significa que não confiamos uns nos outros. Em uma das minhas primeiras viagens aos nossos escritórios em Singapura, vi que nossos funcionários recebiam armários com cadeados nos quais podiam trancar suas coisas quando saíam à noite. Insisti para que nos livrássemos das fechaduras.

Mas esses tipos de sinais não são suficientes por si só. Cabe ao líder colocar em prática a mensagem de transparência ao compartilhar o máximo possível com todos. Coisas grandes, coisas pequenas, boas ou ruins: se o seu primeiro instinto é divulgar a maior parte das informações, outras pessoas farão o mesmo. Na Netflix, chamamos essa prática de "expor ao sol" e nos esforçamos para fazer muito disso.

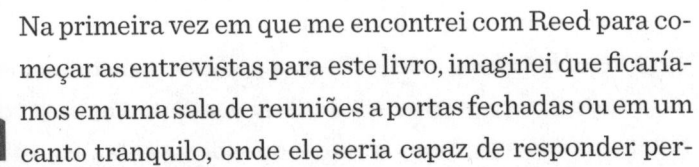

Na primeira vez em que me encontrei com Reed para começar as entrevistas para este livro, imaginei que ficaríamos em uma sala de reuniões a portas fechadas ou em um canto tranquilo, onde ele seria capaz de responder perguntas delicadas. Em vez disso, ele me levou para uma varanda à vista de todos. Reed contou histórias animadas sobre um de seus primeiros empregos, vendendo aspirador de pó de porta em porta, falou de suas brigas no ensino médio, sobre um grave acidente de carro quando ele e uma antiga namorada viajavam de carona pela África e os primeiros desafios de seu casamento. Outras pessoas passavam com frequência pela mesa. Sua voz não baixou um decibel em momento algum.

Poucos meses depois, enviei o primeiro rascunho do primeiro capítulo deste livro para Reed, a fim de receber seu feedback. Na semana seguinte, eu estava entrevistando um gerente no escritório da Netflix em Amsterdã quando o entrevistado fez referência a uma passagem específica do rascunho que eu enviara para Reed. Meu rosto deve ter revelado minha confusão, porque ele explicou: "Reed enviou esse capítulo para todo mundo." "Para *todos* os funcionários da Netflix?", perguntei. "Bem, nem *todos*, apenas os setecentos gestores principais. Para nos mostrar o que vocês dois estão fazendo."

Assim que a entrevista terminou, peguei o telefone. A conversa que eu teria com Reed ecoava em minha mente: "O que está pensando? Você não pode enviar capítulos inacabados para centenas de pessoas! Eu ainda não verifiquei os fatos." Contudo, ao digitar o número dele, imaginei sua resposta. "Por que você não quer que eu envie capítulos inacabados?" E para isso, percebi, eu não tinha uma resposta convincente.

SABENDO QUANDO COMPARTILHAR

Transparência parece ótimo. Você nunca ouve líderes dizendo que promovem o sigilo organizacional. Mas a transparência não é isenta de riscos. Com seu instinto de compartilhar, Reed enviou um capítulo inacabado para setecentas pessoas. Dezenas desses setecentos gestores poderiam ter vindo até mim reclamar da imprecisão do que eu escrevera. Isso não aconteceu, mas poderia ter acontecido.

Existem razões para se guardar segredos, e muitas vezes não fica óbvio quando ser transparente e quando se calar. Para tentar descobrir como Reed decide isso, fiz um teste para ele, que agora compartilho com você.

Descrevi quatro cenários que poderiam exigir um segredo e pedi que Reed escolhesse entre várias alternativas, apresentasse seu raciocínio e mencionasse dilemas reais da Netflix.

Você também pode fazer esse teste. Antes de ler as respostas de Reed, pergunte-se o que faria e por quê. Então veja se concorda com ele.

UM QUESTIONÁRIO PARA REED (E PARA VOCÊ)

CENÁRIO 1 DO QUESTIONÁRIO:
INFORMAÇÃO VAZADA ILEGALMENTE

Você é o fundador de uma startup com cem funcionários. Sempre acreditou na transparência organizacional, ensinando sua equipe a entender os demonstrativos de lucros e perdas e disponibilizando as informações financeiras e estratégicas para todos. Contudo, na semana seguinte, sua empresa vai abrir o capital, e as coisas vão mudar. Depois disso, se você compartilhar os balanços trimestrais com sua força de trabalho antes de os anunciar para Wall Street e um funcionário contar isso a um amigo, as ações da empresa podem despencar, e quem vazou a informação poderá ser preso por uso indevido de informação privilegiada. O que você faz?

a) Continua compartilhando todos os balanços trimestralmente, mas só DEPOIS que os compartilhar com Wall Street.
b) Continua revelando aos funcionários todos os números antes que alguém saiba, mas enfatizando que, se essas informações vazarem, eles poderão ser presos.

Resposta de Reed: Feche o guarda-chuva

Minha resposta ao cenário 1 é (b): continue compartilhando dados financeiros trimestrais com os funcionários antes de divulgá-los ao público, além de alertá-los sobre as terríveis consequências potenciais do vazamento dessas informações.

Ouvi falar de gestão com o livro aberto pela primeira vez em 1998. A Netflix tinha um ano, e participei de um curso de desenvolvimento de liderança no Aspen Institute. Havia executivos de muitas empresas e discutimos diversos textos instigantes. Um deles era um estudo de caso sobre um gestor chamado Jack Stack.

Jack trabalhava em Springfield, Missouri, e conseguiu revitalizar com sucesso uma fábrica de motores a diesel que pertencera à International Harvester. A fábrica estava prestes a fechar, mas ele arrecadou dinheiro e realizou uma aquisição alavancada. Então, em um esforço para motivar a força de trabalho, estabeleceu dois objetivos:

1. Criar uma cultura de trabalho de transparência financeira, tornando todos os aspectos dos negócios acessíveis a todos os funcionários.
2. Investir uma quantidade substancial de tempo e esforço treinando todos os funcionários a lerem e a entenderem, em detalhes, os relatórios operacionais e financeiros semanais.

Jack ensinou sua equipe, do engenheiro chefe ao trabalhador na base da hierarquia da fábrica, a ler os relatórios financeiros da empresa. Ele instruiu pessoas sem ensino médio a entender os detalhes de uma demonstração de resultados — algo que, em várias empresas, muitos vice-presidentes com alto nível educacional não sabem fazer direito. Em seguida, forneceu dados operacionais e financeiros semanais para cada funcionário, para que todos pudessem ver como a empresa estava progredindo e como o trabalho deles contribuiu para seu sucesso. Isso despertou um sentimento de paixão, responsabilidade e posse na força de trabalho além do que ele esperava. Sua empresa tem se saído incrivelmente bem nos últimos quarenta anos.

Quando discutimos o caso em Aspen, um dos outros líderes não concordou com a abordagem de Jack: "Eu vejo meu trabalho como um guarda-chuva sobre meus funcionários, para evitar que se distraiam com coisas que não têm a ver com o trabalho deles. Contrato-os para fazerem algo em que se destacam e que gostam de fazer. Não quero que percam horas ouvindo sobre detalhes de negócios com os quais não se importam e que não são o forte deles."

Eu discordei: "Esse cara, Jack, conseguiu instigar um sentimento de posse ao orientar as pessoas a entenderem as razões por trás do trabalho que exercem. Não quero que meus funcionários sintam que estão *trabalhando para* a Netflix. Quero que eles sintam que *fazem parte da Netflix*." Foi aí que decidi que, se você for trabalhar na Netflix, ninguém abrirá um guarda-chuva sobre a sua cabeça. Você vai se molhar.

De volta ao trabalho, começamos a realizar reuniões gerais práticas toda sexta-feira. Patty McCord subia em uma cadeira para atrair a atenção de todos, e íamos até o estacionamento, o único lugar com espaço suficiente para abrigar todos que trabalhavam na empresa. Eu distribuía cópias da demonstração de resultados e revisávamos os dados semanais. Quantas remessas fizéramos? Qual fora a receita média? Quão bem fomos capazes de atender às solicitações dos clientes para a primeira e a segunda escolha de filmes? Também criamos um documento de estratégia com informações que não gostaríamos que nossos concorrentes soubessem e o pregamos no quadro de avisos ao lado da máquina de café.

Abrimos essas informações para construir um sentimento de confiança e propriedade em nossos funcionários, na esperança de obter a mesma reação que Jack Stack obtivera. E funcionou. Fechei o guarda-chuva, e ninguém reclamou. Desde então, todos os resultados financeiros, assim como todas as informações que os concorrentes da Netflix gostariam de ter em mãos, estão disponíveis para todos os funcionários. O mais notável é o documento "Apostas de Estratégia", que tem quatro páginas e fica na homepage da intranet da empresa.

Meu objetivo era fazer com que os funcionários se sentissem donos e, com isso, aumentassem a quantidade de responsabilidade que assumiam pelo sucesso da empresa. No entanto, abrir segredos da empresa para os funcionários trouxe outro resultado: tornou nossa força de trabalho mais inteligente. Quando você concede aos funcionários da base da hierarquia acesso a informações que em geral são reservadas aos executivos de alto nível, eles realizam mais tarefas por conta própria. Eles trabalham mais rápido sem parar para pedir informações e aprovações. Eles tomam melhores decisões sem precisarem de indicações de superiores.

Na maioria das empresas, sem nem perceber, os gestores seniores atrapalham as habilidades e a inteligência da própria equipe ao manter ocultas informações financeiras e estratégicas. Embora quase todas as empresas falem em capacitar os funcionários, em boa parte delas, o verdadeiro empoderamento é um sonho, porque os funcionários não recebem informações suficientes para se apropriarem de qualquer coisa. Jack Stack explica isso bem:

> O problema mais prejudicial aos negócios é a pura ignorância sobre a maneira como eles funcionam. O que vemos é uma confusão de pessoas indo a um jogo de beisebol e ninguém dizendo a elas quais são as regras. Esse jogo é o negócio. As pessoas tentam passar da primeira para a segunda base, mas não sabem como isso se encaixa no cenário geral.

Se um gestor não sabe quantos clientes contrataram a empresa nas últimas semanas e meses, e quais discussões estratégicas estão em andamento, como ele vai saber quantas pessoas pode contratar? Ele tem de perguntar ao chefe. Se o chefe não souber detalhes do crescimento da empresa, também não poderá tomar uma boa decisão; portanto, terá de procurar o próprio chefe. Quanto mais os funcionários de todos os níveis entenderem a estratégia, a situação financeira e o contexto diário do que está acontecendo, mais eles tomarão decisões bem fundamentadas sem terem de envolver seus superiores hierárquicos.

É claro que Jack Stack não é o único líder de empresa privada que compartilha todos os dados financeiros com sua mão de obra. Apenas quando a empresa se torna pública é que os gestores de mais alto escalão começam a dizer: "Agora precisamos crescer e ter mais cuidado com as informações. Agora temos de evitar riscos e garantir que nenhum segredo caia em mãos erradas."

Isso nos leva de volta ao cenário 1 do questionário, para o qual meu conselho é: não abra o guarda-chuva só porque você abriu o capital. Após a oferta pública inicial da Netflix em 2002, enfrentei o mesmo dilema que o gestor fictício do questionário de Erin. Certa sexta-feira, busquei Patty para irmos para o trabalho, e ela se lamentou: "Em TODAS as outras empresas, apenas algumas pessoas do alto escalão interno veem as finanças trimestrais até que elas sejam lançadas em Wall Street. Se essas informações vazarem, o funcionário será PRESO! O que faremos?"

Mas eu estava decidido. "Se de repente começarmos a ocultar dados financeiros dos funcionários, o que isso vai simbolizar? Que nossos funcionários são estranhos na própria empresa!", respondi. "Nós não nos tornaremos mais reservados à medida que crescermos. Quer saber? Faremos o oposto. A cada ano, trabalharemos para sermos mais ousados e compartilharemos ainda mais informações do que antes."

Talvez sejamos a única empresa pública que compartilha internamente os resultados financeiros nas semanas anteriores ao encerramento do trimestre. Anunciamos esses números em uma reunião trimestral de negócios com nossos setecentos (algo por aí) principais chefes de equipes. O mundo financeiro vê isso como imprudência. Mas a informação nunca vazou. Quando um dia vazar (imagino que venha a acontecer), não vamos exagerar. Apenas lidaremos com esse caso em particular e continuaremos com a transparência.

Para nossos funcionários, a transparência se tornou o maior símbolo do quanto confiamos no fato de que eles agirão com responsabilidade. A confiança que demonstramos neles, por sua vez, gera um sentimento de pertencimento, comprometimento e responsabilidade.

Quase todos os dias, um novo funcionário me diz como está surpreso com a transparência da Netflix. Isso me deixa muito feliz. Por exemplo, o vice-presidente de relações com investidores e desenvolvimento corporativo, Spencer Wang, que anteriormente trabalhava como analista em Wall Street, compartilhou a seguinte história sobre sua primeira semana de trabalho:

> A Netflix é, obviamente, um negócio baseado em assinaturas. Portanto, para saber a nossa receita, você multiplica o preço médio de

uma assinatura (que todos sabem qual é) pelo número de assinantes. Esse número é supersecreto até que seja divulgado publicamente uma vez por trimestre. Qualquer investidor que o obtenha com antecedência poderá usá-lo ilegalmente para negociar ações da Netflix e ganhar muito dinheiro. Se alguém da Netflix vazar a informação, poderá ser preso.

Eram oito da manhã de uma segunda-feira de março. Eu tinha acabado de começar a trabalhar na empresa e estava um pouco nervoso, ainda sentindo o lugar. Peguei um café, me acomodei em minha mesa e abri o computador. Ali na minha caixa de entrada havia um e-mail com o título: Atualização Diária de Assinantes, 19 de março de 2015. Ele detalhava com gráficos e dados quantos novos assinantes por país conseguíramos na véspera.

Meu coração disparou. Será que dados tão delicados deviam ser enviados em um e-mail regular? Trouxe o computador para junto do peito e me encostei contra a parede, para que ninguém pudesse espiar por cima do meu ombro.

Mais tarde, nosso diretor financeiro — meu chefe — parou à minha mesa. Mostrei o e-mail para ele. "Isso é muito útil, mas também perigoso se vazar. Quantas pessoas recebem esse informativo?", perguntei. Pensei que ele responderia: Reed, eu e você. Ponto final. Mas a resposta foi uma loucura: "Qualquer funcionário pode receber. É aberto a todos os interessados da empresa."

É claro que a transparência, assim como todos os nossos princípios culturais na Netflix, às vezes não funciona. Em março de 2014, um diretor de aquisições de conteúdo baixou um monte de dados confidenciais e os levou consigo quando foi trabalhar para um concorrente. Isso resultou em dores de cabeça e ações judiciais que ocuparam muito do nosso tempo. Mas, quando um funcionário abusar de sua confiança, lide com o caso individualmente e duplique seu compromisso de continuar a ser transparente com os demais. Não castigue a maioria pelo mau comportamento de alguns.

CENÁRIO 2 DO QUESTIONÁRIO:
POSSÍVEL REESTRUTURAÇÃO ORGANIZACIONAL

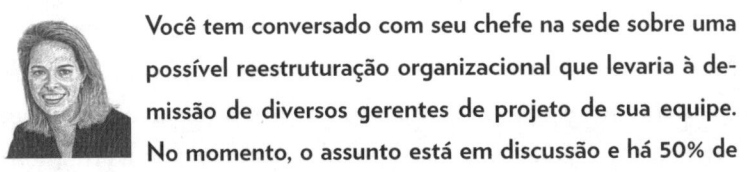

Você tem conversado com seu chefe na sede sobre uma possível reestruturação organizacional que levaria à demissão de diversos gerentes de projeto de sua equipe. No momento, o assunto está em discussão e há 50% de chances de não acontecer. Você diria isso para seus gerentes de projeto agora ou esperaria até ter certeza?

a) Deixe o tempo seguir seu curso. Não há necessidade de causar estresse agora. Além do mais, se você contar para seus gerentes de projeto hoje, eles provavelmente começarão a procurar novos empregos, e você correrá o risco de perder excelentes funcionários.

b) Meio-termo. Você se preocupa com o fato de seus funcionários serem surpreendidos caso você os demita sem nenhum aviso. No entanto, também não quer assustá-los sem necessidade. Você sugere que mudanças podem ocorrer sem explicar o que de fato está acontecendo. Quando ouve falar que outra empresa está contratando gerentes de projeto, deixa discretamente o anúncio de emprego nas mesas deles para que possam começar a considerar outras opções.

c) Conto a verdade. Você se senta com eles e explica que há 50% de chance de que alguns dos cargos sejam eliminados dali a seis meses. Você enfatiza que valoriza muito o trabalho deles e que espera que continuem na empresa — mas quer ser transparente para que eles tenham todas as informações necessárias para pensarem em seu futuro.

Resposta de Reed: Vire a mesa

Minha resposta ao cenário 2 do questionário é (c): conto a verdade.

Ninguém gosta de saber que corre o risco de perder o emprego. A ideia de mudança é sempre perturbadora e, muitas vezes, angustiante, mesmo em pequena escala, como ser transferido para outro departamento ou solicitado a trabalhar em outro escritório. Se você contar às pessoas antes de ter certeza, despertará ansiedade, causando distração e ineficiência, e talvez incitará os funcionários a procurarem emprego em outro lugar. Por que virar a mesa antes de ter certeza?

Mas, se deseja criar uma cultura de transparência e, ao mesmo tempo, não contar para o seu pessoal sobre a possível mudança até ter certeza, você mostrará à equipe que é um hipócrita em quem não se pode confiar. Você prega transparência e depois sussurra sobre o trabalho deles por suas costas. Meu conselho é se apoiar firmemente na transparência. Vá em frente e vire a mesa. Alguns pratos podem se quebrar e outros podem parar bem longe, mas tudo bem. Depois que as coisas se acalmarem, sua equipe confiará ainda mais em você.

É claro que cada caso é um caso e, na Netflix, cada funcionário tem uma opinião diferente sobre situações emocionalmente sensíveis. Às vezes, compartilhamos informações e os funcionários adoram; em outras, eles prefeririam que as tivéssemos guardado para nós mesmos. Pedimos aos funcionários da Netflix que respondessem voluntariamente as perguntas do cenário 2 do questionário, e abaixo seguem duas respostas.

A primeira, do vice-presidente de produtos digitais, Rob Caruso, foi semelhante à minha, em grande parte porque ele sofreu as consequências de estar em uma empresa que não compartilhava abertamente informações confidenciais.

> Antes da Netflix, trabalhei na HBO como vice-presidente de produtos digitais. Lá, não importa a qual nível você chegue, parece que há mais cinco portas fechadas que você jamais abrirá. Todas as discussões estratégicas são compartilhadas apenas com base na necessidade de conhecimento. E, na maioria das vezes, a equipe de gestão acredita que você não precisa saber. Não estou implicando com a HBO — acho que essa é uma abordagem corporativa bastante convencional.
>
> Certo dia, em dezembro, precisávamos cumprir o prazo de um projeto importante, então cheguei ao trabalho tão cedo que o local estava em completo silêncio. Lembro que o tempo estava ruim e eu

calcei um tênis velho em vez de meus sapatos normais por causa das ruas enlameadas. Quando entrei no escritório, havia um bilhete na minha mesa, pedindo que eu passasse no escritório do presidente da divisão quando chegasse. Aquilo me deixou nervoso, porque até então ele nunca pedira uma reunião de última hora. Imediatamente pensei que não deveria ter calçado aqueles tênis velhos.

O presidente estava sentado em seu escritório com outro sujeito muito amigável que ele apresentou como meu novo chefe. Senti uma pontada de medo quando ele disse isso — o que aquilo significaria para mim e para o resto da equipe? Dez minutos depois, percebi que aquela era uma ótima notícia. Ninguém tinha sido demitido. O novo chefe era ótimo. A mensagem da empresa era: "Vamos investir em seu departamento e contratamos um novo líder que realmente poderá elevar suas iniciativas."

Contudo, ao sair do escritório, em vez de me sentir feliz como deveria, senti uma amarga sensação de desconfiança. Eu nem sabia que o assunto estava em discussão. Quantas pessoas sabiam disso sem me dizer nada? Esse foi apenas mais um segredo da equipe de gestão que me fez sentir um estranho em minha própria empresa.

Os segredos eram tão onipresentes que, quando saí da HBO para ingressar na Netflix, tive um grande choque.

Nunca esquecerei nossa primeira reunião trimestral de negócios na Netflix. Eu estava na empresa havia apenas uma semana. Entrei no auditório sozinho. Mal conhecia qualquer pessoa e esperava o mesmo tipo de lenga-lenga das reuniões de liderança de meus antigos empregadores. Havia quatrocentos chefes de equipes em um grande auditório e, depois de uma breve introdução de Reed, eles apagaram as luzes do palco e exibiram um slide branco com letras pretas:

VOCÊ VAI PARA A CADEIA SE NEGOCIAR ESTAS INFORMAÇÕES...
OU SE UM AMIGO FIZER ISSO.
CONFIDENCIAL. NÃO COMPARTILHE.

> O vice-presidente financeiro, Mark Yurechko, subiu ao palco com um grande sorriso. Ele nos falou sobre as finanças naquele trimestre, sobre as tendências dos valores das ações e como esperava que os números atuais afetassem o valor das ações. Em minhas décadas de serviço para outras empresas, nunca vira nada parecido. Apenas alguns membros do alto escalão executivo ficavam a par dessas informações, ninguém mais.
>
> Nas 24 horas seguintes, os detalhes dos dilemas estratégicos da época — incluindo reorganizações e outras grandes mudanças com as quais Reed e sua equipe principal lidavam — foram colocados na mesa, e os debatemos em pequenos grupos. Eu pensava: "Ah, meu Deus, isso é muito aberto!"
>
> A Netflix trata os funcionários como adultos que podem lidar com informações difíceis, e eu adoro isso. Essa prática gera um profundo sentimento de comprometimento e adesão de parte dos funcionários. Para o cenário 2 do questionário, escolho a resposta (c). Apenas diga a verdade para os funcionários. Eles podem surtar, mas ao menos saberão que você é honesto com eles. E isso conta muito.

O pensamento de Rob está alinhado com o meu, e eu sorri com orgulho quando o ouvi. Mas a segunda resposta, de Isabella, gerente de projeto de conteúdo original, é de fato mais interessante, porque ilustra como as decisões de transparência em geral são difíceis e nenhuma resposta é perfeita. Eis o que ela disse.

> Vivi quase exatamente a mesma situação descrita no cenário 2 do questionário. O que aprendi é que, embora a transparência pareça ótima, na realidade muitas vezes é bem melhor não saber.
>
> Para definir o cenário, eu e meu marido procurávamos uma nova casa perto do escritório da Netflix em Los Angeles havia 14 meses, para reduzir meu trajeto diário. Finalmente, após visi-

tar umas cem casas que não eram as ideais, encontrei a casa dos meus sonhos — do tipo com plano aberto, onde você pode conversar com alguém no quarto do andar de cima direto da cozinha do andar debaixo, sem paredes bloqueando a comunicação. Ali, eu poderia cantar para minha filha enquanto limpava a mesa e ela estava deitada na cama.

Eu adorava meu trabalho e era boa no que fazia. Estava trabalhando no *talk show* de Chelsea Handler. Na Netflix, em geral lançamos uma temporada inteira de um programa de uma só vez. Mas *Chelsea* ia ao ar três vezes por semana e tínhamos 24 horas após cada filmagem para traduzi-lo em diversos idiomas e colocá-lo online. Meu trabalho era gerenciar tudo isso. Então, certo dia, meu chefe, Aaron, marcou uma reunião em minha agenda com o título "O Futuro".

Estávamos sentados na sala de reuniões Out of Africa. Aquela sala é toda amarela — paredes, tapete, carpete e cadeiras. Aaron puxou uma cadeira, sentou-se bem à minha frente e disse: "Nada está decidido. Mas há 50% de chance de a função de gerenciamento de programa que você desempenha ser eliminada. Estamos discutindo uma reorganização, e seu cargo pode ser extinto, mas só saberei em um prazo de seis a 12 meses." Minha cabeça começou a girar. O tapete amarelo se transformou no teto amarelo e tive dificuldade em focar a visão no rosto dele.

Depois disso, entrei em crise. Deixamos a casa para outro comprador. Como comprar uma casa quando eu poderia perder o emprego? Então fiquei com raiva. Por que Aaron tinha de me estressar por causa de algo totalmente incerto? Eu via televisão à noite com meus dois filhos. Quando aparecia o logotipo da Netflix, em vez de me sentir orgulhosa como antes, eu era tomada por ansiedade e ressentimento. Para completar, meu cargo NÃO foi extinto. Meio que se transformou em outro. Desisti da casa e me estressei todos aqueles meses por absolutamente nada.

Foi por isso que votei na opção (a): por que arruinar a vida de seus funcionários sem motivo?

Isabella está certa: saber que você pode perder o emprego é estressante, e descobrir mais tarde que você passou todas aquelas noites sem dormir por nada é frustrante. Mas, apesar de seu voto na resposta (a), acredito que a história dela apenas reforça o argumento da resposta (c): *compartilhe*.

Imagine que a situação terminasse de outra forma. Suponha que Aaron tivesse decidido não dizer nada a ela até ter certeza, então Isabella fosse em frente e comprasse a casa. Imagine que, com a mudança já finalizada, ela chegasse ao trabalho certo dia apenas para ouvir Aaron lhe dizer: "Sinto muito! Seu cargo foi extinto, e você está desempregada." Nesse caso, ela ficaria furiosa por ele ter mantido discussões que afetariam suas decisões de vida sem que ela soubesse.

Não é nosso trabalho na Netflix nos envolvermos na situação de moradia ou em qualquer outro aspecto importante da vida dos funcionários. Mas é nosso trabalho tratá-los como adultos e fornecer todas as informações que temos para que possam tomar decisões fundamentadas.

Dito isso, a transparência é a nossa diretriz, mas não somos puristas. Tenho um Google Doc que é aberto para apenas meus seis subordinados diretos. Ali podemos escrever o que quisermos — incluindo coisas como "preocupações com o desempenho de Ira" —, e ele não é aberto ao resto da empresa. Mas essas instâncias são raras. Em geral, em caso de dúvida, tentamos abrir o processo o mais cedo possível, criar adesão e ajudar as pessoas a verem que, embora as coisas estejam sempre mudando, ao menos elas serão informadas.

CENÁRIO 3 DO QUESTIONÁRIO:
COMUNICAÇÃO PÓS-DEMISSÃO

Você decidiu demitir um membro sênior da equipe de marketing, um homem chamado Kurt. Ele é trabalhador, gentil e geralmente eficiente. Mas, de vez em quando, torna-se verbalmente desajeitado, metendo os pés pelas mãos e causando problemas para a empresa, tanto ao falar com funcionários quanto com pessoas de fora. O problema se tornou muito sério.

Quando você lhe diz que ele está demitido, Kurt fica arrasado. Ele diz o quanto é apegado à empresa, aos funcionários e ao seu departamento. Ele pede que você diga a todos que decidiu se demitir por conta própria. Como você comunica a demissão para a sua equipe?

a) Conta a verdade. Você envia um e-mail aos colegas de Kurt na Netflix, explicando que ele, apesar de trabalhador, gentil e eficiente, às vezes se torna verbalmente desajeitado, metendo os pés pelas mãos e causando problemas para a empresa. O problema se tornou tão sério que você decidiu demiti-lo.
b) Conta uma verdade parcial. Você informa à equipe que Kurt foi embora, mas que você não tem liberdade para discutir detalhes. Ele foi embora. Por que o motivo importa? Dê uma folga para o sujeito e salve sua reputação.
c) Anuncia que ele se demitiu por conta própria porque queria passar mais tempo com a família. Kurt trabalhou duro para você. Você já o demitiu. Não precisa humilhá-lo.

Resposta de Reed: Deixe as manobras para o carro

Minha resposta ao cenário 3 é (a): conte a verdade.

Manipular sua mensagem para fazer a empresa, você mesmo, outro funcionário ou a situação parecer melhor do que é na realidade é tão comum em todo o mundo dos negócios que muitos líderes nem percebem que estão fazendo isso. Nós apostamos em "manobras", compartilhando de modo seletivo os fatos, enfatizando com veemência o positivo, minimizando o negativo, tudo na tentativa de moldar a percepção dos demais.

Aqui vão mais alguns exemplos de manobras que talvez você reconheça:

- "Após trabalhar como peça-chave no departamento de Ramon, Carol está procurando uma oportunidade a fim de alavancar seus talentos administrativos em outra área."
    - Tradução: "Ramon não quer mais Carol em sua equipe. Alguém ficaria com ela para não precisarmos demiti-la?"

- "Com o objetivo de aumentar a sinergia em toda a empresa, Douglas passará a assumir um papel de apoio a Kathleen. As equipes talentosas que trabalham para os dois se unirão para enfrentar a emocionante iniciativa de incrementar as vendas organizacionais."
- Tradução: "Douglas está sendo rebaixado para trabalhar para Kathleen. Agora, todos que se reportavam diretamente a Douglas integrarão o departamento de Kathleen."

Distorcer a verdade é uma das maneiras mais fáceis de os líderes corroerem a confiança. Não sei como ser mais claro: simplesmente não faça isso. Seu pessoal não é idiota. Quando você tenta enganá-los, eles percebem, e isso faz você parecer falso. Fale com clareza, sem tentar fazer com que situações ruins pareçam boas, e seus funcionários saberão que você diz a verdade.

Entendo que isso pode ser difícil. Qualquer líder que tente ser mais transparente reconhece logo que divulgar certas informações às vezes entra em conflito com o respeito ao direito à privacidade de um indivíduo. As duas coisas são importantes. Mas, quando alguém é demitido, todos querem entender por quê. O que aconteceu acabará sendo divulgado. Mas, se você explicar de maneira clara e honesta por que demitiu alguém, as fofocas terminam e a confiança aumenta.

Há vários anos, tivemos um exemplo complicado, quando demitimos um dos executivos de alto escalão por falta de transparência na própria comunicação. Jake estava sendo cotado para uma promoção quando algumas pessoas de sua equipe vieram dizer que ele era excessivamente político com a equipe e que elas não achavam que ele aceitava bem os feedbacks recebidos. Elas deram exemplos de vezes em que lhe forneceram feedbacks sinceros e ele revidou de maneira retaliativa ou prejudicial. Um exemplo se destacou por ser particularmente inadequado. Quando seu chefe e o RH tentaram conversar com ele a respeito, Jake não foi sincero, quebrando a confiança daqueles com quem trabalhava mais de perto.

Ao demitir Jake, seu chefe teve um típico momento de dúvida. Ele deveria enviar um e-mail informando de forma transparente o que acontecera ou deveria deixar Jake ir embora tranquilamente, talvez afirmando que ambos concordaram que era hora de mudar?

Mas a transparência é a única resposta que corresponde aos nossos princípios. Então, o chefe de Jake enviou o seguinte e-mail para aqueles que trabalharam com ele (esta é uma versão resumida).

> Prezados,
>
> Com um misto de sentimentos, decidi demitir Jake.
>
> Jake era candidato a uma promoção para uma posição executiva de nível sênior. Ao conduzir a devida diligência para efetivar essa promoção, fui informado de que Jake não apresentava as qualidades de um líder de maneira consistente em todos os casos que exigimos ou desejamos. Especificamente, agora está claro que, mesmo quando diretamente solicitado, Jake não foi sincero conosco em relação a um grande problema envolvendo funcionários e que afetou nossos negócios.
>
> Ao longo de muitos anos, Jake teve um impacto significativo na Netflix e, para alguns, isso será um choque. Ele fez um ótimo trabalho. Mas estou confiante de que o feedback que coletei é claro e nos levou à necessidade de fazer essa alteração.

É claro que é possível ser sincero demais ao revelar por que alguém foi demitido. É importante respeitar a dignidade da pessoa que está saindo, bem como levar em consideração as diferenças culturais nos diversos mercados mundiais ao decidir o quanto deve ser divulgado. Recomendo que nossos chefes de equipes busquem o máximo de transparência possível e, ao mesmo tempo, assegurem que possam responder afirmativamente à pergunta: "Eu me sentiria confortável ao mostrar esse e-mail para a pessoa que demiti?"

Nesse caso, as ações de Jake ocorreram no escritório. Quando se trata de falar abertamente sobre os desafios pessoais de um funcionário, as coisas ficam ainda mais complicadas. E, nesses casos, recomendo uma abordagem diferente.

No verão de 2017, um de nossos líderes, que, sem nosso conhecimento, lutava contra o alcoolismo, exagerou durante uma viagem de negócios. Ele foi imediatamente para a reabilitação. O que diríamos à sua equipe? Seu chefe acreditava que deveríamos seguir a cultura Netflix e dizer a verdade a todos. O RH insistiu que, no que dizia respeito a questões pessoais, ele deveria ter o direito de escolher o que compartilhar. Nesse caso, concordei com o RH. Quando se trata de desafios pessoais, o direito à privacidade de um indivíduo supera o desejo de transparência de uma empresa. Aqui não seguimos a rota mais transparente — mas também não manobramos. Dissemos a todos que ele tirara duas semanas de férias por motivos pessoais. Cabia a ele compartilhar mais detalhes caso desejasse.

Em geral, acredito que, se o dilema estiver vinculado a um incidente no trabalho, todos deverão ser informados. Mas, se o dilema estiver vinculado à situação pessoal de um funcionário, cabe a essa pessoa compartilhar os detalhes se assim preferir.

CENÁRIO 4 DO QUESTIONÁRIO:
QUANDO VOCÊ ERRA

Você ainda é o fundador de uma startup de cem funcionários. Este é um trabalho difícil, e, apesar de seus melhores esforços, você comete uma sequência de erros graves. O pior deles é que você contrata e demite cinco diretores de vendas em um período de cinco anos. Você continua achando que encontrou um bom candidato, mas, toda vez que começa a trabalhar com ele, observa que o sujeito não tem o necessário para realizar o trabalho. Você percebe que essas contratações desastradas são inteiramente devidas aos seus erros de discernimento. Você admite isso para o restante de seus funcionários?

a) Não! Você não quer que o grupo perca a confiança em sua capacidade de liderar. Alguns de seus melhores funcionários poderiam acabar saindo em busca de um chefe melhor. Por outro lado, todos podem ver que um quinto diretor de vendas acabou de sair. Você precisa dizer *alguma coisa* — mas diz apenas algumas palavras sobre como é difícil encontrar bons diretores de vendas. Concentre seus esforços em encontrar um ótimo diretor na próxima vez.

b) Sim! Você deseja incentivar sua equipe a assumir riscos e a entender os erros como parte inevitável do processo. Além disso, quando você fala abertamente sobre seus erros, os outros confiam mais em você. Na próxima reunião da empresa, diga ao grupo como você está envergonhado por ter errado na contratação e no gerenciamento do diretor de vendas pela quinta vez consecutiva.

Resposta de Reed: Sussurre suas vitórias e grite seus erros

Minha resposta ao cenário 4 é (b): Sim! Admita que errou.

No início de minha carreira, nos primórdios da Pure Software, eu era muito inseguro para falar abertamente sobre meus erros com minha equipe e aprendi uma lição importante. Mas eu estava cometendo muitos erros de liderança, e isso pesava bastante para mim. Além da minha habitual incompetência em gestão de pessoal, eu contratara e demitira cinco diretores de vendas em cinco anos. Nas duas primeiras vezes, pude culpar a pessoa contratada, mas pela quarta e quinta demissão, ficou claro que o problema era comigo.

Uma coisa que sempre fiz foi colocar a empresa à frente de mim mesmo. Certamente minha incompetência fora ruim para a empresa. Fui ao conselho e, como se estivesse em um confessionário, detalhei minhas inaptidões e ofereci minha demissão.

Mas o conselho da Pure não aceitou. Financeiramente, a empresa ia bem. Eles concordaram que cometi erros na gestão de pessoal, mas afirmaram que, se contratassem alguém novo, a pessoa também cometeria erros. Duas coisas fascinantes aconteceram durante aquela reunião. Uma foi que, como esperado, senti um alívio imenso porque dissera a verdade e falara francamente sobre meus erros. A outra foi mais interessante: o conselho parecia acreditar mais em minha liderança agora que eu havia me exposto e me mostrado vulnerável a eles.

Voltei ao escritório e, na reunião geral de funcionários após o ocorrido, fiz o mesmo que fizera na sala do conselho. Descrevi meus erros em detalhes e expressei meu pesar por ter prejudicado a empresa. Dessa vez, não só senti mais alívio e mais confiança por parte da minha equipe, como as pessoas também começaram a me contar todo tipo de erros que cometeram, erros que vinham varrendo para debaixo do tapete. Isso os deixou aliviados, melhorou nossos relacionamentos e me forneceu mais informações para que eu pudesse fazer um trabalho melhor no gerenciamento dos negócios.

Em 2007, quase uma década depois, entrei para o conselho da Microsoft. Steve Ballmer, CEO da Microsoft na época, é um sujeito grandalhão, barulhento e amigável. Ele falava de maneira muito transparente sobre seus erros, dizendo coisas do tipo: "Dê só uma olhada, veja como eu estraguei esse negócio." Eu me sentia conectado com ele. Que sujeito honesto e atencioso! Então, percebi: ah, é só um comportamento humano normal confiar mais em alguém que é sincero quanto aos próprios erros.

Desde então, toda vez que sinto ter cometido um erro, falo sobre o assunto por completo, de modo público e frequente. Logo percebi que a maior vantagem de abrir os erros de um líder é que isso encoraja todos a verem que errar é algo normal. Por sua vez, isso incentiva os funcionários a assumirem riscos quando o sucesso é incerto... o que leva a uma maior inovação em toda a empresa. Falar de suas experiências cria confiança, buscar ajuda estimula o aprendizado, admitir equívocos promove o perdão e expor seus erros incentiva seu pessoal a agir com coragem.

É por isso que, quando se trata do cenário 4 do questionário, não tenho absolutamente nenhuma reserva. A humildade é importante em alguém em posição de liderança e modelo a ser seguido. Quando for bem-sucedido, seja discreto ou permita que outras pessoas falem a esse respeito. Mas, quando cometer um erro, diga-o com clareza e em voz alta, para que todos possam aprender e se beneficiar a partir de seus erros. Em outras palavras: "Sussurre suas vitórias e grite seus erros."

Reed fala com tanta frequência e tão abertamente sobre seus erros como CEO da Pure Software que a experiência soa como uma gigantesca catástrofe. Mas as receitas anuais dobraram por quatro anos consecutivos antes da Morgan Stanley abrir o capital da empresa em 1995 e esta ser vendida por 750 milhões de dólares, dos quais Reed recebeu uma parcela, que se tornou o capital inicial da Netflix.

Uma pesquisa apoia as alegações de Reed sobre as consequências positivas de um líder falar abertamente sobre seus erros. No livro *A coragem de ser imperfeito: como aceitar a própria vulnerabilidade, vencer a vergonha e ousar ser quem você é*, Brené Brown explica, com base nos próprios estudos qualitativos, que "gostamos de ver a vulnerabilidade e a verdade transparecerem nas outras pessoas, mas temos medo de deixar que as vejam em nós (...) Vulnerabilidade é coragem em você, mas inadequação em mim".

Anna Bruk e sua equipe da Universidade de Mannheim, na Alemanha, se perguntaram se poderiam replicar quantitativamente as descobertas de Brown. Eles pediram aos participantes que se imaginassem em uma variedade de situações vulneráveis — como ser o primeiro a se desculpar após uma grande briga e admitir que você cometeu um erro grave com sua equipe de trabalho. Quando as pessoas se imaginavam nessas situações, tendiam a acreditar que demonstrar vulnerabilidade as faria parecer "fracas" e "inaptas". Mas, quando imaginavam outra pessoa nas mesmas situações, era mais provável que descrevessem a demonstração de vulnerabilidade como "desejável" e "boa". Bruk concluiu que ser honesto quanto a erros é bom para os relacionamentos, para a saúde e para seu desempenho no trabalho.

Por outro lado, também há pesquisas demonstrando que, se alguém já é visto como incompetente, destacar os próprios erros apenas fortalece essa opinião. Em 1966, o psicólogo Elliot Aronson realizou uma experiência. Ele pediu aos alunos que escutassem as gravações de candidatos entrevistados para integrarem uma equipe de teste. Dois dos candidatos demonstraram quão inteligentes eram ao responder corretamente a maioria das perguntas, enquanto os outros dois acertaram apenas 30% das respostas. Então, um dos grupos de alunos ouviu um barulho de louça se quebrando, seguido por um dos candidatos inteligentes dizendo: "Ah, meu Deus, derramei café no meu terno novo." Outro grupo de estudantes ouviu o mesmo barulho, mas então escutou um dos candidatos medíocres dizendo ter derramado o café. Mais adiante, os alunos disseram que gostaram ainda mais do candidato inteligente depois que ele passou vergonha. Mas ocorreu o oposto com o candidato medíocre. Os alunos disseram que gostaram ainda menos dele depois de vê-lo em uma situação vulnerável.

Essa tendência tem um nome: efeito tropeção. O efeito tropeção é a tendência de o apelo de alguém aumentar ou diminuir após a pessoa cometer um erro, dependendo de como seu desempenho geral é percebido. Em um estudo realizado pela professora Lisa Rosh, da Lehman College, uma mulher se apresentava sem mencionar suas credenciais ou seu nível educacional, mas dizendo que passara a noite anterior acordada, cuidando de seu bebê doente. Levou meses para ela restabelecer sua credibilidade. Se essa mesma mulher fosse inicialmente apresentada como ganhadora do Prêmio Nobel, as mesmas palavras sobre ter ficado acordada a noite inteira com o bebê provocariam reações de afeto e identificação da plateia.

Quando você combina os dados com os conselhos de Reed, eis a conclusão: um líder que demonstre competência e seja amado por sua equipe rapidamente inspirará confiança e estimulará seus funcionários a assumirem riscos quando "revelar" os próprios erros. Sua empresa se beneficiará disso. A única exceção é para um líder que ainda não se provou ou demonstrou ser confiável. Nesses casos, você precisará demonstrar sua competência antes de gritar seus erros.

O QUINTO PONTO

Se você tem os melhores funcionários do mercado e instituiu uma cultura de dar feedback abertamente, revelar os segredos da empresa aumenta o sentimento de pertencimento e compromisso entre os funcionários. Se você confia no seu pessoal para lidar de forma adequada com informações confidenciais, a confiança que demonstra instigará um sentimento de responsabilidade, e seus funcionários vão lhe mostrar como são confiáveis.

▶ LIÇÕES DO CAPÍTULO 5

- Para instigar uma cultura de transparência, leve em conta as mensagens simbólicas que transmite. Livre-se de escritórios fechados, assistentes que atuam como guardas e espaços trancados.

- Compartilhe informações organizacionais com seus funcionários. Ensine-os a ler as demonstrações de resultados. Divida informações financeiras e estratégicas confidenciais com todos na empresa.

- Ao tomar decisões que terão impacto no bem-estar de seus funcionários, como reorganizações ou demissões, abra-se previamente com sua equipe antes que as coisas se concretizem. Isso causará certa ansiedade e distração, mas a confiança que você construirá superará as desvantagens.

- Quando a transparência estiver em conflito com a privacidade de um indivíduo, siga a seguinte diretriz: se a informação é sobre algo que aconteceu no trabalho, escolha a transparência e fale com sinceridade sobre o incidente. Se as informações se referem à vida pessoal de um funcionário, diga às pessoas que não lhe cabe compartilhar detalhes e que, se desejarem, podem perguntar diretamente à pessoa em questão.

- Desde que você já tenha provado sua competência, falar aberta e extensamente sobre os próprios erros — e incentivar todos os seus líderes a fazer o mesmo — aumentará a confiança, a boa vontade e a inovação em toda a organização.

Rumo a uma cultura de Liberdade com Responsabilidade

Agora que você possui alta densidade de talento, sinceridade e transparência organizacional e já experimentou um pouco de liberdades simbólicas (como eliminar limites de férias e suspender políticas de viagens e despesas), você está pronto para elevar a liberdade a um nível mais sério. O tópico do próximo capítulo — "Aprovações para tomada de decisões não são necessárias" — não poderá ser implementado a menos que você já tenha abordado os tópicos dos capítulos anteriores. Supondo que você tenha feito o trabalho de base, o próximo capítulo sem dúvida aumentará a inovação, a velocidade e a satisfação dos funcionários em toda a empresa.

AGORA, ELIMINE MAIS CONTROLES...

6

APROVAÇÕES PARA TOMADA DE DECISÕES NÃO SÃO NECESSÁRIAS

Em 2004, ainda éramos exclusivamente uma empresa de DVDs por correio, e Ted Sarandos era responsável pela compra de todos os DVDs. Ele decidia se deveríamos encomendar sessenta ou seiscentas cópias de um novo filme. Esses DVDs seriam enviados aos nossos clientes.

Certa vez, foi lançado um novo filme sobre alienígenas e Ted achou que seria um sucesso. Ele e eu estávamos tomando um café enquanto ele trabalhava em seu pedido, então Ted me perguntou: "Quantas cópias você acha que devemos pedir?"

Respondi: "Ah, acho que não vai fazer sucesso. Compre algumas." Um mês depois, havia uma louca demanda por aquele filme e estávamos sem cópias no estoque. Perguntei: "Por que você não comprou mais desse filme de alienígenas, Ted?!"

"Porque você me disse para não comprar!", protestou ele.

Foi quando comecei a entender os perigos da pirâmide-padrão de tomada de decisões. Sou o chefe e tenho opiniões fortes que compartilho livremente, mas não sou a melhor pessoa para decidir quantos filmes encomendar nem para tomar uma série de outras decisões diárias críticas na Netflix. Eu disse a ele:

"Ted, seu trabalho *não* é tentar me agradar ou se decidir por aquilo que você acha que eu aprovaria, e sim fazer o que é certo para os negócios. Você não tem permissão para me deixar jogar esta empresa em um buraco!"

Na maioria das empresas, o chefe está lá para aprovar ou não as decisões dos funcionários. Essa é uma maneira infalível de limitar a inovação e desacelerar o crescimento. Na Netflix, enfatizamos que não há problema em discordar de seu gestor e implementar uma ideia da qual ele não gostou. Não queremos que as pessoas deixem de lado uma ótima ideia apenas porque o gestor não a enxerga dessa forma. É por isso que dizemos na Netflix:

NÃO TENTE AGRADAR AO SEU CHEFE.
PROCURE FAZER O MELHOR PARA A EMPRESA.

Existe toda uma mitologia sobre CEOs e outros líderes seniores envolvidos em tal grau nos detalhes das empresas que seus produtos ou serviços se tornam incríveis. A lenda sobre Steve Jobs diz que seu microgerenciamento tornou o iPhone um ótimo produto. Os chefes das principais redes e estúdios de cinema às vezes tomam muitas decisões sobre o conteúdo criativo de seus projetos. Alguns executivos chegam até a se chamar de "nanogerentes".

É claro que, na maioria das empresas — mesmo naquelas cujos líderes não intervêm em cada questão mínima —, os funcionários buscam tomar a decisão que o chefe provavelmente apoiará. A noção popular é que, já que o chefe chegou ao patamar mais alto, ele sabe mais. Se você valoriza sua carreira e não deseja ser acusado de insubordinação, é bom ouvir atentamente o que ele acha melhor e seguir esse curso de ação.

Não imitamos esses modelos de gerenciamento de cima para baixo porque acreditamos que somos mais rápidos e inovadores quando os funcionários de toda a empresa tomam as próprias decisões. Na Netflix, nos esforçamos para desenvolver a tomada de decisões em toda a empresa — e nos orgulhamos da reduzida quantidade de decisões que é tomada pela equipe sênior de gestão.

Há algum tempo, Sheryl Sandberg, do Facebook, passou um dia me acompanhando no trabalho. Ela participou de todas as minhas reuniões coletivas e individuais. É algo que faço de vez em quando com outros executivos do Vale do Silício, para que possamos aprender observando uns aos outros em ação. Depois, quando Sheryl e eu comentamos a experiência, ela disse: "O mais incrível foi acompanhá-lo o dia inteiro e ver que você não tomou nenhuma decisão!"

Eu me senti ótimo porque é exatamente o que buscamos. Nosso modelo de distribuição do processo decisório se tornou um fundamento de nossa cultura e uma das principais razões pelas quais crescemos e inovamos com tanta rapidez.

Quando começamos a trabalhar neste livro, perguntei como Reed encontraria tempo para colaborar. Ele respondeu: "Ah, eu consigo disponibilizar a quantidade de tempo que você achar necessária."

Fiquei surpresa. Dada a taxa de crescimento da Netflix, não estaria ele mais do que sobrecarregado? No entanto, Reed acredita tão profundamente na distribuição do processo decisório que, segundo seu modelo, um CEO só faz bem seu trabalho se não está ocupado.

A distribuição do processo decisório só pode funcionar com alta densidade de talento e nível incomum de transparência organizacional. Sem esses elementos, toda a premissa vai por água abaixo. Quando essas bases estiverem estabelecidas, você estará pronto para eliminar não apenas controles simbólicos (como controle de férias), mas também aqueles que têm o poder de aumentar drasticamente a velocidade da inovação em seus negócios. Paolo Lorenzoni, especialista em marketing que trabalhou para a Sky Itália antes de ingressar na Netflix em Amsterdã, demonstra o princípio comparando seu antigo local de trabalho com o novo.

> A Sky é o único distribuidor de *Game of Thrones* na Itália. Na Sky, meu chefe me pediu para apresentar ideias promocionais para o programa. Eu arranjei uma ótima.

Se você assistiu a *Game of Thrones*, conhece a grande muralha de gelo que protege o território principal da trama. Muitas cenas se passam naquela muralha e lá faz muito, muito frio. Isso me deu a ideia do anúncio.

Quatro amigos estão tomando uma bebida ao ar livre em uma noite quente em Milão. O sol está se pondo, e eles estão bebendo Bellinis cor-de-rosa em taças de champanhe. Estão de camiseta no pátio. Dá para ver o reflexo da tela de um aparelho de TV nas janelas da casa atrás deles. Um dos amigos consulta o relógio. Ao ver que *Game of Thrones* está prestes a começar, ele ri: "É melhor entrarmos. O inverno está chegando." (Piscadela.) Dois dos amigos recolhem suas coisas. Eles não querem perder o programa. Mas o quarto amigo não entende. "Como assim? Está quente!" Os outros três riem de sua ignorância. Aparentemente, ele não tem Sky TV e não sabe nada sobre a parede de gelo. "Você precisa ter para entender!", dizem a ele.

Todos com quem testamos a ideia adoraram. Mas na Sky tudo tinha que ser aprovado pelo CEO. E o CEO foi a única pessoa que não entendeu. Ele matou a ideia em três minutos e meio.

Paolo foi contratado pela Netflix para promover programas para italianos. *Narcos*, o famoso original da Netflix, era uma série que ele tinha certeza de que seria um grande sucesso. É a história do traficante colombiano Pablo Escobar. Pablo é elegante — tem o cabelo penteado *à la* anos 1980 e um bigode denso. "Apesar de todas as coisas deploráveis que ele faz, você se pega torcendo por ele", explica Paolo. "Os italianos — que adoram programas sobre a máfia — iam amar a série. Durante dezenas de noites insones em meu apartamento, desenvolvi um plano de como envolver toda a Itália. A ideia era tão clara para mim que quase dava para tocar. Seria caro, e eu precisaria usar todo o orçamento de marketing destinado à Itália."

Mas Paolo se perguntou se o novo chefe, o vice-presidente de marketing, Jerret West, um americano que morava em Singapura, concordaria com a ideia. Será que ele conseguiria aprovação para seguir em frente?

> Jerret estava a caminho de Amsterdã. Eu tinha passado semanas envolvido com aquela proposta e, se ele a derrubasse, teria sido tudo em vão. Trabalhei segunda, terça e quarta, dia e noite, escrevendo o argumento mais convincente que fui capaz de colocar no papel. Ao meio-dia de quinta-feira, coloquei o texto em um e-mail endereçado a Jerret. Antes de enviar o e-mail, sussurrei para o computador: "Por favor, que Jerret diga sim."
> No dia da reunião, eu estava tão nervoso que precisei colocar as mãos nos bolsos para impedir que tremessem. Mas Jerret passou a maior parte do tempo falando sobre desafios de contratação. Eu mal conseguia ouvir, de tão estressado que estava. Respirei profundamente e me adiantei. "Jerret, quero ter certeza de que teremos tempo para discutir minha proposta para *Narcos*."

Paolo não acreditou na resposta de Jerret.

> "Você gostaria de discutir alguns elementos? A decisão é sua, Paolo. Há algo que eu possa fazer para ajudar?" Foi um daqueles momentos de eureca: é isso! Na Netflix, se você compartilha todo o contexto de sua decisão, já fez o trabalho de base. Você não precisa de aprovação. Depende de você. Você decide.

As pessoas desejam e prosperam em empregos que lhes dão controle sobre as próprias decisões. Desde a década de 1980, a literatura de administração está repleta de instruções sobre como delegar mais e "capacitar os funcionários a se capacitarem". O raciocínio é exatamente o que ouvimos de Paolo. Conforme ganham mais controle sobre os próprios projetos, as pessoas se sentem mais donas daquilo e mais motivadas a dar o melhor de si. Dizer aos funcionários o que fazer é tão antiquado que leva a brados de "controlador!", "tirano!" e "autoritário!".

Mas, na maioria das empresas, não importa quanta autonomia seja dada aos funcionários para definirem os próprios objetivos e desenvolverem as próprias ideias, quase todo mundo concorda que cabe ao chefe garantir que a equipe não tome decisões estúpidas que desperdicem dinheiro e recursos. E, se você é o chefe, o mantra de Reed, "não tente agradar ao seu chefe", pode soar não apenas estranho como também completamente assustador.

VOCÊ TEM DENSIDADE DE TALENTO E SINCERIDADE: ESTÁ PRONTO PARA DE FATO ELIMINAR OS CONTROLES?

Imagine o seguinte cenário: você consegue uma ótima posição de gerenciamento em uma empresa de ponta e de crescimento acelerado. Você é bem-remunerado e lidera uma equipe de cinco funcionários altamente experientes e dedicados. Está tudo bem... exceto por uma pequena ressalva. Essa empresa é conhecida por contratar apenas os melhores e demitir aqueles que não fazem um ótimo trabalho. Você sente uma imensa pressão para ser bem-sucedido.

Contudo, você não é de ficar microgerenciando. Sabe como fazer as coisas sem ficar em cima dos membros da equipe dizendo a eles qual caneta pegar e que telefonema dar. Na verdade, em seu último trabalho, você foi elogiado por seu estilo de liderança empoderadora.

Certa manhã, uma integrante de sua equipe, Sheila, vai até você com uma proposta. Ela tem uma ideia inovadora de como levar os negócios adiante e deseja abandonar o projeto que você sugeriu para ela. Sheila tem impressionado, mas você acredita que a ideia dela não vai funcionar. Se permitir que ela gaste quatro meses trabalhando em um projeto que você sente que provavelmente dará errado, como você ficará aos olhos de seu próprio chefe?

Você explica de maneira enfática todas as razões pelas quais é contra aquela ideia. Mas você está tentando empoderar mais sua equipe, então deixa a decisão a cargo de Sheila. Ela agradece e diz que considerará todas as suas ressalvas. Uma semana depois, Sheila marca outra reunião. Dessa vez, ela diz: "Sei que você discorda, mas vou seguir essa nova ideia, pois acho que ela trará ganhos maiores. Por favor me avise se quiser vetar especificamente a minha decisão." O que você faz?

Nesse ponto, o enredo do cenário imaginário se adensa. Depois de alguns dias, outro funcionário chega até você com uma ideia na qual ele quer gastar metade de seu tempo de trabalho. Você tem certeza de que isso também não dará certo. E então uma terceira pessoa aparece com uma solicitação semelhante. Você se preocupa com a própria carreira e com as de seus funcionários, portanto, não pode deixar de sentir uma forte tendência a dizer a eles que não trabalharão naquelas propostas.

Nosso mantra é que os funcionários não precisam da aprovação do chefe para ir em frente (mas devem informar ao chefe o que está acontecendo). Se Sheila chegar até você com uma proposta que você acha que não dará certo, é preciso lembrar a si mesmo do motivo pelo qual Sheila está trabalhando para você e por que você paga o melhor salário do mercado para tê-la. Faça a si mesmo estas quatro perguntas:

- Sheila é uma funcionária incrível?
- Você acredita que ela tem bom senso?
- Você acha que ela tem capacidade de provocar um impacto positivo?
- Ela é boa o bastante para fazer parte de sua equipe?

Se respondeu NÃO a alguma dessas perguntas, você deve se livrar dela (consulte o próximo capítulo, em que aprenderemos que "desempenho razoável resulta em uma generosa rescisão"). Mas se a sua resposta for sim, afaste-se e deixe-a decidir por conta própria. Quando o chefe sai do papel de "aprovador de decisões", todo o negócio acelera e a inovação aumenta. Lembram-se do tempo que Paolo passou se preparando para obter a aprovação de Jerret a fim de implementar sua nova ideia? Se Jerret tivesse negado a iniciativa, Paolo teria de abandonar uma proposta em que acreditava e começar a explorar outros caminhos. Todo o tempo que ele investiu naquilo, sem contar a ótima ideia, teria sido desperdiçado.

Obviamente, nem todas as decisões tomadas pelo seu pessoal serão bem-sucedidas. E, quando o chefe não veta as decisões dos funcionários, é provável que eles errem com mais frequência. É exatamente por isso que é tão difícil deixar Sheila seguir em frente com a ideia dela quando você acha que não vai funcionar.

O QUE BEBEMOS NA NETFLIX

Há alguns anos, eu estava participando de uma conferência em Genebra. Sentado no bar do hotel, ouvi dois CEOs conversando sobre o desafio da inovação. Um deles era um suíço que administra uma empresa de artigos esportivos. "Uma de minhas gerentes sugeriu colocar uma pista de patinação em nossas lojas para afastar os jovens clientes dos concorrentes online", contou ele. "Precisamos desse tipo de pensamento arrojado em nossa empresa. Mas, assim que fez a sugestão, ela mesma começou a derrubá-la. Não teríamos espaço! Seria muito caro! Podia ser perigoso! Em dois minutos, ela descartou por completo a ideia. Ela nunca a levou até seu chefe para saber a opinião dele. Todos na nossa empresa são tão avessos a risco que a inovação não tem a menor chance."

O outro CEO, um varejista de moda americano, assentiu: "Temos pôsteres pendurados em nosso escritório que dizem: *Dez minutos para inovar*. O problema é que estamos todos trabalhando demais para termos tempo de pensar em novas maneiras de fazer as coisas. Então, estou tentando dar a todos tempo para simplesmente pensar. Estamos para colocar em prática as 'sextas-feiras da inovação', quando, um dia por mês, todos os funcionários não farão outra coisa além de ter grandes ideias. Trabalhamos o dia inteiro no mundo do Google, compramos coisas na Amazon, ouvimos música no Spotify, fazemos viagens de Uber até apartamentos do Airbnb e passamos a noite vendo algo na Netflix. Mas não conseguimos descobrir como essas empresas do Vale do Silício se movem tão rápido e inovam com tanta agilidade."

"Seja lá o que eles bebem na Netflix", concluiu, "é o que precisamos beber."

Foi engraçado ouvir aquilo. O *que* estamos bebendo na Netflix? Nossos funcionários são bons, mas, assim que entram na empresa, estão tão preocupados em minimizar os erros quanto a mulher da ideia da pista de patinação. Não temos sextas-feiras nem lemas de inovação. E nossos funcionários estão ocupados, tão ocupados quanto aquele cara do varejo de moda.

A diferença é a liberdade de decisão que oferecemos. Se seus funcionários forem excelentes e você lhes der liberdade para implementarem as ideias brilhantes em que acreditam, a inovação vai acontecer. A Netflix não opera em um mercado crítico para a segurança, como medicina ou energia nuclear. Em algumas indústrias, a prevenção de erros é essencial. Mas nós estamos em um mercado criativo. Nossa grande ameaça a longo prazo não é cometer um erro, e sim a falta de inovação. Nosso risco é não ter ideias criativas de como entreter nossos clientes e, portanto, nos tornarmos irrelevantes.

Se você espera mais inovação em sua equipe, ensine os funcionários a procurarem maneiras de impulsionar os negócios, e não de agradar aos chefes. Treine sua equipe para desafiar os gestores da mesma forma que Sheila fez: "Sei que você discorda, mas vou seguir essa nova ideia porque acho que ela trará ganhos maiores. Por favor me avise se quiser vetar especificamente a minha decisão." Ao mesmo tempo, ensine seus líderes a *não* vetarem decisões como a de Sheila, mesmo diante do próprio ceticismo e da longa experiência em relação ao que já funcionou no passado. Às vezes, o funcionário erra e o chefe sente vontade de dizer "eu avisei" (mas não avisa!). Às vezes, porém, o funcionário será bem-sucedido, apesar das reservas do chefe.

Um ótimo exemplo vem de Kari Perez, diretora de nosso departamento de comunicações responsável pelo reconhecimento da marca Netflix na América Latina. Kari é mexicana, mas vive em Hollywood.

Era final de 2014 e a Netflix ainda era bem desconhecida no México. Eu tive uma visão de como mudar aquilo. Queria apresentar a Netflix como campeã de conteúdo mexicano local, mesmo que ainda não tivéssemos programas mexicanos originais.

A ideia era indicar dez grandes filmes mexicanos daquele ano — com diretores mexicanos famosos e estrelados por celebridades locais. Também selecionaríamos um júri de celebridades que contaria com dez pessoas, todas mexicanas, como Ana de la Reguera (estrela de novela que se tornou atriz de *Narcos*) e Manolo Caro (o diretor superstar que recentemente aparecera na capa da *Vanity Fair* trajando um smoking amarrotado, entre duas belas atrizes), com o objetivo de tornar nossa marca mais relevante para o público que essas celebridades influenciavam.

Celebridades e jurados fariam campanha nas redes sociais por seus filmes favoritos, incentivando todos a votarem no Twitter, no Facebook e no LinkedIn. Os dois filmes mais votados ganhariam um contrato de distribuição internacional de um ano com a Netflix. Encerraríamos com uma grande festa, convidando as maiores celebridades do México.

Mas Jack, meu chefe, odiou a ideia. Por que gastar todo aquele tempo e dinheiro em filmes que a Netflix nem sequer produziria? Pior ainda, tentamos algo parecido no Brasil, em parceria com festivais de cinema, e não tivemos nenhum avanço real. Jack declarou publicamente em reuniões que, se dependesse dele, jamais faríamos aquilo.

Mas eu acreditava na ideia. Estava pronta para fazer essa aposta e, se falhasse, assumir a responsabilidade. Ouvi as preocupações de Jack atentamente e decidi trabalhar com influenciadores e fornecedores locais em vez de festivais de cinema, para evitar uma repetição do fiasco no Brasil. É claro que é assustador ir em frente quando você sabe que seu chefe pensa que você está tomando uma decisão ruim.

Minhas preocupações revelaram-se inúteis. As coletivas de imprensa nos eventos de lançamento e encerramento do concurso ficaram lotadas de repórteres, e o Twitter bombou com a votação nas semanas que antecederam o evento. O júri de celebridades divulgou intensivamente a mensagem via Facebook e Twitter. Produtores, diretores e atores também lançaram as próprias campanhas, posicionando o Prêmio Netflix como uma plataforma vital para a indústria cinematográfica independente mexicana.

> **Ana De La Reguera** ✓ @ADELAREGUERA · 4 Mar 2015
> #PremioNetflix Mexico. Entra a premionetflixmx.com para votar y apoyar al cine independiente Mexicano !!

Milhares de pessoas votaram. Foi um momento crucial para nós. De repente, todos conheciam a marca Netflix. Soube que o evento fora um sucesso na festa de premiação, quando influenciadores de alto nível chegaram, incluindo a filha do presidente mexicano Enrique Peña Nieto e, em seguida, uma das atrizes mexicanas mais famosas do mundo, Kate Del Castillo — trazida em um avião particular providenciado por ninguém menos que meu (não mais reticente) chefe!

Jack se levantou diante de todos na reunião de equipe seguinte e anunciou que estivera completamente equivocado: aquela fora uma grande campanha.

Para incentivar funcionários como Kari e gestores como Jack a direcionarem suas mentes para a experimentação, usamos a metáfora das apostas. Isso motiva os funcionários a pensar em si mesmos como empreendedores — gente que normalmente não obtém sucesso sem alguns erros. Os exemplos de Kari e Paolo refletem o cotidiano na Netflix. Queremos que todos os funcionários apostem no que acreditam e tentem coisas novas, mesmo que seus chefes ou outras pessoas pensem que as ideias são estúpidas. Quando algumas dessas apostas não dão certo, apenas corrigimos os problemas o mais rápido possível e discutimos o que aprendemos. Nesse ramo criativo, a recuperação rápida é o melhor modelo.

ETAPAS A SEREM SEGUIDAS ANTES (E DEPOIS) DE FAZER SUA APOSTA

Apostas são associadas ao empreendedorismo há décadas. Em 1962, Frederick Smith redigiu um trabalho para sua aula de economia em Yale em que sugeria um serviço de entrega noturna. A ideia era que você pudesse postar um pacote no correio no Missouri na terça-feira e, pagando o suficiente, ele chegasse à Califórnia na quarta-feira. Segundo a lenda, Smith recebeu nota C naquele trabalho e seu professor lhe disse que, para obter uma nota melhor, a ideia precisava ser viável. Se o professor de Smith fosse seu chefe, ele sem dúvida teria barrado toda a inovação.

Smith, no entanto, era um empreendedor, e aquele trabalho de Yale se tornou a base da FedEx, que ele fundaria em 1971. Ele também era um apostador: certa vez, nos primórdios da FedEx, depois que um banco se recusou a estender um empréstimo crucial, ele levou os últimos cinco mil dólares da empresa para Las Vegas e ganhou 27 mil dólares no blackjack para cobrir a conta de 24 mil dólares em combustível. É claro que a Netflix não incentiva sua equipe a frequentar cassinos, mas procura incutir um pouco do espírito de Frederick Smith na força de trabalho. É o que lembra Kari:

> Quando comecei a trabalhar na Netflix, Jack me explicou que eu deveria imaginar que tinha recebido uma pilha de fichas de jogo. Eu poderia apostá-las em qualquer coisa em que acreditasse. Eu precisaria trabalhar duro e pensar cuidadosamente para garantir que fizesse as melhores apostas possíveis, e ele me mostraria como fazê-las. Algumas dariam errado, e outras seriam bem-sucedidas. Meu desempenho acabaria sendo avaliado não com base no fracasso de alguma aposta individual, mas em minha habilidade geral de usar aquelas fichas para fazer o negócio avançar. Jack deixou claro que, na Netflix, você não perde o emprego porque faz uma aposta que não dá certo. Você o perde por não

> usar suas fichas para fazer grandes coisas acontecerem ou por demonstrar um discernimento consistentemente falho ao longo do tempo.

Jack explicou a Kari: "Não esperamos que os funcionários obtenham aprovação do chefe antes de tomar decisões. Mas sabemos que boas decisões exigem uma sólida compreensão do contexto, feedback de pessoas com diferentes perspectivas e ciência de todas as opções." Se alguém usa a liberdade que a Netflix lhe dá para tomar decisões importantes sem solicitar outros pontos de vista, a empresa considera isso uma demonstração de mau discernimento.

Então, Jack apresentou Kari ao Ciclo de Inovação da Netflix, uma estrutura que ela poderia seguir para garantir que faria apostas com maior probabilidade de sucesso. O princípio "não tente agradar ao seu chefe" funciona melhor se os funcionários seguirem este simples modelo de quatro etapas.

O Ciclo de Inovação da Netflix

Se você tem uma ideia pela qual é apaixonado, faça o seguinte:

1. Estimule o debate ou compartilhe a ideia.
2. Para uma grande ideia, teste-a.
3. Como líder de projeto informado, faça sua aposta.
4. Se der certo, comemore. Se falhar, exponha o caso.

ETAPA 1 DO CICLO DE INOVAÇÃO: ESTIMULE O DEBATE...

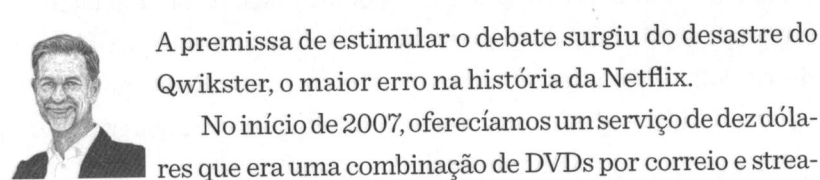

A premissa de estimular o debate surgiu do desastre do Qwikster, o maior erro na história da Netflix.

No início de 2007, oferecíamos um serviço de dez dólares que era uma combinação de DVDs por correio e streaming. Mas ficou claro que o streaming de vídeo ganharia importância cada vez maior, enquanto as pessoas passariam a assistir menos DVDs.

Queríamos focar no streaming sem que os DVDs nos distraíssem, então tive a ideia de separar as duas operações: a Netflix faria o streaming enquanto criaríamos uma nova empresa, a Qwikster, para lidar com o mercado de DVDs. Com duas empresas separadas, cobraríamos oito dólares por cada serviço. Para os clientes que queriam tanto DVDs quanto streaming, significaria um aumento de seis dólares. O novo acordo permitiria que a Netflix se concentrasse na construção da empresa do futuro sem ser sobrecarregada pela logística de envio de DVDs, que era nosso passado.

O anúncio provocou uma revolta entre os clientes. O novo modelo não apenas era muito mais caro como também significava que os clientes tinham que gerenciar dois sites e duas assinaturas em vez de uma só. Nos trimestres seguintes, perdemos milhões de assinantes e o valor de nossas ações caiu mais de 75%. Tudo o que construímos parecia estar desabando devido à minha decisão ruim. Foi o ponto mais baixo de minha carreira — definitivamente não é uma experiência que eu queira repetir. Eu estava tão estressado quando me desculpei em um vídeo no YouTube que o *Saturday Night Live* fez piada a respeito.

Mas aquela humilhação foi uma chacoalhada valiosa, já que, depois do caos, dezenas de chefes de equipes e vice-presidentes da Netflix começaram a se apresentar para dizer que não acreditavam na ideia. Um deles falou: "Eu sabia que seria um desastre, mas pensei 'Reed está sempre certo', então me calei." Um cara de finanças concordou: "Achamos que era loucura, porque sabíamos que grande parcela dos clientes pagava os dez dólares, mas nem usava o serviço de DVDs. Por que Reed tomaria uma decisão que faria a Netflix perder dinheiro? Mas todos os outros pareciam concordar com a ideia, então também concordamos." Outro gestor comentou: "Eu sempre odiei o nome Qwikster, mas ninguém mais reclamou, então também não reclamei." Por fim, um vice-presidente me disse: "Você é tão intenso quando acredita em algo, Reed, que senti que não me daria ouvidos. Eu deveria ter me deitado nos trilhos gritando que achava que aquilo não daria certo. Mas não me deitei."

A cultura Netflix estava enviando ao nosso pessoal a mensagem de que, apesar de toda a nossa conversa sobre sinceridade, as diferenças de opinião nem sempre eram bem-vindas. Foi quando adicionamos um novo elemento à nossa cultura. Agora dizemos que discordar de uma ideia e *não* expressar tal discordância é desleal com a Netflix. Ao omitir sua opinião, você está implicitamente optando por não ajudar a empresa.

Por que todos ficaram calados quando viram Reed comandando o navio em direção à tempestade do Qwikster? Parte do motivo é o nosso desejo humano natural de conformidade. Há um vídeo engraçado, estilo câmera escondida, que mostra três atores em um elevador, de costas para a porta, com o rosto voltado para os fundos. Uma mulher entra no elevador e, a princípio, parece confusa. Por que aquelas pessoas estão viradas para o lado errado? Mas então, devagar, embora obviamente ache estranho o que eles estão fazendo, ela também começa a se virar. Os seres humanos se sentem muito mais confortáveis quando acompanham o rebanho. Em muitos aspectos da vida, isso não é ruim. Mas pode nos levar a aceitar ou mesmo apoiar ativamente uma ideia que nosso instinto ou experiência nos diz que é loucura.

Outra parte do motivo é que Reed é o fundador e o CEO da empresa. Isso torna as coisas ainda mais complicadas, porque seguir nossos líderes e aprender com eles também é uma ideia profundamente arraigada em todos nós. No livro *Fora de série — Outliers*, de Malcolm Gladwell, aprendemos sobre uma equipe da Korean Air que, por querer demonstrar respeito pela autoridade do piloto principal, se absteve de informá-lo que havia um problema durante um dos voos, o que acarretou um grande acidente de avião. Essa tendência é humana.

Passados alguns meses após a crise da Qwikster, ao fim de uma longa semana de retiro da equipe executiva, todos se sentaram em círculo e se revezaram expondo suas reflexões sobre o que haviam aprendido. Jessica Neal, na época vice-presidente de Recursos Humanos e que hoje comanda o departamento, lembra: "Reed foi o último e começou a chorar, falando sobre o quanto ele se sentia mal por ter colocado a empresa na situação que colocara, o quanto aprendera e quão grato se sentia por continuarmos com ele. Foi um momento muito emocionante, algo que provavelmente não acontece com a maioria dos CEOs de outras empresas."

Não posso tomar as melhores decisões possíveis sem que tenha recebido sugestões de muitas pessoas. É por isso que agora eu e todo mundo na Netflix buscamos ativamente diferentes pontos de vista antes de tomarmos qualquer decisão importante. Nós estimulamos o debate. Normalmente, evitamos estabelecer uma quantidade excessiva de processos na Netflix, mas esse princípio específico é tão importante que desenvolvemos diversos sistemas para garantir que o debate seja levado em conta.

Se você é um funcionário da Netflix com uma proposta, você redige um memorando compartilhado explicando a ideia e convida dezenas de colegas a darem opinião. Eles deixarão comentários na margem do documento, e todos podem ver. Basta dar uma olhada nos comentários para perceber uma variedade de pontos de vista de apoio e discordância. Como exemplo, veja o memorando a seguir, que discute os downloads do Android Smart.

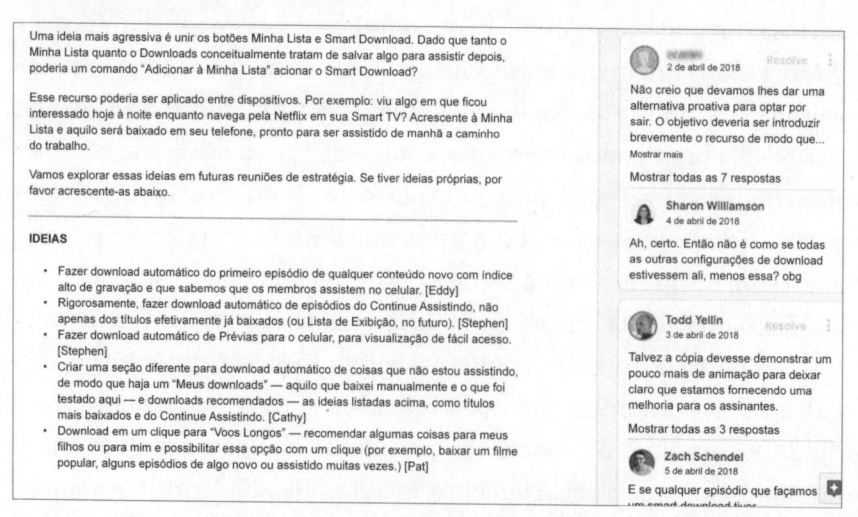

Uma ideia mais agressiva é unir os botões Minha Lista e Smart Download. Dado que tanto o Minha Lista quanto o Downloads conceitualmente tratam de salvar algo para assistir depois, poderia um comando "Adicionar à Minha Lista" acionar o Smart Download?

Esse recurso poderia ser aplicado entre dispositivos. Por exemplo: viu algo em que ficou interessado hoje à noite enquanto navega pela Netflix em sua Smart TV? Acrescente à Minha Lista e aquilo será baixado em seu telefone, pronto para ser assistido de manhã a caminho do trabalho.

Vamos explorar essas ideias em futuras reuniões de estratégia. Se tiver ideias próprias, por favor acrescente-as abaixo.

IDEIAS

- Fazer download automático do primeiro episódio de qualquer conteúdo novo com índice alto de gravação e que sabemos que os membros assistem no celular. [Eddy]
- Rigorosamente, fazer download automático de episódios do Continue Assistindo, não apenas dos títulos efetivamente já baixados (ou Lista de Exibição, no futuro). [Stephen]
- Fazer download automático de Prévias para o celular, para visualização de fácil acesso. [Stephen]
- Criar uma seção diferente para download automático de coisas que não estou assistindo, de modo que haja um "Meus downloads" — aquilo que baixei manualmente e o que foi testado aqui — e downloads recomendados — as ideias listadas acima, como títulos mais baixados e do Continue Assistindo. [Cathy]
- Download em um clique para "Voos Longos" — recomendar algumas coisas para meus filhos ou para mim e possibilitar essa opção com um clique (por exemplo, baixar um filme popular, alguns episódios de algo novo ou assistido muitas vezes.) [Pat]

2 de abril de 2018 — Resolve
Não creio que devamos lhes dar uma alternativa proativa para optar por sair. O objetivo deveria ser introduzir brevemente o recurso de modo que...
Mostrar mais
Mostrar todas as 7 respostas

Sharon Williamson
4 de abril de 2018
Ah, certo. Então não é como se todas as outras configurações de download estivessem ali, menos essa? obg

Todd Yellin — Resolve
3 de abril de 2018
Talvez a cópia devesse demonstrar um pouco mais de animação para deixar claro que estamos fornecendo uma melhoria para os assinantes.
Mostrar todas as 3 respostas

Zach Schendel
5 de abril de 2018
E se qualquer episódio que façamos

Em alguns casos, o funcionário que propõe uma ideia compartilha uma planilha solicitando que as pessoas a classifiquem em uma escala de -10 a +10, com explicações e comentários. É uma ótima maneira de obter clareza sobre a intensidade da discordância e iniciar o debate.

Antes de uma grande reunião de liderança, emiti um memorando descrevendo uma proposta de aumento de um dólar no preço de assinatura da Netflix e um novo modelo de diferenciação de preços. Dezenas de gestores contribuíram com classificações e comentários. Aqui estão alguns, de forma resumida:

Alex	-4	Fazer duas alterações ao mesmo tempo é má ideia.
Dianna	8	O timing é perfeito, pouco antes de um grande lançamento.
Jamal	-1	Algumas diferenciações são boas. Não acho que a quantidade é adequada para este ano.

O sistema de planilhas é uma maneira supersimples de conseguir concordância e discordância e, quando sua equipe é formada inteiramente por profissionais com alto desempenho, isso gera uma grande quantidade de informações bastante valiosas. Não se trata de votação ou democracia. Você não deve somar números e obter a média. Mas isso fornece todo tipo de insight. Eu o uso para coletar feedbacks sinceros antes de tomar qualquer decisão importante.

Quanto mais você estimular ativamente o debate e incentivar uma cultura de manifestação explícita de divergências, melhores serão as decisões tomadas em sua empresa. Isso vale para qualquer empresa, de qualquer tamanho, em qualquer setor.

... OU COMPARTILHE A IDEIA

Para iniciativas menores, você não precisa estimular o debate, mas, ainda assim, é sensato deixar que todos saibam o que está fazendo e ver as reações à iniciativa. Vamos voltar à sua funcionária, Sheila, que veio até você com uma ideia contra a qual você se posiciona. Depois de explicar por que não concorda, você pode sugerir que ela compartilhe a ideia com os colegas e outros líderes da empresa. Isso significa que ela organizará diversas reuniões nas quais descreverá a proposta e dará início a discussões para testar intensivamente a ideia e coletar vários dados e opiniões antes de tomar uma decisão. Compartilhar é uma forma de estimular o debate, mas com maior ênfase no coletivo.

Em 2016, tive uma experiência pessoal em que o fato de compartilhar uma ideia me levou a mudar de opinião a respeito de algo.

Até então, eu acreditava piamente que programas e filmes infantis não atrairiam novos clientes para a Netflix nem manteriam os que já tínhamos. Quem assina a Netflix para assistir a programas infantis? Eu tinha certeza de que os adultos escolhem a Netflix porque adoram nosso conteúdo. Seus filhos simplesmente assistem ao que tivermos disponível. Então, quando começamos a produzir programas originais, nos voltamos apenas para o conteúdo adulto. Para as crianças, continuamos a licenciar programas da Disney e da Nickelodeon. E, quando lançamos nossos próprios programas infantis, não investimos muito dinheiro neles, não como a Disney investia. A equipe de conteúdo infantil discordava dessa abordagem: "Esta é a próxima geração de clientes da Netflix", argumentavam. "Queremos que eles amem a Netflix tanto quanto os pais." Eles queriam que também começássemos a produzir conteúdo infantil original.

Não achei que fosse uma grande ideia, mas a compartilhei mesmo assim. Na reunião trimestral de negócios seguinte, colocamos nossos quatrocentos funcionários do mais alto escalão em sessenta mesas redondas, divididos em grupos de seis ou sete. Eles receberam um cartãozinho com a seguinte pergunta a ser debatida: Devemos gastar mais dinheiro, menos dinheiro ou nenhum dinheiro em conteúdo infantil?

Houve um tsunami de apoio ao investimento em conteúdo infantil. Uma diretora, que também é mãe, subiu ao palco e declarou apaixonadamente: "Antes de trabalhar aqui, assinava a Netflix exclusivamente para que minha filha pudesse ver *Dora, a Aventureira*. Eu me preocupo muito mais com o que meus filhos assistem do que com o que eu mesma assisto." Um pai se adiantou e anunciou: "Antes de vir trabalhar na Netflix, assinei o serviço apenas porque podia confiar no conteúdo para meus filhos." Ele explicou o motivo: "Minha esposa e eu não vemos televisão, mas meu filho sim. Na Netflix, não há anúncios como na TV a cabo e nenhum perigoso poço sem fundo para meu filho cair, como no YouTube. Mas, se ele não adorasse o que a Netflix tinha a oferecer, teria parado de assistir e teríamos cancelado a assinatura." Um após outro, os funcionários subiam naquele palco e me diziam que eu estava errado. Eles acreditavam que os programas infantis eram essenciais para a nossa base de clientes.

Em seis meses, contratamos um novo vice-presidente de programação infantil e para a família, diretamente da DreamWorks, e começamos a criar nossas próprias animações. Depois de dois anos, triplicamos a grade infantil e, em 2018, fomos indicados a três Emmys por nossos originais *Alexa e Katie*, *Fuller House* e *Desventuras em Série*. Até o momento, conquistamos mais de uma dúzia de Emmys para programas infantis como *Sr. Peabody e Sherman Show* e *Caçadores de Trolls: Contos da Arcadia*.

Se eu não tivesse tirado um tempo para compartilhar a ideia, nada disso teria acontecido.

ETAPA 2 DO CICLO DE INOVAÇÃO: PARA UMA GRANDE IDEIA, TESTE-A

As empresas mais bem-sucedidas fazem todo tipo de teste para descobrir como e por que os clientes se comportam do modo como se comportam — e os resultados desses testes em geral influenciam a estratégia da empresa. Na Netflix, a grande diferença é que os testes ocorrem mesmo quando as lideranças são contrárias à iniciativa. A história por trás da Netflix e os downloads é um claro exemplo disso.

Em 2015, se você fosse pegar um avião e quisesse assistir ao seu programa favorito da Netflix durante a viagem, ficaria frustrado. Não havia como baixar o conteúdo no telefone ou em qualquer outro dispositivo. A Netflix era toda em streaming ao vivo pela internet. Se você não tinha internet, não tinha Netflix. A Amazon Prime oferecia a opção de download, assim como o YouTube em alguns países, então o assunto estava em alta na Netflix.

Neil Hunt, *chief product officer* da época, era contra a oferta de downloads. Seria um projeto grande e demorado e desviaria da missão principal de melhorar o streaming, mesmo em conexões ruins. Além disso, a internet ficaria mais rápida e onipresente, de modo que o recurso se tornaria menos útil a cada mês. Na imprensa britânica pode ser encontrada uma explicação de Neil sobre como o download acrescenta uma complexidade considerável à sua vida: "Você precisa lembrar que quer fazer o download daquilo. Não será instantâneo, você precisará ter espaço de armazenamento em seu dispositivo, precisará gerenciá-lo, e não tenho certeza de que as pessoas estejam realmente dispostas a fazer isso ou que valha a pena oferecer esse nível de complexidade."

Neil não era o único contra os downloads. Durante as reuniões de funcionários, Reed era questionado com frequência sobre a ausência do recurso. Aqui estão suas respostas às perguntas em um documento de 2015, acessível a todos os funcionários da Netflix:

Pergunta de funcionário: *Agora que outros serviços estão aumentando os downloads offline, você acha que o fato de a Netflix se recusar a oferecer esse serviço terá um impacto negativo na qualidade percebida da marca?*

Resposta de Reed: Não. Em breve, anunciaremos nossos primeiros acordos com companhias aéreas para oferecer streaming via wi-fi gratuito de todo o conteúdo da Netflix. Estamos concentrados no streaming e, à medida que a internet se expande (para aviões etc.), o desejo do consumidor por downloads desaparecerá. Nossos concorrentes ficarão empacados por anos por apoiarem o uso de downloads, que estará em declínio. Terminaremos muito à frente deles na percepção de qualidade da marca nesse quesito.

Pergunta de funcionário: Há um comentário anterior neste documento sobre não oferecer recursos de download e exibição devido aos custos de conteúdo. Não poderíamos adquirir apenas os direitos dos melhores programas e filmes e só oferecê--los aos clientes mais importantes?

Resposta de Reed: Acreditamos que, com o tempo, o streaming chegará a todos os lugares, inclusive aviões. As complexidades da experiência do usuário no que se refere a downloads são materiais para um caso de uso de 1%, por isso estamos evitando essa abordagem. Decidimos optar pela utilidade em detrimento da complexidade.

Os maiorais, Neil e Reed, eram pública e particularmente contrários à ideia. Na maioria das empresas, esse seria o fim da discussão. Mas Todd Yellin, vice-presidente de produtos (que trabalhava para Neil), tinha suas dúvidas. Ele discutiu com Zach Schendel (pesquisador sênior de experiência do usuário) sobre a execução de alguns testes para descobrir se as afirmações de Neil e Reed eram precisas. Eis como Zach se lembra:

> Eu pensei: "Neil e Reed são contra essa ideia. Será que podemos testá-la?" Em qualquer um de meus empregos anteriores, essa não teria sido uma boa jogada. Mas a tradição da Netflix fala de funcionários de nível inferior realizando coisas incríveis diante da oposição hierárquica. Com isso em mente, fui adiante.
>
> O conteúdo do YouTube não estava disponível para download nos Estados Unidos, mas estava em alguns lugares como Índia e Sudeste Asiático. Isso era interessante porque a Netflix se preparava para uma expansão internacional maciça em janeiro de

2016, e esses países seriam muito importantes para nós. Decidimos realizar entrevistas na Índia e na Alemanha para descobrir qual porcentagem de clientes usava o recurso de download. Na Índia, entrevistamos usuários do YouTube; na Alemanha, usuários do Watchever (uma plataforma alemã semelhante); e nos Estados Unidos, falamos com usuários da Amazon Prime (que já oferecia downloads).

De acordo com nossas descobertas, de 15 a 20% dos usuários da Amazon Prime nos Estados Unidos usavam a função de download. Isso era muito maior do que o 1% estimado por Reed, embora claramente fosse uma minoria de clientes.

Na Índia, nossa pesquisa revelou que mais de 70% dos consumidores do YouTube usavam a função de download. Esse número era enorme! Respostas comuns incluíam: "Passo noventa minutos me deslocando em viagens compartilhadas para ir e voltar do trabalho, de modo que perco uma hora e meia no trânsito todos os dias. O streaming por celular não é rápido o bastante em Hyderabad, então faço download de tudo o que vejo." Outro caso, inédito nos Estados Unidos: "A internet no meu escritório é rápida o suficiente para o streaming, mas na minha casa não. Então, baixo todos os meus programas no escritório e assisto em casa à noite."

Os alemães não têm os problemas de trânsito nem precisam percorrer as mesmas distâncias de casa ao trabalho. Mas lá a internet também não é tão onipresente e confiável quanto nos Estados Unidos. "Quando assisto a um programa na minha cozinha, ele pausa de poucos em poucos minutos para carregar", explicou um alemão, "então eu faço o download dele na sala, onde a internet é mais rápida, para assistir enquanto estou cozinhando." A Alemanha ficou num ponto intermediário entre os Estados Unidos e a Índia.

Zach levou suas descobertas até o chefe, Adrien Lanusse, que levou isso ao chefe, Todd Yellin, que levou ao próprio chefe, Neil Hunt, que levou a seu chefe, Reed, que concordou que ele e Neil estavam errados. Em face de sua expansão internacional, era melhor a Netflix começar a trabalhar na função dos downloads.

"Deixe-me esclarecer", conclui Zach, "eu não sou ninguém na empresa. Sou apenas um pesquisador. No entanto, fui capaz de me opor a uma opinião forte e declarada publicamente por cabeças de liderança, para estimular o interesse por esse recurso. Isso é a Netflix."

Agora, a Netflix fornece a opção de download.

ETAPA 3 DO CICLO DE INOVAÇÃO: COMO LÍDER DE PROJETO INFORMADO, FAÇA SUA APOSTA

Estimule o debate. Compartilhe a ideia. Teste-a. Isso parece muito com determinação de consenso, mas não é. Com a determinação de consenso, o grupo decide; na Netflix, uma pessoa entrará em contato com colegas relevantes, mas não precisará do consentimento de ninguém para seguir em frente. Nosso ciclo de inovação em quatro etapas é uma tomada de decisão individual com contribuições.

Para cada decisão importante, há sempre um "líder de projeto informado" evidente. Essa pessoa tem total liberdade de decisão. No cenário de Erin, Sheila é a líder de projeto informada. Não cabe ao seu chefe ou a nenhum de seus colegas decidir. Ela coleta opiniões e escolhe por conta própria. Então, ela é a única responsável pelo resultado.

Em 2004, a diretora de marketing Leslie Kilgore introduziu uma prática para enfatizar que o líder de projeto informado é o único responsável pela decisão. Na maioria das empresas, todos os contratos importantes são assinados por alguém do alto escalão. Com o incentivo de Leslie, uma de suas funcionárias, Camille, começou a assinar todos os contratos de mídia dos quais ela era a líder de projeto informada. Certo dia, nosso consultor jurídico foi até Leslie e disse: "Você não assinou esse contrato enorme com a Disney! Por que o nome de Camille está aqui?" Leslie respondeu:

> A pessoa que está completamente mergulhada no contrato precisa ser a que assume a autoria e assina o contrato, não um chefe de função ou um vice-presidente. Isso tira a responsabilidade da pessoa que deve ser responsável pelo projeto. É claro que eu também vejo esses contratos. Mas Camille está orgulhosa do que conseguiu realizar. Isso é coisa dela, não minha. Ela está psicologicamente envolvida, e quero mantê-la assim. Não vou me apropriar da autoria dela colocando meu nome no contrato.

Leslie estava certa, e hoje seguimos seu exemplo em toda a Netflix. Na Netflix, você não precisa de autorização dos gestores para nada. Se você é o líder de projeto informado, assuma a autoria — e assine o documento você mesmo.

Quando você lê sobre "Liberdade com Responsabilidade" na Netflix, é fácil se perder na adorável ideia de Liberdade sem considerar adequadamente o peso que a acompanha, da Responsabilidade. Ser o líder de projeto informado e assinar os próprios contratos é um exemplo disso. Embora Reed certamente não pretenda induzir medo e ansiedade em sua força de trabalho, a Liberdade com Responsabilidade funciona em parte porque as pessoas sentem o ônus da responsabilidade que advém da liberdade e se esforçam mais nesse sentido.

Entre as muitas pessoas que me falaram sobre as pressões de assinar os próprios contratos está Omarson Costa, um dos primeiros funcionários da Netflix Brasil. Sua história trata de seus dias iniciais na empresa, quando ele era diretor de desenvolvimento de negócios:

> Eu estava na Netflix havia apenas algumas semanas quando recebi um e-mail do departamento jurídico, que dizia: "Omarson, você tem autoridade para assinar contratos e acordos para a Netflix no Brasil."

Achei que eles haviam omitido parte do e-mail. Respondi na mesma hora. "Até que valor? Se eu precisar de mais, devo obter aprovação de quem?"

A resposta foi: "O limite é o seu bom senso."

Não entendi. Eles estavam dizendo que eu podia assinar contratos de milhões de dólares? Como eles podiam conceder tanto poder a um funcionário na América Latina que eles conheciam havia apenas algumas semanas?

Fiquei surpreso e aterrorizado! Eles confiavam em mim, de modo que meu bom senso precisava ser muito aguçado e minhas decisões, impecavelmente pesquisadas. Eu tomaria decisões pelo meu chefe, pelo chefe do meu chefe, pelo chefe do chefe do meu chefe e por toda a Netflix, por conta própria, sem necessidade de aprovações. Senti um misto de responsabilidade e medo como nunca tinha sentido! Essa sensação me levou a trabalhar mais do que em qualquer outro momento da minha vida, para garantir que cada contrato que eu assinasse fosse uma bênção para toda a empresa.

O sentimento de responsabilidade dos funcionários da Netflix muitas vezes é intenso. Diego Avalos, diretor de originais internacionais, não sabia o que estava por vir quando, após sair do Yahoo, ingressou no escritório da Netflix em Beverly Hills em 2014.

Eu era novo na Netflix, e meu chefe me pediu para finalizar a aquisição de um filme que estávamos comprando por 3 milhões de dólares. No Yahoo, até mesmo um compromisso de 50 mil dólares exigia a assinatura do diretor financeiro ou do conselho geral. Mesmo em um cargo de diretor no Yahoo, nunca assinei nenhum contrato.

Eu tinha todas as negociações esquematizadas, mas quando meu chefe disse "Assine você mesmo", me senti atormentado pela ansiedade. Aquilo era espantoso. E se desse errado? E se eu perdesse o emprego por cometer um erro? A Netflix acreditava em mim, me tratava como um colega incrível, e agora colocava um laço em volta do meu pescoço que, sem querer, eu poderia usar para me enforcar. Precisei sair do escritório e dar uma volta, porque meu coração estava disparado.

Mais tarde, depois que o departamento jurídico revisou o documento e me devolveu para assinar, minhas mãos ficaram úmidas quando vi meu nome sob a linha da assinatura. Peguei minha caneta e vi que minha mão tremia. Eu não conseguia acreditar que estavam me dando tamanha responsabilidade.

De algum modo, ao mesmo tempo, também me senti liberto. Um dos motivos pelos quais deixei o Yahoo foi o fato de não me sentir dono de nada ali. Mesmo sendo autor de uma ideia ou de uma iniciativa, quando ela finalmente era aprovada por todo mundo e mais um pouco, não parecia mais minha. Se ela desse errado, eu diria: "Bem, outras trinta pessoas concordaram! Não é culpa minha!"

Levei cerca de seis meses para me acostumar com isso na Netflix. Aprendi que a perfeição não importa. O que importa é avançar com rapidez e aprender com o que estamos fazendo. Estou em um lugar onde posso assumir a responsabilidade por minhas próprias decisões. Eu me preparei por toda a minha carreira para isso. Recentemente, assinei um contrato multinível no valor de cem milhões de dólares — e isso não me parece mais assustador. Parece ótimo.

Muitas vezes, pessoas talentosas acham libertador serem o líder de projeto informado — e muitas se juntam à Netflix por conta dessa liberdade. Outras, como Diego, acham mais assustador do que confortável. Nesse caso, as pessoas aprendem a se ajustar ou partem para a próxima.

ETAPA 4 DO CICLO DE INOVAÇÃO: SE DER CERTO, COMEMORE. SE FALHAR, EXPONHA O CASO

Se a iniciativa de Sheila for bem-sucedida, deixe claro o quão contente você está. Pode dar um tapinha nas costas dela, oferecer uma taça de champanhe ou levar a equipe inteira para jantar. A forma como vão comemorar fica a seu critério. A única coisa que você *deve* fazer é demonstrar, de preferência em público, que está satisfeito por ela ter ido em frente apesar das dúvidas que você teve, e oferecer um claro "Você estava certa! Eu estava errado!" para mostrar a todos os funcionários que não há problema em ir contra a opinião do chefe.

Se a iniciativa de Sheila falhar, a maneira como você, o chefe, responde é ainda mais crítica. Após um fracasso, todos estarão atentos para ver o que você fará. Uma possível reação seria punir, repreender ou envergonhar Sheila. Em 800 a.C., os comerciantes gregos cujas empresas fracassavam eram forçados a se sentar no mercado com uma cesta sobre a cabeça. Na França do século XVII, os empresários falidos eram denunciados em praça pública e, se não quisessem ir direto para a cadeia, teriam de suportar a vergonha de usar uma boina verde toda vez que saíssem em público.

Nas empresas atuais, as pessoas tendem a ser mais discretas com relação ao fracasso. Como chefe, você pode olhar para Sheila de lado, suspirar e sussurrar: "Bem, eu sabia que isso aconteceria." Ou pode colocar um braço sobre os ombros dela e dizer em um tom amigável: "Da próxima vez, siga o meu conselho." Outra opção é dar a ela um breve sermão sobre tudo o que a empresa precisa realizar e sobre como é uma pena terem perdido tempo com um fracasso tão claramente previsível. (Da perspectiva de Sheila, uma cesta na cabeça ou uma boina verde estão começando a parecer ideias bastante atraentes.)

Se você adotar alguma dessas estratégias, uma coisa é certa. Não importa o que diga no futuro, todos os funcionários da equipe saberão que o lema "não tente agradar ao seu chefe" é uma piada, que toda a sua conversa sobre fichas e apostas é uma farsa e que, no fim das contas, você se importa mais com a prevenção de erros do que com a inovação.

Sugerimos, em vez disso, uma resposta em três partes:

1. Pergunte qual aprendizado foi tirado do projeto.
2. Não faça estardalhaço.
3. Peça a ela que "exponha" o fracasso.

1. PERGUNTE QUAL APRENDIZADO FOI TIRADO DO PROJETO

Muitas vezes, um projeto fracassado é uma etapa crítica para o sucesso. Uma ou duas vezes por ano, em nossas reuniões sobre produtos, peço a todos os chefes de equipes que preencham um formulário simples descrevendo suas apostas nos últimos anos, divididas em três categorias: apostas que deram certo, apostas que não deram certo e apostas em aberto. Em seguida, nos dividimos em grupos menores e discutimos os itens de cada categoria e o que aprendemos com cada aposta. Esse exercício lembra a todos que existe a expectativa de que eles implementem ideias ousadas e que, como parte do processo, algumas apostas não serão bem-sucedidas. Eles veem que fazer apostas não é uma questão de sucessos e fracassos individuais, mas um processo de aprendizado que, no total, impulsiona os negócios. Também ajuda os novatos a se acostumarem a admitir publicamente que estragaram um monte de coisas — como todos nós fazemos.

2. NÃO FAÇA ESTARDALHAÇO

Se fizer um grande estardalhaço por causa de uma aposta que não deu certo, você acabará com toda a possibilidade de aceitação de riscos no futuro. As pessoas descobrirão que você prega a distribuição do processo decisório, mas não a pratica. Chris Jaffe, que foi contratado como diretor de inovação de produtos em 2010, lembra-se claramente de uma vez em que Reed não fez estardalhaço depois que Chris desperdiçou centenas de horas de talento e recursos em uma aposta fracassada:

> Em 2010, você podia transmitir programas de TV para computadores, mas não havia muitas Smart TVs. Se você quisesse transmitir um programa da Netflix para sua televisão, precisava fazer isso através de um PlayStation ou um Wii.
>
> Eu queria que as pessoas abrissem seus armários, resgatassem os antigos dispositivos Wii e começassem a usar a Netflix por ali. Isso traria a internet para a sala de estar de uma maneira que a maioria de nossos clientes jamais experimentara. Decidi usar uma equipe de designers e engenheiros meus para melhorar a interface da Netflix no Wii. Até então, a interface era superbásica. Sob minha supervisão, a equipe dedicou milhares de horas ao desenvolvimento de algo mais complexo e, eu acreditava, mais atraente para os usuários. Eles trabalharam nisso em tempo integral por mais de um ano. Chamamos o projeto de "Explorer".
>
> Após a conclusão, testamos a nova interface com duzentos mil usuários da Netflix. As notícias que recebemos acabaram comigo. A nova interface levava os consumidores a usarem MENOS os recursos no Wii! Achamos que devia ser algum bug no sistema, então verificamos tudo e voltamos a testar. Mesma coisa. Os usuários preferiam a versão original, mais básica.
>
> Eu ainda era muito novo na Netflix. Antes desse projeto, apresentei uma inovação bem-sucedida e, agora, esse fracasso gigantesco. Tínhamos uma reunião trimestral com Reed chamada "Ciência do Consumidor". Os gerentes de produto subiam ao palco e atualizavam suas apostas em produtos. O que funcionara? O que não funcionara? O que aprendêramos? Todos os meus colegas estavam lá, assim como todos os meus superiores (meu chefe, Todd Yellin; seu chefe, Neil Hunt; e Reed).

Eu não sabia o que aconteceria. Reed me censuraria por ter desperdiçado milhares de horas e centenas de milhares de dólares? Neil ficaria tenso? Todd desejaria nunca ter me contratado?

Na Netflix, conversamos sobre expor nossas apostas fracassadas, o que significa falar aberta e publicamente sobre coisas que deram errado. Vi líderes falando sobre seus erros com tanta firmeza e transparência que decidi não me limitar a expor meu fracasso e, sim, iluminá-lo com uma enorme lâmpada estroboscópica.

Subi no palco. A sala estava às escuras. Coloquei meu primeiro slide, que anunciava em letras maiúsculas vermelhas:

EXPLORER: MINHA GRANDE APOSTA FRACASSADA

Falei sobre o projeto, detalhando todas as partes que tinham e não tinham funcionado e explicando que essa fora uma aposta inteiramente minha. Reed fez algumas perguntas, e conversamos sobre quais partes do projeto o levaram ao fracasso. Então ele perguntou o que tínhamos aprendido. Respondi que aprendemos que a complexidade mata o envolvimento do consumidor. A propósito, essa é uma lição que toda a empresa agora compreende como resultado do projeto Explorer.

"Isso é interessante. Vamos nos lembrar disso", concluiu Reed. "Bem, terminamos com esse projeto. O que temos a seguir?"

Dezoito meses depois, após alguns projetos bem-sucedidos, Chris foi promovido a vice-presidente de inovação de produtos.

A reação de Reed é o único tipo de resposta da liderança que incentiva o pensamento inovador. Quando uma aposta fracassa, o gestor deve ter o cuidado de expressar interesse nas lições aprendidas, mas não condenar. Todos naquela sala saíram dali com duas mensagens principais em mente. A primeira é que, se você fizer uma aposta e ela fracassar, Reed perguntará o que você aprendeu com isso. Segundo, se você tentar algo grande e não der certo, ninguém gritará com você e você não perderá o emprego.

3. PEÇA A ELA QUE "EXPONHA" O FRACASSO

Se você fizer uma aposta e falhar, é importante falar aberta e frequentemente sobre o ocorrido. Se você é o chefe, deixe claro que espera que todas as apostas fracassadas sejam detalhadas em público. Chris poderia ter varrido o fracasso para debaixo do tapete, culpado outra pessoa ou ficado na defensiva e apontado erros alheios. Em vez disso, demonstrou grande coragem e capacidade de liderança ao abordar de frente a aposta fracassada.

Ao fazer isso, ele ajudou não apenas a si mesmo, mas a toda a Netflix. É fundamental que seus funcionários ouçam continuamente as apostas fracassadas dos demais, para que se sintam motivados a fazerem apostas (que, é claro, podem fracassar) eles mesmos. Você não pode ter uma cultura de inovação se não conseguir isso.

Na Netflix, tentamos expor com clareza todas as apostas fracassadas. Incentivamos os funcionários a escreverem memorandos públicos explicando com sinceridade o que aconteceu, seguidos por uma descrição das lições aprendidas. Segue aqui um exemplo resumido de um desses memorandos. Por acaso, também foi escrito por Chris Jaffe, mas vários anos depois, em 2016, sobre outro projeto que não deu certo, chamado "Memento". Esse documento circula na Netflix como exemplo de como expor por escrito uma aposta fracassada.

Atualização da equipe de gestão de produtos sobre o projeto Memento: Atualização de ChrisJ

Há cerca de dezoito meses, levei um memorando à reunião de estratégia de produtos descrevendo uma ideia para incluir em nossa experiência de reprodução em segunda tela informações suplementares — como biografia de atores e títulos relacionados — atreladas ao título.

Após um debate vibrante, decidi dar início ao projeto. Seguimos em frente construindo a experiência Memento para sistemas Android. Esse projeto demorou mais de um ano para ficar pronto. Em setembro passado, tínhamos uma versão de lançamento com a qual fizemos um pequeno teste.

Em fevereiro, concluí que não devíamos mais seguir com o projeto, e dessa forma o encerramos.

É importante destacar que a decisão de levar o Memento para frente e de continuar investindo nele foi exclusivamente minha. O resultado e o custo resultante são de minha total responsabilidade. Investir nisso por mais de um ano e então decidir não lançar a funcionalidade desperdiçou tempo e recursos, mas também serviu como aprendizado. Algumas de minhas conclusões:

- Levar esse projeto adiante representou um custo de oportunidade real que, como resultado, nos atrasou em importantes inovações para dispositivos móveis. Esse foi um grande erro de liderança e concentração de minha parte.

- Eu deveria ter considerado com mais cuidado a limitada habilidade de receber insights da pequena população que faz uso da segunda tela. Acho que pensei que cresceria.

- Eu deveria ter considerado com mais seriedade a sugestão feita na primeira reunião de estratégia de que Darwin seria uma melhor plataforma de teste para essa ideia. Isso é um lembrete para eu me manter aberto à possibilidade de desafiar minhas próprias noções preconcebidas.

- Quando decidi seguir com o projeto após a reunião de estratégia de produtos, eu deveria ter voltado com um memorando para debater cautelosamente a noção de lançamento, considerando os entraves. Isso foi feito em desacordo com o modo como abordamos a inovação de produtos, e não é como fazemos as coisas por aqui.

- Enquanto desenvolvia o projeto, eu deveria ter me dado conta de seu valor decrescente e o encerrado há meses. As taxas desastrosas de setembro deveriam ter sido um claro sinal para que parássemos de trabalhar naquilo. Sempre parecíamos estar próximos do resultado final como queríamos — o que era uma ilusão. Como frequentemente é.

Quando você expõe suas apostas fracassadas, todos ganham. Você ganha porque as pessoas à sua volta aprendem que podem confiar em você para dizer a verdade e assumir a responsabilidade por suas ações. A equipe ganha porque aprende com as lições provenientes do projeto. E a empresa ganha porque todos veem com clareza que as apostas fracassadas são parte inerente de uma roda inovadora de sucesso. Não devemos ter medo de nossos fracassos. Devemos acolhê-los.

E expor os erros ainda mais!

Usando a terminologia do capítulo anterior, uma aposta calculada que fracassa na Netflix é mais um erro do que uma CS (coisa secreta). Quando Chris falou sobre suas apostas fracassadas, Explorer e Memento, ele não tinha nada do que se envergonhar. Ele estava fazendo exatamente o que a Netflix lhe pediu: pensando com ousadia e apostando suas fichas nas ideias em que acreditava. Nesse contexto, não é tão difícil subir no palco ou enviar um memorando que diga: "Vejam, apostei nisso e os resultados não foram o que eu esperava."

Na prática, porém, cometer um erro pode ser bastante constrangedor, em especial quando ele sugere negligência ou um sério lapso de discernimento.

Quando o erro constrangedor é grande, a tentação de se distanciar dele também é. Isso não é recomendado na Netflix. Para sobreviver a um grande erro, você deve se fiar ainda mais na exposição. Fale abertamente sobre isso e você será perdoado, ao menos nas primeiras vezes. Mas, se varrer seus erros para debaixo do tapete ou continuar cometendo-os (o que é mais provável se você estiver em negação quanto a isso), o resultado final será muito mais grave.

Yasemin Dormen, uma especialista em mídia social de nacionalidade turca, mas que mora em Amsterdã, mostrou claramente ter entendido essa expectativa da empresa ao descrever um erro que cometera ao longo da promoção da quarta temporada de *Black Mirror*:

> Em *Black Mirror*, há um personagem chamado Waldo, que é um urso azul de desenho animado. A quarta temporada estava prevista para ser lançada em 29 de dezembro de 2017, então bolamos uma campanha de final de ano para promovê-la.

Enviaríamos uma mensagem promocional misteriosa assinada por "eusouwaldo" para centenas de usuários do equivalente turco do Reddit. O conteúdo seria enigmático e sedutor: "Sabemos o que você está tramando. Espere e veja o que faremos." Eu esperava que as pessoas respondessem tuitando para os amigos: "Waldo voltou?" "Saiu a quarta temporada de *Black Mirror*?" Eu estava ansiosa pelo burburinho positivo que aquilo provocaria.

Meu grande erro foi não compartilhar a ideia com ninguém. Estava ocupada me preparando para uma semana de férias em família. Não informei meus colegas de relações públicas em outros países. Não estimulei o debate com a equipe de comunicações da Netflix. Apenas montei aquilo e saí de férias com meu pai para a Grécia.

Em 29 de dezembro, meu pai e eu estávamos em um museu em Atenas, ouvindo um guia turístico, quando meu telefone começou a vibrar sem parar. Meus colegas em todo o mundo estavam furiosos com a mensagem "eusouwaldo" que vinha da Turquia e com a tempestade que estava provocando na mídia. "Fomos nós?", me perguntavam em uma mensagem. Comecei uma busca frenética no celular e vi que a mídia turca estava enlouquecendo.

O blog de tecnologia *Engadget* explicou assim o ocorrido:

Começa a estação das campanhas promocionais sinistras e intrusivas da internet. A Netflix assustou os usuários em um equivalente turco do Reddit, o Ekşi Sözlük, ao enviar mensagens promocionais diretas com o intuito de promover a estreia da quarta temporada de *Black Mirror*. A mensagem de "eusouwaldo" (uma referência a "The Waldo Moment", episódio da segunda temporada da série) chegou no meio da noite e parecia quase uma ameaça: "Sabemos o que você está tramando", dizia, "espere e veja o que faremos".

A confusão chegou até a grande mídia britânica: "*Black Mirror*, quarta temporada: telespectadores se ENFURECEM com truque de 'marketing assustador'." "Nada legal!", berrava a manchete do site de notícias *Express*. Yasemin lembra-se de toda a dolorosa experiência:

> Senti um aperto no peito. Meu estômago revirou. Aquele erro fora inteiramente meu. Montei a campanha e não a compartilhei com ninguém. Meus colegas estavam furiosos, e meu chefe ficou perplexo.
>
> Meu pai me puxou para o lado. Eu estava quase aos prantos ao explicar para ele o que acontecera. "Você acha que será demitida?", perguntou, preocupado. E aquilo me fez rir. "Não, pai! Não somos demitidos na Netflix por coisas assim. Somos demitidos por *não* corrermos riscos, por *não* fazermos movimentos ousados. Ou por não falarmos abertamente a respeito quando estragamos tudo."
>
> Claro que não cometerei o erro de não compartilhar outro evento de mídia. *Isso* sim pode causar minha demissão.
>
> Passei o resto das férias descrevendo para todos o erro que cometi e o que aprendi com ele. Escrevi memorandos e fiz dezenas de telefonemas. Passei aquelas férias inteiras me expondo — e não o tipo de exposição ao sol à qual normalmente nos submetemos nas praias da Grécia.

Yasemin cultivou uma ótima carreira na Netflix. Cinco meses após a gafe do "eusouwaldo", foi promovida a gerente sênior de marketing, aumentando sua responsabilidade em 150%, e, um ano e meio depois, foi promovida a diretora de marketing.

O mais importante foram as lições que não apenas Yasemin como toda a equipe de marketing da Netflix aprendeu com o erro. "Quando contratamos novos profissionais de marketing, temos uma série de casos históricos que revemos com eles para ensinar o que não fazer. A campanha de *Black Mirror* na Turquia é um de nossos casos favoritos e todos comentam a respeito", Yasemin explica. "Ela demonstra com muita clareza a importância do compartilhamento e o que acontece quando você pula essa etapa. Mas também ajudou todos nós no marketing a lembrarmos que nosso objetivo na Netflix é criar momentos de alegria. Portanto, não crie uma campanha que seja um pouco horripilante. Não tente assustar o público para que ele assista aos nossos programas. Em vez disso, uma boa campanha deve ser emocionante, alegre e simplesmente divertida."

O SEXTO PONTO

Com uma alta densidade de talento e transparência organizacional firmemente estabelecida, é possível implementar um processo de tomada de decisão mais rápido e inovador. Seus funcionários poderão sonhar alto, testar suas ideias e fazer apostas nas quais acreditam, mesmo quando se opuserem àqueles hierarquicamente acima deles.

▶ LIÇÕES DO CAPÍTULO 6

- Em uma empresa rápida e inovadora, a autoria de decisões críticas e importantes deve ser distribuída pela força de trabalho em todos os níveis, e não alocada de acordo com o status hierárquico.

- Para que isso funcione, o líder deve ensinar à equipe o seguinte princípio da Netflix: "Não tente agradar ao seu chefe."

- Quando novos funcionários ingressarem na empresa, diga a eles que têm um punhado de fichas (metafóricas) com as quais podem fazer apostas. Algumas serão bem-sucedidas, outras fracassarão. O desempenho de um funcionário será julgado pelo resultado coletivo de suas apostas, não pelos resultados de um único caso.

- Para ajudar a equipe a fazer boas apostas, incentive o pessoal a estimular o debate, compartilhar a ideia e testar as grandes apostas.

- Ensine a seus funcionários que, quando uma aposta fracassar, eles devem expor isso abertamente.

Rumo a uma cultura de Liberdade com Responsabilidade

Sua empresa agora recebe muitos benefícios advindos de uma cultura de Liberdade com Responsabilidade. Sua produtividade aumentou, você inova mais e seus funcionários estão mais felizes. Contudo, à medida que o negócio cresce, você pode achar difícil manter esses elementos culturais nos quais investiu com tanto zelo.

Foi o que aconteceu conosco na Netflix. Entre 2002 e 2008, lançamos as bases da maioria dos aspectos descritos nos seis primeiros capítulos deste livro. Contudo, quando dezenas de novos funcionários vindos de outras empresas começaram a se juntar a nós toda semana, tornou-se mais desafiador mudar a mentalidade das pessoas para que trabalhassem à maneira da Netflix.

Por esse motivo, introduzimos um conjunto de técnicas que deveria ser utilizado por todos os gestores da empresa, a fim de garantir que os elementos fundamentais de densidade de talento, sinceridade e liberdade persistiriam apesar das mudanças e do crescimento. Essas técnicas são o tema da Parte Três.

PARTE TRÊS

TÉCNICAS PARA REFORÇAR UMA CULTURA DE LIBERDADE COM RESPONSABILIDADE

Maximize a densidade de talento...
7 ▸ O Teste de Retenção

Maximize a sinceridade...
8 ▸ Um círculo de feedback

E elimine a maioria dos controles...!
9 ▸ Lidere com contexto em vez de com controle

Esta seção se concentra em técnicas práticas que você pode implementar em sua equipe ou empresa a fim de reforçar os conceitos que abordamos nas duas primeiras seções. No capítulo 7, vamos explorar o Teste de Retenção, principal dispositivo usado na Netflix para incentivar os gestores a manter a alta densidade de talento. No capítulo 8, examinaremos dois processos que encorajam um feedback abundante e contínuo entre chefes, funcionários e colegas. No capítulo 9, vamos observar exatamente como ajustar seu estilo de gerenciamento a fim de proporcionar mais liberdade de tomada de decisão às pessoas que você lidera.

MAXIMIZE A DENSIDADE DE TALENTO...

7

O TESTE DE RETENÇÃO

Era a semana entre o Natal e o Ano-Novo de 2018, e tínhamos muito o que comemorar na Netflix. As últimas seis semanas estavam entre as mais bem-sucedidas da história da empresa. Eu estava me sentindo ótimo quando liguei para Ted Sarandos para parabenizá-lo.

Em novembro, a equipe de Ted lançara *Roma*, um filme escrito e dirigido por Alfonso Cuarón, que conta a vida de uma empregada doméstica de uma família mexicana de classe média. *Roma* foi chamado de "obra-prima" pelo *The New York Times* e aclamado como o melhor filme original Netflix de todos os tempos. O longa ganhou o Oscar de Melhor Diretor e Melhor Filme Internacional.

Algumas semanas depois, a equipe de Ted lançou *Bird Box*, um thriller estrelado por Sandra Bullock a respeito de uma mulher que deve enfrentar uma jornada perigosa com os filhos — todos com os olhos vendados descendo um rio caudaloso — para salvar suas vidas. *Bird Box* foi lançado em 13 de dezembro e, em uma semana, mais de 45 milhões de contas da Netflix assistiram ao filme, os melhores primeiros sete dias de um original Netflix.

"Que seis semanas incríveis você teve!", falei para Ted. Ele respondeu: "Sim, todos escolhemos bem!" Devo ter parecido confuso, porque ele esclareceu: "Bem, você me escolheu, e eu escolhi Scott Stuber. Scott escolheu Jackie e Terril. Jackie e Terril escolheram *Roma* e *Bird Box*. Foram ótimas escolhas!"

Ted estava certo. Com nosso modelo de distribuição do processo decisório, se você escolher as melhores pessoas, capazes de tomar as melhores decisões, abrirá portas para grandes coisas. Ted chama isso de "hierarquia de escolha", que só é possível com uma força de trabalho com alta densidade de talento.

De cara, essas escolhas parecem consistir basicamente em contratações. Em um mundo ideal, bastaria uma empresa escolher com cuidado, e aqueles funcionários bem escolhidos prosperariam para sempre. A realidade é mais difícil. Não importa quão cuidadoso seja, às vezes você cometerá erros de contratação, às vezes as pessoas não crescerão tanto quanto você esperava, e às vezes as necessidades da empresa acabam mudando. Para atingir o nível mais alto de densidade de talento, você deve estar preparado para tomar decisões difíceis. Se você leva a densidade de talento a sério, precisa adquirir o hábito de fazer algo muito mais difícil: demitir um bom funcionário quando acha que pode conseguir um ótimo.

Uma das razões para isso ser tão complicado em muitas empresas é porque os líderes empresariais dizem constantemente aos funcionários: "Somos uma família." Mas um ambiente de trabalho com alta densidade de talento não é uma família.

FAMÍLIAS FICAM JUNTAS, INDEPENDENTEMENTE DO "DESEMPENHO"

Por muitos séculos, quase todas as empresas foram administradas por famílias, portanto, não é nenhuma surpresa que hoje a metáfora mais comum usada pelos CEOs para definirem suas empresas seja a família. A família representa pertencimento, conforto e compromisso de ajudar um ao outro a longo prazo. Quem não gostaria que seus funcionários sentissem um profundo carinho e lealdade pela empresa em que trabalham?

Durante décadas, os recepcionistas do Walmart foram incentivados a se considerarem parte da "família Walmart". Durante o treinamento, disseram-lhes que deveriam dar as boas-vindas a todos os clientes como se estivessem recebendo um hóspede em casa.

O ex-vice-presidente de engenharia da Netflix, Daniel Jacobson, trabalhou por uma década na National Public Radio (NPR) em Washington antes de trabalhar na Netflix por mais dez anos. Ele explicou os benefícios da cultura familiar na NPR da seguinte maneira:

> Comecei na NPR no fim de 1999 como o primeiro engenheiro de software em tempo integral contratado online. Quando cheguei lá, estava superanimado. As pessoas que querem trabalhar na NPR acreditam na missão e adoram a dedicação da empresa ao jornalismo e à informação. Esse objetivo compartilhado resultava em uma cultura que às vezes parecia mais uma família do que um local de trabalho. Era muito atraente, e fiz muitas amizades no trabalho.
>
> A NPR tinha uma cultura familiar tão forte que muitas pessoas a transformaram em sua família de verdade. Uma das "mães fundadoras" da NPR, Susan Stamberg, mantinha uma lista de funcionários que "Se Conheceram e Casaram" na NPR. A NPR é uma empresa relativamente pequena, e a lista de casais que se conheceram lá era bem extensa.

Daniel também se lembra de alguns de seus colegas dizendo: "Se você fica três anos na NPR, fica na NPR pelo resto da vida."

É claro que famílias não são apenas amor e lealdade. Em família, somos tolerantes e aguentamos manias e rabugices porque estamos comprometidos em apoiar um ao outro a longo prazo. Quando as pessoas se comportam mal, não rendem ou não conseguem cumprir com suas responsabilidades, damos um jeito. Não temos escolha. Estamos presos uns aos outros. Famílias são assim.

A segunda parte da história de Daniel na NPR ilustra o problema de se tratar uma força de trabalho como uma família:

> A cultura da NPR tem muitas vantagens e funciona para eles. Depois de algum tempo, porém, comecei a ver os problemas de se ter uma cultura familiar no trabalho. Na minha equipe, havia esse engenheiro de software, Patrick. Embora fosse um engenheiro experiente, ele não tinha as habilidades necessárias para realizar bem o trabalho. Ele sempre precisava de tempo extra para concluir os projetos, e seus códigos frequentemente tinham bugs ou problemas significativos. Às vezes, era necessário que outros engenheiros fossem associados aos projetos dele para garantir que conseguíssemos realizar o trabalho com eficiência.
>
> Patrick tinha uma ótima atitude, o que acrescentava complexidade ao problema. Ele se mostrava ávido em fazer a coisa certa e queria provar que era capaz de trabalhar de maneira independente. Todos ansiávamos para que ele fosse bem-sucedido e procurávamos oportunidades que se encaixassem bem às suas limitadas habilidades. Mas a qualidade de seu trabalho não se comparava à dos colegas. Todo dia eu precisava me preocupar com ele, embora não precisasse me preocupar com os demais. Ele era uma pessoa adorável, mas os resultados não apareciam.
>
> Patrick tomou tanto do meu tempo — e tanto tempo da equipe para corrigir seus erros — que se tornou um problema de verdade. Os melhores engenheiros da equipe costumavam ficar frustrados e pediam que eu interviesse. Minha preocupação era que alguns estivessem tão irritados que chegassem ao ponto de procurar emprego em outro lugar.
>
> Vi que a equipe seria consideravelmente mais eficiente sem Patrick, mesmo que eu não pudesse substituí-lo por outra pessoa.
>
> Falei com o meu chefe, que me incentivou a procurar diferentes tipos de trabalho nos quais pudéssemos aproveitar os pontos fortes de Patrick enquanto protegíamos os outros de suas fraquezas. De-

> miti-lo nem entrava na equação. Não tínhamos motivo. Ele não fizera nada de errado. A empresa era uma família, e a resposta foi: "Ele é um dos nossos. Estamos juntos nessa. Vamos trabalhar com ele."

DE FAMÍLIA A TIME

No início da Netflix, nossos gestores se esforçavam para promover um ambiente familiar. Mas, depois das demissões de 2001, quando vimos o desempenho melhorar radicalmente, percebemos que família não era uma boa metáfora para uma força de trabalho com alta densidade de talento.

Queríamos que os funcionários se sentissem comprometidos, conectados e parte de um todo maior. Mas não queríamos que as pessoas vissem seus empregos como um arranjo vitalício. Um trabalho deve ser algo que você faz durante o mágico período em que você é a melhor pessoa para aquele trabalho e aquele trabalho é o melhor lugar para você. Quando você deixa de aprender ou de se destacar, então está na hora de passar esse cargo para alguém mais preparado para aquilo e mudar para uma função que lhe seja mais adequada.

Mas se a Netflix não era uma família, o que nós éramos? Um grupo de pessoas cuidando de si mesmos? Definitivamente não era isso o que queríamos. Depois de muita discussão, Patty sugeriu que pensássemos na Netflix como um time esportivo.

A princípio, isso não pareceu muito profundo. A metáfora do time para uma empresa é tão batida quanto a da família. Mas, à medida que ela falava, comecei a entender o que ela queria dizer.

> Acabei de assistir a *Sorte no Amor* (1988) com meus filhos. Em um time de beisebol profissional, os jogadores têm ótimos relacionamentos. Esses caras são muito próximos. Eles se apoiam. Comemoram juntos, consolam um ao outro e conhecem tão bem

> as jogadas dos parceiros que sabem o que fazer sem precisar trocar uma palavra. Mas eles não são uma família. O técnico troca e negocia jogadores o ano inteiro para garantir que sempre tenham o melhor jogador em cada posição.

Patty estava certa. Na Netflix, quero que cada gestor administre seu departamento da mesma maneira que os melhores times do mundo do esporte, trabalhando para criar um clima de profundo comprometimento, coesão e camaradagem, ao mesmo tempo que toma decisões difíceis para garantir que o melhor funcionário ocupe cada cargo.

Uma equipe esportiva profissional é uma boa metáfora para a alta densidade de talento, porque os atletas profissionais:

- Exigem excelência, acreditando que o responsável pela equipe garantirá que todas as posições estejam sempre preenchidas pela melhor pessoa.
- Treinam para vencer, esperando receber feedback sincero e contínuo do técnico e dos colegas sobre como melhorar seu jogo.
- Sabem que apenas esforço não é suficiente, reconhecendo que, se tiverem um desempenho nota oito apesar de terem se esforçado por um dez, receberão um agradecimento e serão respeitosamente substituídos por outro jogador.

Em um time de alto desempenho, a colaboração e a confiança funcionam bem porque todos os membros são excepcionalmente qualificados, tanto no que fazem quanto trabalhando bem com outras pessoas. Para que alguém seja considerado excelente, não basta simplesmente ser incrível no jogo; é necessário ser altruísta e colocar a equipe à frente do próprio ego. A pessoa precisa saber quando passar a bola, como ajudar os colegas de equipe a prosperarem e reconhecer que a única maneira de vencer é em conjunto. Aquele era exatamente o tipo de cultura que buscávamos.

Foi quando começamos a dizer na Netflix:

SOMOS UM TIME, NÃO UMA FAMÍLIA

Se pretendemos ser um time campeão, queremos o melhor desempenho possível em todas as posições. Um pensamento antiquado prega que o funcionário precisa fazer algo errado ou ser inadequado para perder o emprego. No entanto, em um time profissional ou olímpico, os jogadores entendem que o papel do técnico é elevar o nível, se necessário, trocando o bom pelo ótimo. A cada partida, os jogadores jogam para permanecer no time. Para as pessoas que valorizam mais a segurança no emprego do que a vitória nos campeonatos, a Netflix não é a escolha certa, e tentamos ser claros e não fazer nenhum tipo de julgamento de valor quanto a isso. Mas, para aqueles que valorizam integrar equipes vencedoras, nossa cultura oferece uma grande oportunidade. Como em qualquer time que compete pelo sucesso no mais alto nível, formamos relacionamentos profundos e nos preocupamos uns com os outros.

O TESTE DE RETENÇÃO

Obviamente, os gestores da Netflix, como qualquer boa pessoa em qualquer lugar, querem se sentir bem quanto a suas ações. Para que se sintam tranquilos ao demitir alguém de quem gostam e a quem respeitam, eles precisam pensar em ajudar a empresa e reconhecer que todos na Netflix são mais felizes e mais bem-sucedidos quando há um astro em cada posição. Por isso, perguntamos ao gestor: a empresa ficaria melhor se você demitisse Samuel e procurasse alguém mais eficaz? Se a resposta for "sim", é um claro sinal de que é hora de procurar outro jogador.

Também incentivamos todos os chefes de equipes a refletir sobre cada um de seus funcionários com regularidade e a garantir que tenham a melhor pessoa em cada cargo. Para ajudar os gestores em suas decisões, falamos sobre o Teste de Retenção:

SE ALGUÉM DE SUA EQUIPE FOSSE SE DEMITIR AMANHÃ, VOCÊ TENTARIA MUDAR A OPINIÃO DESSA PESSOA? OU ACEITARIA A DEMISSÃO, TALVEZ

COM CERTO ALÍVIO? SE ESCOLHEU A ÚLTIMA OPÇÃO, VOCÊ DEVE LHE OFERECER UM ACORDO DE RESCISÃO AGORA E BUSCAR UMA ESTRELA, ALGUÉM POR QUEM VOCÊ LUTARIA PARA MANTER.

Tentamos aplicar o Teste de Retenção a todos, inclusive a nós mesmos. A empresa estaria melhor com outra pessoa no meu cargo? O objetivo é eliminar qualquer vergonha de quem é dispensado pela Netflix. Pense em um esporte olímpico coletivo, como o hóquei. Ser tirado do time é muito decepcionante, mas a pessoa é admirada por ter tido a coragem e a habilidade para integrar o time a princípio. Quando alguém é demitido da Netflix, esperamos o mesmo. Todos permanecemos amigos e não há vergonha.

A própria Patty McCord é um exemplo disso. Depois de trabalharmos juntos por mais de uma década, comecei a achar que seria melhor termos outra pessoa no cargo. Expressei esse sentimento a Patty e conversamos sobre o que estava me levando a pensar dessa forma. No fim das contas, ela pretendia trabalhar menos no futuro, então deixou a Netflix em um clima muito amigável. Sete anos depois, continuamos amigos íntimos e conselheiros informais um do outro.

Outro caso é o de Leslie Kilgore, que foi incrível para nós como diretora de marketing e fundamental em nossa cultura, na batalha com a Blockbuster e em nosso crescimento como um todo. Ela era e é ótima em soluções para os negócios. Mas, com o lançamento do *House of Cards* e um futuro mais focado na promoção de títulos do que em fazer ofertas, eu sabia que precisaríamos de alguém com uma vasta experiência com os estúdios de Hollywood, em parte para compensar minha própria falta de conhecimento sobre o showbiz. Então deixei Leslie ir embora, mas ela estava disposta a atuar em nosso conselho, tornando-se uma das pessoas a quem respondo e uma ótima diretora da empresa há muitos anos.

Portanto, o Teste de Retenção é real, e todos em cargos de chefia, em qualquer nível da empresa, o utilizam de maneira uniforme. Sempre digo aos meus chefes — o conselho administrativo — que não devo ser tratado de forma diferente. Eles não precisam esperar que eu erre para me substituírem. Devem fazer isso assim que tiverem um CEO potencialmente mais eficaz. Acho motivador ter de jogar pela minha posição a cada trimestre, e tento me aperfeiçoar para me manter à frente.

Na Netflix, você pode estar se esforçando ao máximo para dar o melhor de si, oferecendo tudo o que tem para ajudar a empresa a ser bem-sucedida, se virando para entregar bons resultados e então chega ao trabalho certo dia e — boom: está desempregado. Não porque houve uma crise financeira inevitável ou demissões imprevistas em massa, mas porque suas realizações não são tão incríveis quanto seu chefe esperava. Seu desempenho é meramente razoável.

Na introdução, vimos alguns dos slides mais controversos da cultura Netflix, que explicam a filosofia de Reed:

> **Como qualquer empresa, tentamos fazer boas contratações**
>
> NETFLIX

> **Ao contrário de muitas empresas, acreditamos que:**
>
> *desempenho razoável resulta em uma generosa rescisão*
>
> NETFLIX

> As outras pessoas devem receber generosas rescisões agora para que possamos
> abrir uma vaga a fim de encontrar uma estrela para aquela função
>
> ## O Teste de Retenção aplicado por gestores:
>
> Por quais dos meus funcionários, caso pedissem demissão para trabalharem em um cargo equivalente em outra companhia, eu lutaria, no sentido de mantê-los na Netflix?
>
> NETFLIX

Esses slides propõem perguntas difíceis. Para garantir que Reed responda a essas questões, transformaremos o restante deste capítulo em uma sessão de perguntas e respostas.

UMA ENTREVISTA COM REED

Pergunta 1

De acordo com o ex-*chief product officer* Neil Hunt, o lema "Somos um time, não uma família" causa polêmica na Netflix desde seus primórdios. Ele se recorda:

> Em 2002, Reed organizou uma reunião externa de liderança em Half Moon Bay, onde enfatizou que devíamos praticar continuamente o mesmo exercício rigoroso que ele e Patty haviam realizado na preparação das demissões. Devíamos sempre nos perguntar quais funcionários não eram mais a melhor escolha para seus cargos e, caso eles não conseguissem ser a "melhor escolha" após receberem feedback, deveríamos ter a coragem de demiti-los.
>
> Fiquei surpreso. Conversei com o grupo sobre a diferença entre pinguins e elefantes. Os pinguins abandonam os membros do grupo que são fracos ou estão em dificuldades, enquanto os ele-

> fantes se juntam ao redor deles e os ajudam a recuperar a saúde. "Você está dizendo que vamos escolher ser pinguins?", perguntei.

Reed, você não está preocupado com o fato de a Netflix estar fazendo o papel dos pinguins insensíveis da história de Neil? Perder o emprego é coisa séria. A perda do emprego afetará a situação financeira, a reputação, a dinâmica familiar e a carreira dessa pessoa. Algumas delas são imigrantes e, sem emprego, podem ser deportadas. Você é muito rico, claro, então perder seu salário não seria grande coisa para você. Mas não é o caso da maioria de seus funcionários. É ético demitir pessoas que estão dando o melhor de si, mas que não conseguem alcançar resultados incríveis?

Resposta 1

Pagamos aos nossos funcionários os melhores salários do mercado, portanto todos são muito bem pagos. Parte do acordo é que eles jogarão no time desde que sejam o melhor naquela posição. Eles entendem que as necessidades de nossa empresa mudam com rapidez e que esperamos desempenhos excepcionais. Portanto, cada funcionário que escolhe ingressar na equipe da Netflix opta por nossa abordagem de alta densidade de talento. Somos transparentes em relação a nossas táticas, e muitos funcionários adoram estar cercados por colegas com desempenho tão alto, e felizes em assumir um pequeno risco profissional em troca. Outras pessoas podem preferir estabilidade no trabalho a longo prazo e optam por não ingressar na Netflix. Então, sim, acredito que nossa abordagem é ética. Também é muito popular entre a maioria de nossos funcionários.

Dito isto, como nossas expectativas são tão altas, parece justo que, ao demitir as pessoas, paguemos a elas o suficiente para que possam dar início a seus próximos projetos. Damos a todos que demitimos uma boa rescisão — o bastante para cuidarem de si e de suas famílias até encontrarem outro emprego. Cada vez que demitimos alguém, oferecemos vários meses de salário (de quatro meses para um colaborador individual a nove para um vice-presidente). É por isso que dizemos:

DESEMPENHO RAZOÁVEL RESULTA EM UMA GENEROSA RESCISÃO

Para algumas pessoas, isso parecerá proibitivamente caro. E é provável que seria, caso não nos esforçássemos para eliminar processos de controle desnecessários.

Em muitas empresas nos Estados Unidos, quando um gerente decide demitir alguém, ele é obrigado a implementar um processo chamado plano de melhoria de desempenho, ou PIP (sigla em inglês para "performance improvement plan"). Isso significa que ele deve documentar discussões semanais com o funcionário durante um período de meses, demonstrando por escrito que a pessoa não conseguiu obter sucesso apesar do feedback recebido. Esses planos atrasam a demissão do funcionário em várias semanas e raramente os ajudam a melhorar.

Os PIPs foram inventados por dois motivos. O primeiro é evitar que os funcionários percam o emprego sem receberem feedback construtivo e a oportunidade de melhorar. Contudo, na Netflix, com nossa cultura de sinceridade, as pessoas recebem vários feedbacks todos os dias. Antes de qualquer funcionário ser demitido, ele deve ter ouvido, com clareza e regularidade, o que precisava fazer para melhorar.

O segundo é proteger a empresa de uma ação judicial. Para receberem a rescisão generosa que oferecemos, pedimos aos funcionários demitidos que assinem um acordo dizendo que não nos processarão. Quase todos aceitam a oferta. Eles ganham muito dinheiro e podem se concentrar no próximo passo de suas carreiras.

Os PIPs também são caros. Se você submeter alguém a um plano de melhoria de quatro meses, terá de pagar quatro meses para um funcionário com desempenho inferior e inúmeras horas gastas por um gerente para aplicar e documentar o processo. Em vez de despejar esse capital em um demorado PIP, dê a quantia diretamente ao funcionário através de uma belíssima e grandiosa rescisão, diga que lamenta por não ter dado certo e deseje-lhe boa sorte em sua próxima empreitada.

Pergunta 2

Há uma cena no filme *Jogos Vorazes* em que a protagonista, Katniss, a adolescente interpretada por Jennifer Lawrence, está vestida com roupas de camuflagem sobre uma pequena plataforma, avaliando os adversários. Vinte e quatro jovens entre 12 e 18 anos foram convocados para um evento televisionado no qual serão colocados uns contra os outros. Apenas um dos jogadores vencerá; todos os outros morrerão. Se quiser viver, terá de eliminar a concorrência.

Quando comecei as entrevistas na Netflix, achava que o clima no escritório pareceria muito com o de *Jogos Vorazes*. Todo jogador profissional de esportes coletivos sabe que, para alguém ganhar, outros precisam perder: você precisa competir pelo seu lugar.

Também li sobre práticas semelhantes usadas no passado por empresas como a Microsoft que agora são amplamente consideradas como incitação de competição interna prejudicial. Por exemplo, até 2012, a Microsoft pedia que os responsáveis por cada equipe classificassem os funcionários em uma escala de desempenho do melhor para o pior e os incentivava a demitir os que ficavam por último.

Em uma matéria da *Vanity Fair* intitulada "A Década Perdida da Microsoft", o jornalista Kurt Eichenwald citou um ex-funcionário:

> Se você fazia parte de uma equipe de dez pessoas, desde o primeiro dia já sabia que, por mais que todos fossem bons, duas pessoas receberiam excelentes avaliações, sete receberiam avaliações

> medianas e uma receberia uma péssima avaliação. Isso direcionava os funcionários a competir entre si, em vez de competir com outras empresas.

Teoricamente, um engenheiro da Microsoft até chegou a comentar:

> Uns sabotarão abertamente os esforços dos outros. Uma das coisas mais valiosas que aprendi foi dar a impressão de ser cortês enquanto ocultava informações o suficiente para garantir que meus colegas não ficassem à minha frente na classificação.

Por que o time-não-família da Netflix seria diferente? Eu esperava encontrar funcionários da Netflix ao mesmo tempo ajudando os colegas e os apunhalando para preservarem os próprios cargos. Mas a verdade é que não foi o que vi durante as minhas entrevistas.

Reed, dada a dificuldade de obter e preservar um lugar na equipe da Netflix, como você consegue evitar a competição interna?

Resposta 2

Incitar a competição interna sem querer é uma preocupação real para empresas que buscam aumentar a densidade de talento. Muitas implementam processos e regras para incentivar os gestores a se livrar de funcionários medíocres, e assim caem em sistemas que acidentalmente provocam competição interna. O pior deles é a chamada classificação em pilha, também conhecida como "curva de vitalidade" ou, na forma mais coloquial, "classifique-e-demita".

A matéria da *Vanity Fair* citada por Erin descreve uma versão da classificação em pilha. A GE e a Goldman Sachs também tentaram usar esse sistema para aumentar a densidade de talento. Jack Welch, talvez o primeiro CEO a usar o método, incentivou os chefes de equipes da GE a classificarem os funcionários todos os anos e a demitirem os 10% mais fracos, com o intuito de manter altos níveis de desempenho.

Em 2015, o *New York Times* informou que a GE, assim como a Microsoft em 2012, abandonou esse método de avaliação. Como era de se esperar, a classificação em pilha sabota a colaboração e destrói a alegria do trabalho de alto desempenho em equipe.

Incentivamos os chefes das nossas equipes a aplicar o Teste de Retenção com regularidade. Mas tomamos muito cuidado para não estabelecermos cotas de demissão ou sistemas de classificação. O classifique-e-demita ou "você deve demitir X% de seu pessoal" é apenas outro tipo de processo baseado em regras que tentamos evitar. Mais importante ainda, esses métodos fazem com que os chefes demitam os funcionários medíocres, mas, ao mesmo tempo, sacrifiquem o trabalho em equipe. Quero que nossos funcionários de alto desempenho rivalizem com concorrentes da Netflix, não entre si. Com o classifique-e-demita, o que você ganha em densidade de talento perde em redução de colaboração.

Felizmente, não é preciso escolher entre alta densidade de talento e forte colaboração. Com o Teste de Retenção, alcançamos os dois resultados. Isso ocorre porque, em um aspecto crucial, não somos como um time esportivo. Na equipe da Netflix, não há um número fixo de posições. Nosso esporte não está sendo praticado conforme regras preestabelecidas e não temos limite para o número de jogadores em campo. Um funcionário não precisa perder para o outro vencer. Pelo contrário: quanto mais excelência tivermos na equipe, mais realizaremos. Quanto mais realizarmos, mais cresceremos. Quanto mais crescermos, mais cargos adicionaremos ao nosso quadro. Quanto mais cargos adicionarmos, mais espaço haverá para talentos de alto desempenho.

Pergunta 3

Em novembro de 2018, a revista *The Week* publicou uma matéria intitulada "A Cultura do Medo da Netflix". Ela cita Rhett Jones, do site de tecnologia Gizmodo, que contesta a Netflix por sua "honestidade brutal, jargão interno e medo permanente". Menos de um mês antes, Shalini Ramachandran e Joe Flint escreveram uma matéria para o *Wall Street Journal* com base em entrevistas com funcionários da Netflix: "Durante uma reunião de executivos de relações públicas da Netflix no fim do segundo trimestre, um deles disse que ia trabalhar todos os dias com medo de ser demitido."

Também descobri nas entrevistas que alguns funcionários da Netflix falam abertamente do medo de perder o emprego. Um exemplo é Marta Munk de Alba, recrutadora no escritório de Amsterdã. Ela é uma psicóloga licenciada que se mudou da Espanha para os Países Baixos em 2016 a fim de ingressar na equipe de recursos humanos da Netflix. Eis a sua história:

> Em meus primeiros meses de trabalho, eu morria de medo de que meus colegas descobrissem que eu não era digna de seu time dos sonhos e perdesse o emprego. Constatei em primeira mão a qualidade de meus colegas. Eu pensava: "Será que realmente pertenço a este lugar? Quanto tempo até eles descobrirem que sou uma farsa?" Todas as manhãs, eu entrava no elevador às oito e, ao apertar o botão do meu andar, era como se estivesse apertando um gatilho. Sentia falta de ar. Eu tinha certeza de que, quando as portas se abrissem, meu chefe estaria me esperando do outro lado para me demitir.
>
> Senti que, se eu perdesse o emprego, estaria perdendo a oportunidade mais importante da minha vida. Eu trabalhava que nem louca — até tarde da noite — e me esforçava mais do que nunca. Mas o medo continuava.

Derek, agora diretor na Netflix, forneceu outro exemplo:

> Durante meu primeiro ano na Netflix, todos os dias eu me perguntava se seria demitido. Por nove meses, não desempacotei meus pertences porque tinha certeza de que o dia que eu fizesse isso seria o dia que perderia o emprego. Não era só eu. Meus colegas de trabalho sempre falavam sobre o Teste de Retenção. Quando estávamos em um táxi ou almoçando, o assunto principal de nossas conversas era sempre demissão — aqueles que haviam sido demitidos recentemente, aqueles que pensávamos que seriam demitidos, se NÓS seríamos demitidos. Só percebi que meus medos eram infundados quando meu chefe me promoveu a diretor.

É claro que o Teste de Retenção aumenta a densidade de talento, mas também cria preocupações. Os funcionários relatam sentimentos que variam de "levemente preocupados" a "ocasionalmente aterrorizados" pela ideia de serem cortados da equipe.

Reed, o que você faz para minimizar uma cultura de medo na Netflix?

Resposta 3

No caiaque de água doce, você é instruído a olhar para a água clara e tranquila junto ao trecho perigoso que pretende evitar. Os especialistas descobriram que, se você encarar o que está evitando desesperadamente, é mais provável que reme naquela direção. Da mesma forma, na Netflix, dizemos a todos os funcionários que é melhor se concentrar no aprendizado, no trabalho em equipe e nas realizações. Se uma pessoa ficar obcecada com o risco de ser demitida (ou um atleta obcecado com o risco de se lesionar), não poderá agir com leveza e confiança, e isso poderá lhe trazer os próprios problemas que está tentando evitar.

A AMOSTRA DO TESTE DE RETENÇÃO

Há duas etapas adotadas na Netflix para minimizar o medo no escritório.

A primeira é encorajar qualquer funcionário que sinta o tipo de ansiedade discutido por Marta e Derek a lançar mão do que chamamos de "Amostra do Teste de Retenção" o mais rápido possível. Isso quase sempre melhora a situação.

Durante sua próxima reunião individual com seu chefe, faça a seguinte pergunta:

SE EU ESTIVESSE PENSANDO EM SAIR DA EMPRESA, O QUANTO VOCÊ SE ESFORÇARIA PARA ME FAZER MUDAR DE IDEIA?

Quando receber a resposta, você saberá exatamente sua situação. Chris Carey é engenheiro sênior de ferramentas no escritório da Netflix no Vale do Silício e um dos muitos que fazem essa pergunta com regularidade.

> Quando você solicita uma Amostra do Teste de Retenção ao seu chefe, há três resultados possíveis. Primeiro, ele pode dizer que se esforçaria muito para mantê-lo. Nesse caso, qualquer medo que você tenha a respeito de seu desempenho desaparecerá na mesma hora. Isso é bom.
>
> Segundo, seu chefe pode lhe dar uma resposta incerta com um claro feedback sobre como melhorar. Isso também é bom, porque você ouve o que precisa fazer para atingir a excelência em sua função.
>
> Terceiro, se seu chefe achar que não lutaria muito para mantê-lo, ele pode ter notado algo negativo em seu desempenho que não percebeu antes. Isso torna o ato de fazer a pergunta um

> tanto assustador. Mas ainda é bom porque desencadeia uma discussão objetiva sobre esse trabalho ser adequado a seu conjunto de habilidades e garante que você não seja pego de surpresa ao ouvir, em uma manhã qualquer, que foi demitido.

Quando Chris começou na Netflix, jurou que usaria a Amostra do Teste de Retenção todos os anos, em novembro, para nunca ser pego de surpresa.

> Sou um programador de software. Fico mais feliz quando passo 95% do meu tempo mergulhado em códigos de programação. Com um ano de trabalho na Netflix, minha vida era só alegria, completamente entregue à programação. Perguntei ao meu chefe: "Paul, você se esforçaria para me manter caso eu lhe dissesse que estou indo embora?" Sua resposta foi um sim retumbante. Aquilo foi ótimo.
>
> Mais tarde, herdei um projeto, também de programação, mas havia funcionários da Netflix usando a ferramenta que eu estava desenvolvendo. Paul sugeriu em várias ocasiões que eu organizasse entrevistas com grupos focais de usuários internos. Mas tenho um pouco de fobia social, então, em vez de realizar as reuniões, optei por usar minha própria intuição sobre como melhorar o produto.
>
> Novembro chegou, e mais uma vez solicitei a Paul a Amostra do Teste de Retenção. Dessa vez, a resposta foi menos positiva: "Neste momento, não sei se me esforçaria para mantê-lo. Você pode voltar ao cargo anterior, onde estava se destacando. Mas essa função exige que você interaja mais com nossos usuários. Se quiser manter esse trabalho, vai ter que liderar grupos focais e fazer apresentações. Isso o tirará da sua zona de conforto, e não sei se você será bem-sucedido."
>
> Decidi correr o risco. Trabalhei pesado. Fiz um curso de apresentação online e pratiquei com meus vizinhos. No dia da minha

primeira apresentação na Netflix, levantei às seis da manhã, andei de monociclo por quatro horas, tomei um banho e segui direto para a sala de reuniões para minha apresentação às onze. Meu objetivo era exaurir toda a minha ansiedade e não me dar tempo para ficar muito nervoso. Nas reuniões com grupos focais, tentei outros métodos, como vídeos antes das discussões, para minimizar o tempo que eu teria de falar diante de todos.

Ainda era maio, mas incluí o Teste de Retenção na pauta mais uma vez. Eu precisava saber se corria o risco de perder o emprego. "Você se esforçaria para me manter?", perguntei a Paul.

Paul olhou bem nos meus olhos e disse: "Você é excelente em 90% do trabalho. Você é inovador, meticuloso e trabalha com afinco. Nos outros 10%, você conseguiu incorporar o feedback e agora está indo bem. Você deve continuar se esforçando para interagir mais com nossos usuários internos. Mas você está fazendo um trabalho de alto nível. Se me dissesse que está indo embora, eu me esforçaria muito para mantê-lo."

Chris obteve informações importantes nas três vezes em que fez a pergunta. Na primeira, a resposta foi boa, mas não agregou muito valor. Na segunda foi mais estressante, mas forneceu-lhe um plano de ação direto. Na terceira, Chris ficou tranquilo ao saber que seus esforços estavam valendo a pena.

A segunda técnica que usamos para diminuir o medo da perda de emprego é o "Perguntas e Respostas Pós-Demissão".

PERGUNTAS E RESPOSTAS PÓS-DEMISSÃO

Não há nada mais ameaçador do que pessoas de sua equipe desaparecerem do quadro sem nenhuma palavra sobre como a decisão foi tomada ou quais sinais de alerta receberam. A maior preocupação que as pessoas têm quando descobrem que um colega foi demitido é se a pessoa recebeu feedback ou se a demissão surgiu do nada.

Yoka, especialista em conteúdo do nosso escritório em Tóquio, conta uma história que é particularmente relevante, considerando que, nas empresas japonesas, há uma tradição de empregos vitalícios. Ainda hoje, é raro um trabalhador ser demitido no Japão. Muitos de nossos funcionários japoneses nunca passaram pela experiência de ver um colega de trabalho ser demitido.

> Minha colega mais próxima, Aika, trabalhava para um homem chamado Haru, que não era nada bom como chefe. Aika e toda a sua equipe sofriam sob a gestão de Haru. Eu esperava que algo acontecesse, mas, quando Haru foi demitido, fiquei surpresa com a minha reação.
>
> Certa manhã, cheguei ao escritório um pouco mais tarde do que o habitual. Era janeiro, e as ruas estavam cobertas de neve. Aika correu até minha mesa com o rosto vermelho. "Você soube o que aconteceu?" O chefe de Haru, Jim, viera da Califórnia e se encontrara com Haru de manhã cedo, antes que mais alguém chegasse ao escritório. Quando Aika chegou, Haru já havia sido demitido, arrumava suas coisas e se preparava para se despedir dos colegas. Agora Haru se fora e não voltaríamos a vê-lo. Comecei a chorar. Eu não me sentia próxima a ele, mas não pude deixar de pensar: "E se algum dia eu chegasse ao trabalho e alguém estivesse esperando para me demitir?" A única coisa que eu queria saber era: Haru recebeu feedback? E se recebeu, o que lhe disseram? Ele sabia que isso poderia acontecer?

A melhor resposta quando algo difícil acontece é expor com muita clareza a situação para que todos possam lidar com o assunto de forma aberta. Quando você escolhe expor exatamente o que aconteceu, sua clareza e abertura eliminam os temores do grupo. Voltemos à história de Yoka:

Soube que às dez da manhã haveria uma reunião para a equipe de Haru e para qualquer outra pessoa que tivesse trabalhado com Haru ou que tivesse perguntas. Cerca de vinte pessoas se sentaram ao redor de uma grande mesa oval. O grupo estava muito quieto. Jim detalhou os pontos fortes e as deficiências de Haru e explicou por que achava que ele não era mais a melhor opção para o cargo. Ficamos em silêncio por um tempo. Jim perguntou se alguém tinha alguma dúvida. Levantei a mão e perguntei quanto feedback Haru recebera e se aquilo havia sido uma surpresa. Jim descreveu as conversas que ele e Haru mantiveram nas semanas anteriores. Ele contou que Haru ficou muito chateado e que, apesar de todo o feedback, pareceu um tanto surpreso.

Essas informações ajudaram a me acalmar e também a pensar em como administrar minhas próprias emoções. Liguei para minha chefe na Califórnia e falei que, se algum dia ela achasse que precisava me demitir, eu queria que ela me dissesse isso claramente. Eu a fiz prometer que, se ela precisasse me demitir, eu não seria pega de surpresa.

Reuniões como a organizada por Jim ajudam aqueles que trabalharam diretamente com um funcionário demitido a processarem o que aconteceu e a encontrarem respostas para suas perguntas.

O BALANÇO FINAL

A maioria das empresas faz o que pode para minimizar a rotatividade de funcionários. Custa caro encontrar e treinar novas pessoas, e por isso o senso comum prega que é mais barato manter os membros atuais da equipe do que encontrar gente nova. Mas Reed não presta muita atenção à taxa de rotatividade, acreditando que os custos de reposição não são tão importantes quanto garantir que cada cargo seja ocupado pela pessoa certa.

Portanto, considerando todo o foco nos Testes de Retenção, QUANTOS funcionários a Netflix demite anualmente?

De acordo com o Relatório de Análise Comparativa de Capital Humano da Society for Human Resource Management, a taxa média de rotatividade anual das empresas americanas nos últimos anos foi de cerca de 12% de rotatividade voluntária (pessoas que optaram por deixar a empresa por conta própria) e 6% de involuntária (pessoas que foram demitidas), o que totaliza uma média anual de 18%. Para empresas de tecnologia, a média anual é de 13% e, nos negócios de mídia e entretenimento, 11%.

No mesmo período, a rotatividade voluntária da Netflix permaneceu estável entre 3 e 4% (consideravelmente abaixo da média de 12% — o que significa que não são muitos que escolhem sair) e 8% da involuntária (o que significa que a Netflix demite 2% a mais do que a média de 6%), o que equivale a um total geral de 11 a 12% de rotatividade anual... ou quase a média do setor. Parece que realmente há muitos funcionários que os chefes de equipes da Netflix se esforçariam para manter.

O SÉTIMO PONTO

O Teste de Retenção ajudou a elevar a densidade de talento da Netflix a um nível raramente visto em outras organizações. Se cada chefe avaliar, cuidadosa e regularmente, se todos os funcionários de sua equipe são de fato a melhor escolha para seus cargos e substituir qualquer um que não seja, o desempenho de toda a empresa será elevado a novos patamares.

▶ LIÇÕES DO CAPÍTULO 7

- Para incentivar seus gestores a serem rigorosos com o desempenho, ensine-os a usar o Teste de Retenção: "Por quais dos meus funcionários, caso pedissem demissão para trabalharem em um cargo equivalente em outra companhia, eu lutaria, no sentido de mantê-los na Netflix?"

- Evite sistemas de classificação em pilha, pois eles criam competição interna e desencorajam a colaboração.

- Para definir uma cultura de alto desempenho, comparar sua empresa a um time esportivo é melhor do que defini-la como uma "família". Treine seus gestores para criarem um forte sentimento de comprometimento, coesão e camaradagem, ao mesmo tempo que tomam decisões difíceis para garantir que o melhor funcionário ocupe cada cargo.

- Quando perceber que precisa demitir alguém, em vez de colocar a pessoa em algum tipo de plano de melhoria de desempenho — o que é humilhante e dispendioso em termos de organização —, pegue todo esse dinheiro e direcione-o ao funcionário por meio de uma generosa rescisão.

- A desvantagem de uma cultura de alto desempenho é o medo que os funcionários sentem de perder o emprego. Para reduzir o medo, incentive-os a pedir a seus chefes uma Amostra do Teste de Retenção: "O quanto você se esforçaria para me fazer mudar de ideia caso eu estivesse pensando em sair da empresa?"

- Quando um funcionário for demitido, fale abertamente com sua equipe sobre o que aconteceu e responda às perguntas com sinceridade. Isso diminuirá o medo de ser o próximo e aumentará a confiança na empresa e em seus gestores.

Rumo a uma cultura de Liberdade com Responsabilidade

Você implementou o Teste de Retenção. Parabéns! Agora você tem uma força de trabalho com alto desempenho, de causar inveja em seus concorrentes. Com uma densidade tão alta de talento, sua empresa está destinada a crescer e, quando novas pessoas se juntarem à equipe, será necessário ajudá-las a se adaptar à sua maneira de trabalhar. À medida que crescemos aqui na Netflix, descobrimos que é especialmente difícil manter o alto nível de sinceridade, esse que é um dos fundamentos principais de nosso sucesso. A sinceridade é como ir ao dentista: muitas pessoas evitarão se puderem. No próximo capítulo, examinaremos algumas táticas simples para ajudar a manter os níveis de sinceridade em sua empresa sempre altos.

MAXIMIZE A SINCERIDADE...

8

UM CÍRCULO DE FEEDBACK

Há uma diretriz da Netflix que, caso praticada com assiduidade, forçaria todos a serem radicalmente sinceros ou radicalmente discretos: "Só fale de uma pessoa aquilo que você diria na cara dela." Quanto menos falarmos dos outros pelas costas, mais evitaremos as fofocas que geram ineficiência e sentimentos ruins — e mais nos livraremos do incômodo do que geralmente é conhecido como politicagem no trabalho. Enquanto estive na Netflix, tentei jogar dentro das regras de sua cultura. Essa em particular era mais difícil do que parecia.

Eu estava fazendo algumas entrevistas no Vale do Silício. Pautados pelo gerente de relações públicas, Bart, a maioria dos entrevistados tinha muitas histórias e muitos pontos de vista para contar. Heidi foi a exceção. Quando cheguei, ela estava de pé, conversando com dois colegas diante de sua escrivaninha, e desviou o olhar como se não estivesse me esperando, o que me forçou a tentar chamar sua atenção. Seu comportamento foi além do distanciamento, beirando a hostilidade. Ela foi monossilábica ao responder minhas perguntas, e terminei a entrevista mais cedo.

Enquanto esperava o elevador junto a Bart, nós conversamos. "Isso foi inútil. Ela claramente não estava preparada e não queria falar comigo", reclamei. No meio da frase, com minha visão periférica, vi Heidi passando por um corredor adjacente a menos de um metro e meio de onde estávamos. Não sei se ela ouviu o que eu disse, mas isso não impediu que um letreiro em néon surgisse em meu cérebro: "SÓ FALE DE UMA PESSOA AQUILO QUE VOCÊ DIRIA NA CARA DELA." Esse negócio de cultura Netflix estava ficando complicado. A maioria das pessoas passa parte do dia falando umas das outras pelas costas. Inclusive eu mesma, aparentemente.

Perguntei a Bart qual teria sido a reação "Netflix" correta. Eu não podia encerrar a reunião dizendo a Heidi: "Obrigada pelos oito minutos que me concedeu, mas claramente você não se preparou para isso e parecia incapaz de se importar."

Bart me olhou como se eu fosse um ganso fingindo ser um pato: "Você não trabalha na Netflix. Além do mais, você tinha apenas uma entrevista com Heidi, então seu feedback não ajudaria o projeto. Se você trabalhasse na Netflix e fosse se reunir com ela outra vez, deveria tentar lhe dar uma opinião antes da entrevista seguinte, provavelmente acrescentando uma reunião de feedback na agenda dela." Então Bart mostrou quem era o verdadeiro pato: "No futuro, precisarei que ela conceda entrevistas para outros escritores. Darei esse feedback a ela."

Mas nem todos na Netflix se sentem tão à vontade quanto Bart para fornecer feedbacks.

INDO AO DENTISTA

Dizer que a empresa valoriza a sinceridade é uma coisa. Manter isso enquanto a empresa cresce, novas pessoas se juntam à equipe e o número de relações aumenta, por outro lado, é mais desafiador. O problema se tornou óbvio para mim durante uma reunião individual com um diretor que trabalhava na Netflix havia quase um ano. Ele comentou: "Quando fui contratado, todos disseram que eu receberia um monte de feedback. Mas estou na Netflix há algum tempo e ainda não recebi nenhum."

Eu estava preocupado com isso quando fui à minha dentista para uma consulta de rotina. Ela cutucou bruscamente um de meus molares. "Você precisa fazer revisões mais regulares, Reed. Há alguns pontos na parte de trás que você não alcança ao escovar."

Foi quando percebi: sinceridade é como ir ao dentista. Mesmo que você incentive todos a escovar os dentes diariamente, alguns não vão fazer isso. E aqueles que fizerem ainda podem deixar passar os pontos desconfortáveis. Não posso garantir que a sinceridade que incentivamos ocorra todos os dias. Mas posso garantir que tenhamos mecanismos regulares para que os feedbacks mais importantes sejam comunicados. Em 2005, nos concentramos em encontrar ferramentas que os funcionários pudessem usar para receber feedbacks sinceros que não surgissem naturalmente ao longo do cotidiano de trabalho.

A escolha óbvia teria sido apostar em análises anuais de desempenho. Hoje em dia, ficou na moda descartá-las, mas, em 2005, quase todas as empresas usavam o recurso. Nesse sistema, o chefe declarava por escrito os pontos fortes e fracos do funcionário, acrescidos de uma classificação geral de desempenho, e realizava uma reunião individual para revisar essa avaliação.

Desde o início fomos contra as avaliações de desempenho. O primeiro problema é que, nesse caso, o feedback é feito apenas em uma direção: de cima para baixo. A segunda dificuldade é que, com uma análise de desempenho, você recebe feedback de apenas uma pessoa: seu chefe. Isso vai diretamente de encontro à nossa cultura de "não tente agradar ao chefe". Quero que as pessoas recebam feedback não apenas de seus gestores diretos, mas de qualquer pessoa que tenha um feedback a fornecer. A terceira questão é que as empresas em geral baseiam as análises de desempenho em metas anuais. Mas os funcionários e seus gestores não definem metas anuais ou KPIs na Netflix. Da mesma forma, muitas empresas utilizam avaliações de desempenho para determinar aumentos salariais, mas na Netflix baseamos os salários no mercado, não no desempenho.

Fomos atrás de um mecanismo que encorajasse todos a darem feedback a qualquer colega que desejassem, que refletisse o nível de sinceridade e transparência que tentávamos cultivar e que fosse consistente com nossa cultura de Liberdade com Responsabilidade. Após muitas experiências, agora usamos dois processos com regularidade.

1: DIGA SEU NOME: UM TIPO DIFERENTE DE 360 POR ESCRITO

Quando experimentamos pela primeira vez os testes anuais 360 por escrito, fizemos como todo mundo. Cada funcionário selecionava um punhado de pessoas das quais queria receber feedback, e essas pessoas preenchiam o relatório anonimamente, classificando o funcionário em uma escala de 1 a 5 em uma série de categorias e deixando comentários. Usamos o formato "Começar, Parar, Continuar" para os comentários a fim de garantir que as pessoas não se limitassem a dar tapinhas nas costas umas das outras e, sim, fornecessem um feedback concreto e de ação específica.

Alguns membros da equipe de gerenciamento acharam que, dada nossa cultura de sinceridade, não precisávamos do anonimato, mas eu acreditava que era importante. Em meio a toda a sinceridade no escritório, se alguém optasse por não dar um feedback direto para um colega durante o ano, devia ter um motivo. Talvez as pessoas estivessem preocupadas com a possibilidade de represálias. Achei que o anonimato seria um formato mais seguro e deixaria as pessoas mais à vontade para comentarem.

Contudo, quando finalmente aplicamos o 360, algo curioso ocorreu. Nossa cultura assumiu o controle. Muitas pessoas, incluindo Leslie Kilgore, se sentiram desconfortáveis demais para fazerem comentários *sem* assiná-los. "Parecia retrógrado passar o ano inteiro pedindo que os funcionários dessem feedback diretamente uns aos outros e, no 360, fingir que os comentários vinham de uma fonte secreta", explicou ela. "De qualquer modo, tudo o que eu estava escrevendo eu já dissera para as pessoas. Apenas fiz o que parecia natural, dada nossa cultura. Dei o feedback por escrito e o assinei."

Quando entrei para deixar meu próprio feedback para os outros, também me senti desconfortável, sabendo que poderia dizer o que quisesse e ninguém veria que o feedback vinha de mim. Tudo tinha um ar de desonestidade e confidencialidade que contradizia a cultura que eu tentava cultivar.

Naquele ano, depois que recebemos nossos relatórios 360 preenchidos e comecei a ler os comentários que nossos funcionários haviam deixado para mim, meu desconforto com o anonimato aumentou. Talvez as pessoas estivessem com medo de que, caso deixassem um feedback muito específico ou concreto, eu acabasse reconhecendo o autor, então mascararam as observações com obliquidade. Alguns comentários eram tão vagos que eu mal era capaz de entendê-los.

> "Pare: de enviar mensagens contraditórias sobre certos assuntos."
> "Pare: de ser tão insensível ao rejeitar uma ideia com a qual não concorda."

Eu não fazia ideia do que aquelas pessoas estavam falando. Não tinha como eu tomar nenhuma atitude específica a partir daqueles feedbacks. Como aquilo poderia me ajudar? Considerando que eu não sabia de quem eram os comentários, não podia pedir que desenvolvessem a questão. Além disso, o anonimato encorajou algumas pessoas a desabafarem de maneiras sórdidas e sarcásticas que não eram úteis para ninguém. Uma gerente me mostrou um comentário que recebeu: "Você é menos entusiasmada do que o burro do Ursinho Pooh." Como uma observação dessa poderia ser útil?

A abordagem de Leslie pegou. Na segunda vez que a Netflix aplicou o 360, a maioria dos funcionários, por iniciativa própria, optou por colocar o próprio nome. Isso significava que a minoria que escolheu permanecer anônima era fácil de reconhecer. "Se você pedisse que sete pessoas lhe dessem feedbacks e cinco delas os assinassem, seria muito fácil adivinhar qual das duas restantes dissera o quê", lembrou Leslie.

Na terceira rodada, todos assinaram as avaliações. "Parecia melhor, simples assim", contou Leslie. "As pessoas iam até a mesa de quem fornecera o feedback e iniciavam um diálogo. Essas conversas acabaram se revelando muito mais valiosas do que qualquer coisa escrita no relatório."

Leslie, Reed e a equipe de gerenciamento não viram nenhuma perda aparente de honestidade quando o feedback deixou de ser anônimo. Leslie acha que isso ocorreu "porque a Netflix já investira muito tempo na construção de uma cultura de sinceridade". Muitos alegaram que aquilo acabou aumentando a qualidade do feedback, pois as pessoas sabiam que os comentários seriam reconhecidos como seu trabalho.

Eis um comentário 360 que Reed recebeu em uma avaliação recente. Na essência, é a mesma reclamação que ele recebeu em 2005, só que dessa vez a pessoa forneceu exemplos e deixou o próprio nome, o que tornou as observações concretas e possibilitou uma ação específica:

> Você pode ser excessivamente confiante — e até agressivo — ao defender um posicionamento, desprezando visões diferentes da sua. Senti que isso aconteceu quando você estava defendendo a mudança para o Japão de nosso pessoal de Singapura que estava trabalhando na Coreia. É extremamente valioso que você faça perguntas e esteja aberto a mudanças radicais, mas, durante todo o processo de diligência, parece que já está decidido desde o início a alcançar determinado resultado e a desconsiderar contra-argumentos. — Ove

Eu me lembro exatamente das conversas a que Ove se refere, o que significa que posso avaliar meu próprio comportamento e pensar em como me adaptar de modo mais favorável em situações futuras. Mais importante: sabendo de quem era o feedback, pude procurar Ove e obter mais informações.

Agora, fazemos o feedback 360 por escrito todo ano, solicitando que cada pessoa assine seus comentários. Nossos funcionários não usam mais a avaliação na escala de 1 a 5, uma vez que não vinculamos o processo a aumentos, promoções ou demissões. O objetivo é ajudar todos a melhorar, não dividir as pessoas em categorias. A outra grande melhoria é que agora cada um pode dar feedback a quantos colegas quiser, em qualquer nível da organização — não apenas a subordinados diretos, gerentes da área ou alguns colegas de equipe que pediram avaliação. A maioria das pessoas na Netflix fornece feedback para ao menos dez colegas, embora seja mais comum pra trinta ou quarenta. Em meu relatório de 2018, recebi comentários de 71 pessoas.

O melhor disso é que o feedback 360 aberto instiga discussões valiosas. Compartilho sistematicamente com meus subordinados diretos os comentários que recebo, e meus subordinados compartilham seus comentários com suas equipes, até o último nível. Isso não apenas fortalece o senso de transparência como também cria "responsabilidade reversa", através da qual a equipe se sente incentivada a chamar a atenção do chefe por mau comportamento recorrente.

Ted Sarandos gosta de contar essa história sobre *bungee jumping* para demonstrar o valor dessa ação:

> Em 1997, quando eu trabalhava em Phoenix, antes da Netflix, fui a um evento de trabalho do tipo em que você tem algumas reuniões, mas também há atividades que incentivam o grupo a criar laços e se divertir. No estacionamento atrás do restaurante havia uma estação de bungee jumping. Por 15 dólares, você podia pular de um guindaste na frente de todo mundo. Ninguém estava fazendo aquilo, mas resolvi tentar. Depois, o cara que dirigia a estação me disse: "Por que não pula outra vez? Posso dar um segundo salto gratuito pra você." Aquilo me deixou curioso. "Por que você faria isso?", perguntei. Ele respondeu: "Porque quero que todos os seus colegas no restaurante vejam que você está feliz em saltar de novo. Se eles perceberem que não é tão assustador, talvez também decidam tentar."

É exatamente por isso que você, como líder, precisa compartilhar suas avaliações do 360 com suas equipes, em especial as críticas realmente sinceras sobre todas as coisas que você fez mal. Isso mostrará a todos que dar e receber feedback claro e capaz de gerar uma ação específica não é tão assustador.

Hoje, essa é uma prática comum entre os gestores da Netflix. Larry Tanz, vice-presidente de conteúdo (aquele que foi fazer uma entrevista no Facebook depois que Ted instruiu a equipe a atender ligações de recrutadores), tem outra história sobre uma reunião surpreendente com Ted durante suas primeiras semanas na Netflix, em 2014.

> Nos últimos cinco anos, eu trabalhara para o ex-CEO da Disney, Michael Eisner. Digamos apenas que nós da equipe de Michael não lhe dávamos muitos feedbacks negativos diretos. De onde eu vinha, o chefe podia ser sincero com você, mas qualquer feedback na direção contrária era bem incomum.
>
> Em minha segunda reunião na equipe de Ted, ele começou lembrando aos doze participantes que o 360 por escrito seria dali a alguns meses e que todos precisávamos adotar o hábito de fornecer feedback sincero uns aos outros. "Mesmo que não trabalhem juntos", disse ele, "vocês precisam estar próximos o bastante para sempre externarem críticas sinceras. Acabamos de encerrar uma rodada de 360 com a equipe de Reed. Vou ler para vocês os feedbacks que recebi."
>
> Fiquei realmente confuso. O que Ted estava fazendo? Em toda a minha vida, eu nunca tivera um chefe que me dissesse o que seus colegas e superiores estavam falando a seu respeito. Meu primeiro pensamento foi que ele selecionara o que iria nos dizer e que ouviríamos uma versão amenizada. Então, ele leu linha por linha os comentários de Reed, David Wells, Neil Hunt, Jonathan Friedland, todos esses caras. Ele não leu muitos comentários po-

sitivos, embora devesse haver alguns. Em vez disso, detalhou todos os comentários de desenvolvimento, incluindo:

- *Quando você não responde aos e-mails de minha equipe, parece hierárquico e desanimador, mesmo sabendo que não é assim que você trabalha ou pensa. Talvez seja porque precisamos estabelecer mais confiança, mas preciso que você seja mais generoso com seu tempo e suas ideias, para que minha equipe possa servir melhor à sua organização.*

- *Suas discussões com Cindy, que mais parecem a de um casal de idosos, não são o melhor modelo de interação entre executivos. Ambas as partes deveriam ouvir mais e serem mais compreensivas.*

- *Pare de evitar conflitos abertos dentro da equipe. A coisa apenas se alastra e volta ainda maior. As origens da explosão de Janet e do drama do papel de Robert surgiram há mais de um ano. Teria sido melhor abordar o assunto direta e intensivamente um ano atrás em vez de todos sofrerem e o moral despencar.*

Ted leu esses itens como se estivesse lendo uma lista de compras de supermercado. Pensei: "Uau, será que eu teria coragem o bastante para compartilhar comentários a meu respeito com minha equipe?"

Aparentemente, sim: "Desde essa reunião, tento fazer com minha própria equipe o mesmo que Ted fez conosco, não apenas na época do 360 por escrito, mas sempre que alguém me fornece feedback de desenvolvimento. E sugeri aos líderes que trabalham para mim que façam o mesmo com suas equipes."

Embora o exercício do 360 por escrito tenha estabelecido um feedback sincero regular e muitos optassem por discuti-lo após a publicação dos relatórios, não era garantido que as discussões abertas estivessem de fato ocorrendo. Se Chris-Ann dá um feedback 360 por escrito para Jean-Paul dizendo que os sussurros dele nas reuniões com clientes estão prejudicando suas vendas, mas Jean-Paul nunca fala com Chris-Ann nem com qualquer outra pessoa sobre o comentário, isso se transforma em uma coisa secreta. Para resolver esse problema, Reed implementou o processo a seguir.

2: 360 AO VIVO

Em 2010, instituímos com solidez e muito sucesso nossa versão do processo 360 por escrito. Mas, dadas as demais medidas que tomamos para aumentar a transparência em toda a empresa, senti que poderíamos ir além. Então comecei a realizar algumas experiências para ver se o aumento de transparência em minha própria equipe executiva se difundiria pelo resto da empresa. A primeira coisa que tentei foi uma atividade com meus subordinados diretos.

Nós nos encontramos no antigo prédio da Netflix no Vale do Silício, no número 100 da Winchester, em uma saleta minúscula chamada Inferno na Torre. Leslie e Neil formaram uma dupla e foram para um canto da sala, Ted e Patty foram para outro, e assim por diante. O exercício era um pouco parecido com um encontro rápido entre casais, só que era um encontro rápido de feedback. Cada dupla teve alguns minutos para passar um feedback um para o outro, seguindo o método "Começar, Parar, Continuar". Então, os pares iam mudando, criando novas duplas. Depois, formamos um círculo com os oito participantes e relatamos o que aprendemos. O exercício com duplas correu bem, mas a discussão em grupo foi de longe a parte mais importante da sessão.

Então, na vez seguinte, pulamos direto para a discussão em grupo. Decidi fazer essa segunda experiência durante um jantar, sem mais nada programado, para não nos sentirmos apressados. Nós nos encontramos em um restaurante chamado Plumed Horse, em Saratoga, um pequeno e pitoresco vilarejo a uma curta distância de carro do escritório. Quando chegamos, as árvores estavam decoradas com luzes, como vaga-lumes em uma floresta. Entramos e o restaurante aparentemente pequeno se abriu em uma grande caverna, levando a uma sala silenciosa e reservada.

Ted se ofereceu para ser o primeiro. Formamos um círculo, e cada um lhe forneceu feedback, usando o método "Começar, Parar, Continuar". Naquela época, Ted era um dos poucos funcionários que ficava em Los Angeles, viajando para o Vale do Silício uma vez por semana. Toda quarta-feira, ele corria até o escritório e tentava amontoar três dias de discussões em seis horas. David, Patty e Leslie forneceram a Ted um feedback a respeito de quão agitado o dia que ele passava no escritório era para todo mundo. "Quando você sai na quarta-feira à tarde, parece que uma lancha passou por lá, deixando para trás uma ondulação enorme", explicou Patty. "É estressante e perturbador para todo o escritório."

Eu pretendia conversar com Ted sobre o assunto, mas agora não precisava mais. Depois dessa sessão, ele reorganizou sua agenda para ir ao Vale do Silício em viagens mais longas e resolver mais coisas pelo telefone antes de suas visitas. Ted viu como suas ações incomodavam todos, e falar abertamente sobre aquilo o fez encontrar uma maneira melhor de atuar.

Essa é a primeira razão pela qual os 360 ao vivo são tão úteis. Os indivíduos se tornam responsáveis por seus comportamentos e ações perante a equipe. Dada a liberdade que concedemos aos funcionários, somada ao clima geral de "não tente agradar ao chefe", essa corresponsabilidade age como uma rede de segurança. O chefe não diz ao funcionário o que fazer. Mas, se o funcionário agir de modo irresponsável, receberá feedback do grupo.

Em seguida, foi a vez de Patty. Neil disse a ela: "Durante nossas reuniões, você fala muito, e eu não consigo dizer nada. Sua paixão rouba todo o ar." Contudo, na sua vez, Leslie discordou: "Estou surpresa com os comentários de Neil. Acho que você é uma ótima ouvinte que sempre garante que todos tenham o mesmo tempo para falar."

Ao fim da noite, cada pessoa apresentou uma breve síntese das principais conclusões a que chegara. Patty disse: "Quando estou em reuniões com pessoas mais reservadas, como Neil, compenso o silêncio da pessoa falando mais. Quando estou com outras pessoas mais falantes, como Leslie, não tenho esse problema. Em minha equipe, há muitas pessoas mais caladas e que às vezes nem falam em nossas reuniões. Vou começar a deixar os últimos dez minutos de cada reunião de meia hora para que todos possam falar. Se ninguém disser nada, ficaremos em silêncio."

Como sou uma pessoa falante, eu nem sabia que alguns achavam que Patty monopolizava o ambiente. Não saberia lhe dar um feedback desse porque isso não caracterizava as interações que eu tinha com ela. Isso demonstrou por que é tão importante os funcionários receberem feedback não apenas do chefe, mas dos colegas de equipe. A sessão me ajudou — e a todos no grupo — a entender as tensões da equipe de uma forma nova e surpreendente. Vi que o jantar fora uma maneira de todos entendermos melhor a dinâmica interpessoal que moldava nossa eficiência coletiva e trabalharmos juntos para aprimorarmos nossa colaboração.

Logo depois, muitos membros de minha equipe praticaram o mesmo exercício com as próprias equipes e, finalmente, isso se tornou uma atividade comum em toda a empresa. Não é obrigatória. É possível encontrar um funcionário da Netflix que nunca tenha passado por um 360 ao vivo. Mas nossos gestores acharam o método tão vantajoso que hoje a maioria de nossas equipes faz algo semelhante ao menos uma vez por ano. A essa altura, já entendemos o processo muito bem, e, na verdade, não é tão difícil de ser executado, desde que você defina o contexto e tenha um moderador forte. Se quiser experimentar o 360 ao vivo, aqui vão algumas dicas:

Duração e localização: um 360 ao vivo levará várias horas. Faça-o durante um jantar (ou pelo menos inclua uma refeição) e em grupos pequenos. Às vezes, fazemos sessões com dez ou doze pessoas, mas oito ou menos é mais gerenciável. Para um grupo de oito, você precisará de cerca de três horas. Com um grupo de doze pessoas, pode durar até cinco horas.

Método: Todo feedback deve ser fornecido e recebido como um presente de ação específica, seguindo as diretrizes de feedback dos 4As descritas no capítulo 2. O líder precisará explicar isso com antecedência e monitorar a questão durante a sessão.

Feedback de ação específica positiva (continue a...) é bom, mas mantenha-o sob controle. Dosar 25% de feedback positivo e 75% de feedback de desenvolvimento (comece a... pare de...) é uma boa proporção. Qualquer comentário que não gere ação específica ("acho que você é um ótimo colega" ou "adoro trabalhar com você") deve ser desencorajado e eliminado.

Para começar: As primeiras interações de feedback definirão o tom da noite. Escolha um receptor que receberá um feedback difícil com abertura e apreço. Escolha alguém que fornecerá um feedback rigoroso, embora seguindo as diretrizes dos 4As. Muitas vezes, o chefe prefere ser o primeiro a recebê-los.

Os 360 ao vivo funcionam devido à nossa alta densidade de talento e à política de "nada de gênios arrogantes". Se seus funcionários são imaturos, têm atitudes ruins ou lhes falta autoconfiança para demonstrar em público sua vulnerabilidade, talvez você não esteja pronto para promover esses eventos. E mesmo que esteja totalmente pronto, precisará de um moderador firme que garanta que cada feedback se enquadre na estrutura dos 4As e intervenha caso alguém passe dos limites.

Scott Mirer, vice-presidente de ecossistema de dispositivos parceiros, lembrou-se de um incidente em que uma pessoa passou dos limites durante o 360 ao vivo de sua equipe, mas ele não abordou o problema na hora. Esse tipo de situação é raro, embora perigoso. Portanto, o líder precisa ficar atento.

> Fiz minha equipe de gerenciamento de nove pessoas participar de um jantar 360 ao vivo. Temos um gerente muito legal chamado Ian, e ele estava dando seus feedbacks. Quando chegou a vez de sua colega Sabina receber feedback, Ian disse: "A maneira como

> você trabalha me lembra o filme *Mulheres à Beira de um Ataque de Nervos*." Ele disse isso com um sorriso, e Sabina meneou a cabeça e fez uma anotação. Naquele momento, por algum motivo, não me ocorreu — e acho que a mais ninguém da equipe — o quanto a afirmação era inadequada, já que todos deixamos passar. Uma semana depois, soube que Sabina ficara aborrecida por dias após o evento. "Não é solidário nem útil usar comparações cheias de estereótipos ao fornecer feedback", confidenciou a um colega.

Se, ao fornecer feedback, alguém fugir das diretrizes dos 4As para falar de modo sarcástico, agressivo ou inútil durante um 360 ao vivo, o líder precisará intervir e corrigir o comentário na hora. Trabalhamos amplamente com nossos líderes para garantir que todos se sintam incluídos e para que cada membro da equipe entenda como comentários mal pensados podem alimentar preconceitos, ainda que de maneira inconsciente. Scott perdeu essa oportunidade. Mas, nesse caso, a cultura de sinceridade da empresa salvou a situação.

> Chamei Sabina e pedi desculpas por não ter percebido quão inadequado fora o comentário de Ian. Mas Sabina me contou que não estava mais chateada. Ela já falara com Ian, que lhe pedira desculpas, e os dois se reuniram por mais de uma hora para discutirem a questão. Portanto, embora tenha sido um momento desastroso, creio que, no geral, foi bom para o relacionamento dos dois. Desde então, tenho tomado o maior cuidado de me antecipar sempre que um feedback começa a passar dos limites.

Humilhação pública? Isolamento do grupo? Vergonha coletiva? Se essas palavras surgiram em sua mente enquanto lia as últimas páginas, provavelmente você não está sozinho.

A maioria dos funcionários da Netflix chega receoso ao seu primeiro 360 ao vivo. Larry Tanz (o mesmo que ficou chocado ao ouvir Ted detalhar à equipe os feedbacks recebidos em seu 360) explicou a experiência da seguinte maneira:

> Ser publicamente depenado me parece uma tortura. Toda vez que participo de um 360 ao vivo, fico nervoso. Contudo, depois que começa, você vê que vai dar tudo certo. Como todo mundo está assistindo, as pessoas têm o cuidado de serem generosas e solidárias no modo como fornecem o feedback — a intenção é ajudá-lo a ser bem-sucedido. Ninguém quer constrangê-lo ou atacá-lo. Se alguém passar do limite, quase sempre receberá um feedback imediato sobre o próprio feedback: "Ei, isso não ajuda!" Se a sessão ao vivo for boa, todos receberão um monte de conselhos difíceis, então você não ficará em evidência. Quando finalmente chegar sua vez, pode ser difícil ouvir o que as pessoas têm a dizer, mas esse é um dos maiores presentes para seu desenvolvimento que você ganhará na vida.

Quase todos os funcionários da Netflix têm uma história sobre como o 360 ao vivo os ajudou. Alguns acham que esses eventos são momentos agradáveis para criar laços com os colegas. Outros gostam daquilo tanto quanto Reed gosta de suas visitas anuais ao dentista: eles sabem que é útil, mas ficam nervosos até a sessão terminar. A francesa Sophie, gerente de comunicações baseada no escritório de Amsterdã, se enquadra na segunda categoria.

> Como a maioria dos franceses, construo um argumento do modo como aprendemos na escola. Apresento a base, construo a teoria, respondo a quaisquer desafios ao argumento e depois chego às minhas conclusões. Introdução, tese, antítese, síntese: é assim

que nós, franceses, aprendemos a analisar após muitos anos de escola.

Os americanos geralmente aprendem a "ir direto ao assunto e se ater a ele". Para um francês, nossa reação é: "Como você pode chegar a uma conclusão quando nem explicou seu argumento?!" A Netflix, claro, é uma empresa de origem norte-americana. Meu chefe e a maioria de meus colegas de equipe são americanos. Sem que eu soubesse, minha abordagem de comunicação não estava funcionando para eles como eu pretendia.

Em novembro de 2016, meu chefe liderou um evento 360 ao vivo para a equipe. Estávamos em uma sala privativa no Waldorf Astoria em Amsterdã para um jantar de quatro pratos. Era literalmente uma noite "escura e tempestuosa", e estávamos em uma sala decorada em estilo medieval, onde a única luz vinha de um grande lustre de cristal pendurado acima de uma grande mesa retangular de madeira. Eu estava nervosa, mas me acalmei pensando em tudo o que havia realizado em meu curto período na Netflix. Eu achava que, evidentemente, era uma "colega incrível".

Quando chegou a minha vez de receber feedback, minha colega Joelle começou dizendo que eu precisava melhorar minhas habilidades de comunicação. Ela falou que eu perdia a atenção do ouvinte e demorava muito para chegar ao ponto. Eu pensei: "Eu? Má comunicadora? Sou especialista em comunicação! Minha maior habilidade é minha capacidade de me comunicar!" Aquele feedback não fez sentido para mim, então me preparei para descartá-lo.

Mas então meus outros colegas americanos, um após o outro, começaram a me fornecer feedbacks: muitas coisas legais, mas também "Você é muito teórica", "Suas mensagens não são claras o bastante", "Sua escrita dispersa a atenção do leitor". Depois da quinta pessoa, pensei: "Certo, entendi! Não precisam se juntar contra mim." Na sétima pessoa, comecei a ficar na defensiva. Eu tinha vontade de responder: "Ei, americanos, tentem trabalhar

> em uma empresa francesa e vejam o que vão achar de seu estilo de escrita!"

Contudo, até mesmo para Sophie, receber o feedback compensou o desconforto da noite.

> O jantar aconteceu há dois anos e foi para mim o momento de desenvolvimento mais importante da década. Fiz grandes progressos em minha adaptabilidade. Dominei a alternância entre os padrões de comunicação americano e francês, o que é incrivelmente desafiador, mas meus colegas me parabenizaram nas sessões mais recentes do 360 ao vivo. Odiei aquela noite no Waldorf, mas, sem aquilo, eu acabaria sendo reprovada no Teste de Retenção. Acho que não estaria na Netflix hoje.

Esse é o tipo clássico de resposta que você recebe quando pergunta aos funcionários da Netflix como é ter suas "áreas a serem melhoradas" jogadas na mesa de jantar para todos ouvirem. Às vezes é constrangedor. Muitas vezes é desconfortável. Mas, no fim das contas, estimula o desempenho. E, para Sophie, pode ter salvado seu emprego.

O OITAVO PONTO

Se você leva a sinceridade a sério, precisa implementar mecanismos para garantir que ela ocorra. Com apenas dois processos institucionais, você garante que todos recebam sinceros feedbacks de desenvolvimento em intervalos regulares.

▶ **LIÇÕES DO CAPÍTULO 8**

- A sinceridade é como ir ao dentista. Mesmo que você incentive todos a escovarem os dentes todos os dias, alguns não escovarão. Quem o fizer, ainda pode deixar de fora pontos desconfortáveis. Uma sessão completa a cada seis ou doze meses garante dentes limpos e feedback claro.

- Avaliações de desempenho não são o melhor mecanismo para um ambiente de trabalho sincero, principalmente porque o feedback costuma ser apenas em um sentido (de cima para baixo) e provém de só uma pessoa (o chefe).

- Um relatório 360 por escrito é um bom mecanismo de feedback anual. Mas evite o anonimato e as classificações numéricas, não vincule resultados a aumentos ou promoções e abra os comentários para quem estiver disposto a fazê-los.

- Jantares com 360 ao vivo são outro processo eficaz. Reserve algumas horas fora do escritório. Dê instruções claras, siga as diretrizes dos 4As e use o método "Começar, Parar, Continuar", com aproximadamente 25% de feedbacks positivos e 75% de feedbacks de desenvolvimento — todos de ação específica e sem conversa fiada.

Rumo a uma cultura de Liberdade com Responsabilidade

Após implementar o Teste de Retenção, você alcançará um alto nível de densidade de talento em seu escritório. Agora, com a implementação dos processos de feedback 360 escritos e ao vivo, você não apenas tem um clima de sinceridade no escritório como também ferramentas institucionalizadas para garantir que os funcionários falem aberta e honestamente uns com os outros. Com tanto talento e sinceridade, você agora pode dedicar tempo a ensinar seus líderes a abandonarem quaisquer controles que estejam mantendo. Falamos sobre liberdade de tomada de decisão no capítulo 6, então, teoricamente, sua equipe está pronta. Contudo, para desenvolver um verdadeiro ambiente de Liberdade com Responsabilidade, você precisará ensinar todos os gestores de sua empresa a liderarem com contexto em vez de com controle. Esse é o tópico do próximo capítulo.

E ELIMINE A MAIORIA DOS CONTROLES...!

9

LIDERE COM CONTEXTO EM VEZ DE COM CONTROLE

Adam Del Deo, diretor de programação de documentários originais da Netflix, sentiu-se nauseado ao desligar o telefone. Parado no saguão do Washington School House Hotel, em Park City, Utah, ele se apoiou na parede, respirou fundo e fechou os olhos. Quando os abriu, seu colega, o conselheiro sênior Rob Guillermo, estava a seu lado. "Ei, Adam, tudo bem? Tem alguma notícia do lance do *Icarus*?"

Adam e Rob estavam participando do Festival de Cinema de Sundance em janeiro de 2017. No dia anterior, ambos assistiram a um documentário, *Icarus*, sobre o escândalo de doping na Rússia. Segundo Adam, fora um dos melhores documentários que ele já vira:

> Acompanha a história maluca de um jornalista do Colorado, Bryan Fogel, que também é ciclista e quer fazer uma experiência para ver se consegue se drogar, se safar como Lance Armstrong e demonstrar o enorme desenvolvimento que o doping lhe proporcionaria em uma corrida de bicicleta. Através de um contato, ele chega até o chefe do programa antidoping da Rússia, um tal de Rodchenkov, que concorda em ajudar. Eles se tornam amigos

> no Skype. No entanto, em meio à experiência de Bryan, a Rússia é acusada de dopar seus atletas olímpicos — e é Rodchenkov quem está implementando esse programa de doping (paralelamente ao seu programa antidoping!). Rodchenkov foge da Rússia e se esconde na casa de Fogel, com medo de que Putin faça com que ele seja morto.
>
> Não dá para inventar uma história assim. O filme é completamente fascinante.

Adam queria desesperadamente que a Netflix conseguisse aquele filme. Diziam por aí que a Amazon, o Hulu e a HBO também o queriam. Ele fizera um lance de 2,5 milhões de dólares naquela manhã — uma quantia enorme para um documentário —, mas acabara de descobrir que a oferta era muito baixa. Será que deveria ter oferecido 3,5 milhões? Quatro milhões? Nenhum documentário jamais chegara a tanto. Ele e Rob discutiam a oferta quando Ted Sarandos entrou no saguão vindo da sala de café da manhã, logo ao lado. Eles lhe disseram qual era a situação do *Icarus*, e Ted perguntou o que pretendiam fazer. Adam se lembra da conversa:

> "Talvez subamos para 3,75 ou 4 milhões de dólares, mas é uma enorme quantia a se oferecer por um documentário. Isso redefiniria por completo o mercado", falei, atento à reação de Ted.
>
> Ted me encarou e disse "Bem, esse é 'O FILME'?", fazendo aspas com os dedos, como se fosse algo importante. Fiquei nervoso. Para mim era O FILME. Mas seria O FILME para ele? Perguntei: "O que você acha, Ted?"
>
> Ele começou a andar em direção à porta. Estava claro que não responderia à minha pergunta. "Olhe", falou. "Não importa o que eu penso. Você é o cara dos documentários, não eu. Nós pagamos VOCÊ para que tome essas decisões. Mas pergunte a si mesmo se esse é O FILME. Será um grande sucesso? Será indicado ao Oscar

> como *Super Size Me: a Dieta do Palhaço* ou *Uma Verdade Inconveniente*? Se não for, é muito dinheiro. Mas, se esse for O FILME, você deve pagar o que for preciso: 4,5 milhões, 5 milhões de dólares. Se esse for O FILME, faça a compra."

Dez anos antes, em 2007, Leslie Kilgore cunhara uma frase que agora é usada em toda a Netflix para descrever exatamente o que Ted estava fazendo ao sair pelo saguão do hotel: "Lidere com contexto em vez de com controle." Com tanto dinheiro em jogo, em qualquer outra empresa o chefe se envolveria e controlaria as negociações. Mas não é assim que exercemos a liderança na Netflix. Como explicou Adam: "Ted não estava disposto a tomar a decisão por mim, mas definiu um contexto amplo para me ajudar a alinhar meu pensamento com a estratégia da empresa. Esse contexto estabeleceu as bases para que eu tomasse a minha decisão."

CONTROLE VERSUS CONTEXTO

Liderar com controle é algo familiar para a maioria. O chefe aprova e dirige as iniciativas, ações e decisões da equipe. Às vezes, pode controlar as decisões dos funcionários por meio de supervisão direta — dizendo a eles o que fazer, realizando verificações frequentes e corrigindo qualquer trabalho em desacordo com o que ele deseja. Outras vezes, ele pode tentar dar mais autonomia a seus funcionários, evitando a supervisão direta, mas implementando processos de controle.

Muitos líderes recorrem a processos que deem ao funcionário alguma liberdade para abordar uma tarefa como quiser, embora ainda permitam ao chefe a oportunidade de controlar o quê e quando é feito. Por exemplo, o chefe pode implementar sistemas de gerenciamento por objetivos, onde trabalha com o funcionário para definir os indicadores-chave de desempenho. A partir disso, ele monitora o progresso do funcionário em intervalos regulares, julgando o desempenho final do indivíduo com base em sua capacidade de atingir os objetivos predeterminados no prazo e dentro do orçamento. O chefe também pode tentar controlar a qualidade do trabalho de seus funcionários implementando procedimentos de minimização de erros, como revisar o trabalho antes de enviá-lo ao cliente ou aprovar compras antes que os pedidos sejam feitos. Esses são processos que permitem ao gestor dar alguma liberdade ao funcionário, ao mesmo tempo que exerce boa dose de controle.

Por outro lado, liderar com contexto é mais difícil, mas dá muito mais liberdade aos funcionários. Você lhes fornece toda a informação possível, de modo que os membros de sua equipe tomem grandes decisões e realizem o trabalho sem supervisão ou processos que controlem suas ações. O benefício é que a pessoa fortalece sua capacidade de tomada de decisões a fim de fazer escolhas independentes melhores no futuro.

Liderar com contexto não funcionará a menos que você crie as condições ideais para isso. E o primeiro pré-requisito é a alta densidade de talento. Se você já gerenciou alguém, mesmo que apenas seus filhos ou um empregado em sua casa, entenderá por quê.

Imagine, por exemplo, que você é pai de um garoto de 16 anos. Ele adora desenhar mangás, resolver problemas complexos de Sudoku e tocar saxofone. Ultimamente, também começou a ir a festas com amigos mais velhos nas noites de sábado. Você já avisou que não quer que ele tome bebidas alcoólicas e dirija, ou entre em um carro cujo motorista tenha bebido, mas toda vez que ele sai, você fica preocupado. Há duas maneiras diferentes de abordar o problema:

1. Você decide a quais festas seu filho pode ir (e a quais não pode) e monitora suas atividades enquanto ele estiver na festa. Se ele quiser sair no sábado à noite, há um processo. Primeiro, ele precisa explicar quem estará presente e o que eles farão. Então você tem que falar com os pais donos da casa onde a festa acontecerá. Durante essa conversa, você verifica se um adulto estará presente e se haverá álcool disponível. De posse dessas

informações, você decidirá se seu filho pode ir ou não. Em caso de aprovação, você ainda colocará um rastreador no telefone dele para se certificar de que essa será de fato a única festa à qual ele irá. Isso seria liderar com controle.

2. A segunda opção seria definir o contexto, de modo que você e seu filho estejam alinhados. Você conversa com ele sobre por que os adolescentes bebem e os perigos associados a beber e dirigir. Na segurança de sua cozinha, você apresenta diferentes tipos de bebida alcoólica em copos e discute o quanto de cada um deles é necessário beber para ficar alegre, bêbado ou apagar, e como isso afeta a eficiência na direção (e a saúde em geral). Você lhe mostrará um vídeo educacional no YouTube sobre beber e dirigir e todas as implicações que isso traz. Depois de se certificar de que ele entendeu claramente a gravidade dos perigos que advêm de beber e dirigir, você o deixa ir a qualquer festa que ele desejar sem nenhum processo ou supervisão que restrinja as ações dele. Isso seria liderar com contexto.

Sua escolha muito provavelmente vai depender do seu filho. Se ele já demonstrou pouca capacidade de discernimento no passado e você não confia nele, pode acabar escolhendo ser um pai controlador. Mas, se você sabe que ele é sensato e confiável, pode definir o contexto e esperar que ele adote um comportamento seguro. Ao fazer isso, você o prepara não apenas para tomar boas decisões em seus sábados à noite como também para tomar decisões responsáveis entre a gama de situações sedutoras que ele enfrentará nos próximos anos.

Se você tem um filho responsável, a segunda opção parece a mais óbvia. Quem quer ser um pai autoritário? E por que você não iria querer que um adolescente assumisse a responsabilidade pela própria segurança? Contudo, em diversas situações a escolha não é tão clara. Considere o seguinte cenário:

Você é a matriarca de uma Downton Abbey (uma família aristocrática com sotaque arrogante, muito drama e muito dinheiro) moderna. Seus filhos adultos estão vindo para sua casa passar um mês de férias, e você contratou alguém para preparar o jantar. Sua família é complicada quando se trata de comida. Um é diabético, outro é vegetariano e uma terceira pessoa faz dieta *low-carb*. Você sabe como e o que cozinhar para essa multidão, mas como essa chef que você contratou e que não conhece sua família vai administrar tudo isso? Mais uma vez, você tem duas opções:

1. Você fornece à chef uma programação e um conjunto de receitas, especificando exatamente o que fazer todas as noites. Você determina quanto fazer de cada prato e indica quando um ingrediente deve ser substituído por outro. Você pede para provar cada item do menu antes de ser servido a fim de garantir que esteja temperado da forma certa e que o prato esteja cozido com perfeição. Tudo o que ela precisa fazer é seguir suas instruções. É claro que ela também pode sugerir as próprias ideias de receitas. Só precisa de sua autorização para prepará-las. Isso seria liderar com controle.
2. Você conversa com ela sobre os detalhes dos diversos requisitos alimentares de sua família. Explica os princípios de uma dieta *low-carb* e o que um diabético pode ou não comer. Você lhe mostra receitas que já preparou com sucesso, outras que não deram certo e as substituições comuns que experimentou. Você explica que todas as refeições devem incluir alguma proteína para todo mundo e uma salada, ou pelo menos um vegetal. Vocês duas alinham muito bem o que tornará cada refeição um sucesso. Então você pede a ela que encontre receitas e escolha o que cozinhar por conta própria. Isso seria liderar com contexto.

Na primeira opção, você sabe o que será servido e tem certeza de que sua família vai gostar da comida. Você eliminou a maior parte da possibilidade de sua chef fracassar ou cometer algum erro. Portanto, se você tem uma chef com pouca experiência, que não parece confortável para tomar iniciativa e não demonstra um comportamento empreendedor o suficiente para buscar boas receitas, mas não exista ninguém comprovadamente mais talentoso disponível, a primeira opção será a escolha ideal para você. A segunda é muito arriscada.

Essa segunda, no entanto, se torna interessante se você confiar no discernimento e na habilidade da pessoa que contratou. Uma chef com alto desempenho terá a liberdade de selecionar e experimentar receitas por conta própria. Ela poderá oferecer opções de refeições mais inovadoras do que você seria capaz. Se cometer erros, ela aprenderá com eles e, quando as férias acabarem, sua família se lembrará dos fabulosos banquetes preparados por ela.

Portanto, a primeira pergunta que você precisa responder ao escolher entre liderar com contexto ou controle é: "Qual o nível de densidade de talento de minha equipe?" Se seus funcionários estiverem enfrentando dificuldades, você precisará controlar e verificar o trabalho deles para garantir que estão tomando as melhores decisões. Se você tem um grupo de funcionários com alto desempenho, é provável que eles anseiem por liberdade e prosperem se você liderar com contexto.

Mas decidir liderar com contexto ou com controle não se resume apenas à densidade de talento. Você também deve considerar sua indústria e o que está tentando alcançar.

SEGURANÇA EM PRIMEIRO LUGAR?

Dê uma olhada nestes recortes a respeito de duas empresas que foram bem-sucedidas em anos recentes. Considere qual organização teria maior possibilidade de lucrar com a liderança por controle (com processos de supervisão e/ou minimização de erros) e qual — supondo uma alta densidade de talento — se beneficiaria da liderança através de contexto.

Comecemos com a ExxonMobil. Eis um pequeno trecho extraído de seu site:

ExxonMobil

Desde 2000, reduzimos a frequência de acidentes com afastamento de nossa força de trabalho em mais de 80%. Embora esse número esteja caindo, incidentes de segurança de fato acontecem. Lamentamos profundamente que dois trabalhadores contratados tenham sofrido ferimentos fatais relacionados às operações da ExxonMobil em 2017. Um dos acidentes ocorreu em uma plataforma de perfuração terrestre, e o outro em uma refinaria em construção. Investigamos minuciosamente as causas desses ocorridos e os fatores que contribuíram para tais, de modo a evitar eventos semelhantes no futuro e disseminar nossas descobertas para o resto do mundo. Também nos associamos a grupos de trabalho intersetoriais, com representantes das indústrias de petróleo e gás, entre outras, como o Campbell Institute, no Conselho Nacional de Segurança, para melhor compreendermos as causas de ferimentos graves e fatalidades. Continuaremos a promover uma mentalidade de segurança em primeiro lugar entre os funcionários e contratados da ExxonMobil até atingirmos nosso objetivo de termos um local de trabalho onde *Ninguém se Machuque*.

O segundo exemplo vem da Target, gigante de varejo americana. Em 2019, a *Fast Company* classificou-a como a décima primeira empresa mais inovadora do mundo. Eis aqui um trecho da matéria:

Target

O apocalipse do varejo atingiu com força muitas grandes empresas do ramo: J.C. Penney, Sears e Kmart, todas fraquejaram à medida que o *e-commerce* crescia, diminuindo a frequência das lojas físicas. Contudo, diante desses desafios, a Target agilmente se adaptou às preferências do consumidor moderno. A empresa tem uma rede de mais de 1,8 mil lojas espalhadas pelos Estados Unidos em todos os formatos, desde imensas SuperTargets até lojas menores de formato flexível em centros urbanos, que atendem às necessidades específicas daqueles consumidores. A marca também investiu em sua presença online, com um website eficiente, com entregas para o mesmo dia, ou em até dois dias, que lhe permitem competir com a Amazon, e a opção de comprar produtos online que você pode retirar no mesmo dia.

Ao considerar se você deve liderar com contexto ou controle, a segunda pergunta-chave a ser feita é se seu objetivo é a prevenção de erros ou a inovação.

Se seu objetivo é eliminar erros, controle é melhor do que contexto. A ExxonMobil atua em um mercado de segurança crítica. Suas instalações necessitam de centenas de procedimentos de segurança para minimizarem o risco de acidentes. Os mecanismos de controle são necessários quando você está tentando reduzir ao máximo o número de acidentes ao buscar lucro em uma operação perigosa.

Portanto, se você administra a emergência de um hospital e não fornece contexto para enfermeiros juniores, de modo que eles mesmos tomem decisões sem sua supervisão, pessoas podem morrer. Se você fabrica aviões, mas não possui muitos processos de controle para garantir que todas as peças sejam montadas com perfeição, a possibilidade de acidentes fatais aumenta. Se você lava janelas em arranha-céus, precisará de inspeções regulares de segurança e *checklists* diários. Liderar com controle é ótimo para a prevenção de erros.

Mas se, como a Target, seu objetivo é a inovação, cometer erros não é o maior risco. O grande risco é se tornar irrelevante porque seus funcionários não estão apresentando ótimas ideias para reinventar o negócio. Embora muitos varejistas com lojas físicas tenham saído do mercado devido ao número crescente de pessoas que fazem compras online, a Target priorizou a criação de novas maneiras de atrair os clientes para suas lojas.

Existem muitas empresas que compartilham as prioridades da Target. Esteja você no ramo de inventar brinquedos para crianças, vender cupcakes, criar roupas esportivas ou administrar um restaurante de cozinha de fusão, a inovação é um de seus principais objetivos. Se você tem funcionários com alto desempenho, é melhor liderar com contexto. Para incentivar ideias originais, não diga aos funcionários o que fazer nem os obrigue a preencher formulários. Forneça a eles contexto para que possam sonhar grande, inspiração para pensarem fora da caixa e espaço para cometerem erros ao longo do caminho. Em outras palavras, lidere com contexto.

Ou, como Antoine de Saint-Exupéry, autor de *O Pequeno Príncipe*, expressou de maneira bem mais poética:

Se quer construir um navio,
não peça que as pessoas juntem madeira
nem lhes atribua trabalhos ou funções.
Em vez disso, ensine-as a ansiar
pela infinita imensidão do oceano.

Por mais que eu goste dessa passagem — nós a citamos ao fim de nosso memorando cultural —, também entendo que, para alguns leitores, isso pode parecer totalmente impraticável. O que me leva à terceira condição necessária para que a liderança com contexto funcione. Além da alta densidade de talento e a busca pela inovação em vez da prevenção de erros, você também precisa trabalhar em um sistema de "alta autonomia".

BAIXA OU ALTA AUTONOMIA?

Sou engenheiro de software, e na minha área usamos os termos "baixa autonomia" e "alta autonomia" para explicar dois tipos diferentes de design de sistema.

Um sistema de baixa autonomia é aquele em que os diversos componentes estão intrincadamente entrelaçados. Se você quiser fazer uma alteração em uma área do sistema, precisa voltar e refazer a base, o que afeta não apenas a seção que você precisa alterar, mas todo o sistema.

Por outro lado, um sistema de alta autonomia possui pouca interdependência entre as partes e é projetado de modo que cada uma delas possa ser alterada sem a necessidade de voltar atrás e alterar a base. É por isso que os engenheiros de software gostam da baixa dependência: ela lhes permite fazer alterações em uma parte do sistema sem interferir no restante. Todo o sistema se torna mais flexível.

As empresas são construídas mais ou menos como programas de computador. Em uma empresa de baixa autonomia, as grandes decisões são tomadas pelo chefe e encaminhadas aos departamentos, o que muitas vezes cria interdependências entre as diversas áreas da empresa. Se ocorrer um problema a nível departamental, a coisa deve voltar ao chefe que supervisiona todos os departamentos. Enquanto isso, em uma empresa de alta autonomia, um gerente ou funcionário individual tem a liberdade de tomar decisões ou resolver problemas, seguro de que as consequências daquilo não ricochetearão em outros departamentos.

Se os líderes de sua empresa tradicionalmente lideram com controle, um sistema de baixa autonomia pode ocorrer naturalmente. Se você estiver gerenciando um departamento (ou uma equipe dentro de um departamento) em um sistema de baixa autonomia e decidir começar a liderar seu pessoal com contexto, pode acabar dando de cara com a baixa autonomia no meio do caminho. Como todas as decisões importantes são tomadas no topo, você pode até querer dar o poder da tomada de decisões a seus funcionários, mas não pode, porque qualquer coisa importante precisa ser aprovada não apenas por você, mas por seu chefe e pelo chefe do seu chefe.

Se você já faz parte de um sistema de baixa autonomia, terá de trabalhar com os principais líderes da empresa para alterar toda a abordagem organizacional antes de tentar liderar com contexto em um nível mais baixo. Mesmo com alta densidade de talento e tomando a inovação como objetivo, se você não resolver isso, liderar com contexto poderá se revelar impraticável.

Já deve estar bem claro que, na Netflix, com nosso modelo de "líder de projeto informado", temos um sistema de alta autonomia. A distribuição do processo decisório é muito ampla e temos poucos processos, regras ou políticas de controle centralizado. Isso proporciona alto grau de liberdade para os indivíduos, oferece mais flexibilidade para cada departamento e agiliza a tomada de decisões em toda a empresa.

Se você está iniciando a própria empresa e seu objetivo é inovação e flexibilidade, tente manter a tomada de decisão descentralizada, com pouco vínculo obrigatório entre as funções, a fim de estimular a alta autonomia desde o início. Será muito mais difícil introduzi-la quando sua organização se acomodar em uma estrutura de baixa autonomia.

Dito isso, a baixa autonomia traz ao menos um benefício organizacional importante. Em um sistema de baixa autonomia, as mudanças estratégicas são facilmente alinhadas em toda a empresa. Se o CEO quiser que todos os departamentos se concentrem na sustentabilidade e na ética, poderá controlar isso através de sua tomada de decisão centralizada.

Por outro lado, a alta autonomia traz um alto risco de falta de alinhamento. Quem garante que um departamento não privilegiará o baixo custo em detrimento da proteção ao meio ambiente ou da garantia de melhores condições de trabalho e desviará a empresa de seu rumo? Se o chefe do departamento tiver uma visão fantástica para contribuir com a nova estratégia mas cada membro da equipe decidir por conta própria quais projetos levará adiante, pode ser que todos sigam em direções diferentes. Boa sorte ao tentar tornar essa visão departamental uma realidade em algum momento.

Isso nos leva à quarta e última pré-condição para liderar com contexto.

SUA EMPRESA É ALTAMENTE ALINHADA?

Para que a alta autonomia funcione com eficácia, com grandes decisões tomadas em nível individual, o chefe e seus funcionários devem estar perfeitamente alinhados quanto aonde querem chegar. A alta autonomia só funciona se houver um contexto claro e compartilhado entre chefe e equipe. Esse alinhamento de contexto leva os funcionários a tomarem decisões que corroboram a missão e a estratégia de toda a empresa. É por isso que o mantra da Netflix é:

ALINHAMENTO COM AUTONOMIA

Para entender o que isso envolve, retornemos a Downton Abbey, onde seus familiares aguardam o jantar. Se você gastou tempo suficiente para garantir que você e sua chef estão alinhadas quanto aos tipos exatos de alimentos que farão sua família feliz, quem come o quê e por quê, as porções que ela deve servir e quais tipos de alimentos devem ser bem passados, mal passados ou ao ponto, sua chef com alto desempenho estará pronta para escolher e preparar as refeições sem supervisão.

No entanto, se você contratar uma chef com alto desempenho e lhe der carta branca para cozinhar o que quiser, mas não compartilhar que sua família odeia sal e que qualquer molho doce de salada será rejeitado por todos, é provável que sua família ultraexigente não goste da refeição que lhe for servida. Nesse caso, a culpa não é da chef — é sua. Você contratou a pessoa certa, mas não forneceu contexto suficiente. Você deu liberdade à chef, mas vocês não estavam alinhadas.

É claro que uma empresa não pode ser comparada a uma chef cozinhando para uma família. Em uma empresa, existem diversas camadas de liderança, o que torna o alinhamento mais complexo.

Nas páginas a seguir, veremos como o contexto é definido efetivamente por toda a organização quando cada líder está concentrado na construção do alinhamento. O CEO fornece o primeiro nível de contexto, construindo uma base inicial de alinhamento para toda a empresa, e por isso começaremos com Reed.

ALINHADO COM A ESTRELA-GUIA

Uso diversos métodos para definir o contexto em toda a empresa, mas minhas plataformas principais são nossas reuniões de equipe executiva (E-Staff) e de análise trimestral de negócios. Algumas vezes por ano, reunimos todos os líderes da empresa (10 a 15% dos funcionários), de todos os lugares do mundo. Começa com uma longa reunião ou longo jantar com meus seis subordinados diretos — pessoas como Ted e Greg Peters e nossa chefe do RH, Jessica Neal. Então, passo um dia com a equipe executiva (todos os vice-presidentes e superiores), e depois temos dois dias de apresentações, compartilhamento e debates na reunião trimestral de negócios (todos os diretores e superiores).

O objetivo principal dessas reuniões é garantir que cada um dos líderes da empresa esteja altamente alinhado com o que chamo de nossa "estrela-guia": a direção geral em que estamos seguindo. Não precisamos alinhar a maneira como cada departamento chegará ao seu destino — isso deixamos para as áreas individuais —, mas precisamos ter certeza de que estamos todos seguindo na mesma direção.

Antes e depois dessas reuniões trimestrais de negócios, disponibilizamos dezenas de páginas de memorandos no Google Docs para todos os funcionários, explicando todo o contexto e conteúdo que compartilhamos nas mesmas. Essas informações são lidas não apenas pelos participantes da reunião como também por pessoas de todos os níveis da empresa, incluindo assistentes administrativos, coordenadores de marketing etc.

Entre as análises trimestrais, realizo reuniões individuais contínuas para ter uma ideia de como estamos alinhados e onde falta contexto. Tenho uma reunião de meia hora com cada diretor uma vez por ano. Isso totaliza cerca de 250 horas de reuniões com pessoas que estão de três a cinco níveis abaixo de mim no organograma da empresa. Além disso, encontro-me com cada vice-presidente (dois a três níveis abaixo de mim) durante uma hora a cada trimestre. Isso resulta em outras quinhentas horas de reuniões anuais. Quando a Netflix era menor, eu me encontrava com cada pessoa com mais frequência, mas ainda passo cerca de um quarto de meu tempo anual participando dessas reuniões.

Os encontros individuais me ajudam a entender melhor o contexto em que nossos funcionários estão trabalhando e me alertam para áreas em que nossa liderança não está alinhada, para que assim eu possa revisitar os principais pontos na próxima rodada de reuniões de análise.

Eis um exemplo de março de 2018, quando visitei nosso escritório em Singapura. Durante uma reunião individual de meia hora com um diretor do departamento de desenvolvimento de produtos, ele mencionou casualmente que sua equipe estava desenvolvendo, como pedido, um plano de previsão de funcionários para os próximos cinco anos. Fiquei surpreso. Um plano de cinco anos pode parecer normal para uma empresa, mas em nosso setor dinâmico é absurdo. É impossível saber onde uma empresa como a nossa estará daqui a cinco anos. Tentar adivinhar e planejar a partir dessas suposições sem dúvida amarraria a companhia e evitaria que nos adaptássemos com rapidez.

Resolvi investigar aquela situação e descobri que um de nossos executivos de instalações pedira que pessoas em diversos de nossos escritórios lhe enviassem previsões de número de funcionários para 2023. Quando questionado, ele me explicou que, em alguns lugares do mundo, crescêramos para além de nosso espaço de trabalho muito mais rápido do que o esperado, o que significou desperdício financeiro. "Se eu tivesse um plano de contratação de cinco anos, poderíamos obter o melhor espaço pelo menor preço e não cometeríamos o mesmo erro que cometemos da última vez. Por isso pedi a cada um de nossos vários departamentos que desenvolvesse um plano assim", explicou.

Tive vontade de dizer: "Seu idiota! Não priorize a prevenção de erros no lugar da flexibilidade! Isso é total perda de tempo. Não temos como obter precisão com um plano assim. Cancele esse projeto agora mesmo." Mas isso seria liderar com controle.

Em vez disso, lembrei-me do que muitas vezes digo aos líderes em toda a Netflix:

QUANDO UM DE SEUS FUNCIONÁRIOS FIZER ALGO IDIOTA, NÃO O CULPE. EM VEZ DISSO, PERGUNTE A SI MESMO QUAL CONTEXTO VOCÊ NÃO DEIXOU CLARO. VOCÊ FOI ARTICULADO E INSPIRADOR O BASTANTE AO EXPRESSAR SEUS OBJETIVOS E ESTRATÉGIAS? VOCÊ EXPLICOU COM CLAREZA TODAS AS SUPOSIÇÕES E TODOS OS RISCOS QUE AJUDARÃO A EQUIPE A TOMAR BOAS DECISÕES? VOCÊ E SEUS FUNCIONÁRIOS ESTÃO ALTAMENTE ALINHADOS EM TERMOS DE VISÃO E OBJETIVOS?

No caso do executivo de instalações, falei pouco na hora. Aquele cara era o líder de projeto informado quanto à escolha de espaços para escritório, não eu.

Mas a conversa me fez perceber que eu precisava definir um contexto melhor em toda a organização. Se uma pessoa está desalinhada com nossa estratégia, deve haver outras cinquenta no mesmo barco. Acrescentei esse tópico à reunião trimestral de negócios seguinte. Nela, falei com todos os nossos líderes sobre os motivos pelos quais na Netflix nós quase sempre preferimos pagar mais pela opção que nos forneça maior flexibilidade, sabendo que não podemos — nem devemos — tentar prever como será nossa empresa mais para frente.

É claro que cada situação é diferente e que precisamos pensar com um pouco de antecedência em qualquer negócio. Durante essa reunião, discutimos até que ponto devíamos ir para permanecermos flexíveis. Disponibilizei um material prévio de leitura que mostrou quão ruins tínhamos nos saído ao antecipar nosso crescimento no passado e como as melhores oportunidades em geral não podiam ser previstas. Tivemos discussões preliminares analisando casos antigos em que poderíamos ter pagado mais por uma opção que nos daria uma diversidade maior de escolhas no futuro ou menos por uma opção que reduziria nossa flexibilidade. Debatemos quanta flexibilidade é necessária em nossos negócios e quanto devemos estar prontos para pagar por isso.

Essas conversas não levaram a uma conclusão ou a uma regra objetiva, mas, com esses debates, todos os nossos líderes ficaram claramente alinhados com a ideia de que nosso objetivo principal não é evitar erros ou economizar dinheiro com planos de longo prazo. A nossa estrela-guia é construir uma empresa capaz de se adaptar depressa à medida que surgem oportunidades imprevistas e as condições dos negócios mudam.

É claro que o CEO de qualquer organização fornece apenas a primeira camada da configuração de contexto. Na Netflix, praticamente todos os gestores, em todos os níveis, precisam aprender a liderar com contexto ao entrar na empresa. Melissa Cobb, da equipe de Ted, deu um exemplo de como a configuração de contexto funciona em toda a organização.

O ALINHAMENTO É UMA ÁRVORE, NÃO UMA PIRÂMIDE

Melissa Cobb, vice-presidente de animação original, trabalhou para a Fox, a Disney, a VH1 e a DreamWorks antes de ingressar na Netflix em setembro de 2017. Na DreamWorks, ela foi produtora de *Kung Fu Panda*, trilogia indicada ao Oscar. Após 24 anos em posições de liderança, ela usa duas metáforas — a pirâmide e a árvore — para ajudar os gestores que ingressam em sua equipe a entenderem a diferença entre a liderança tradicional e a liderança com contexto. Ela explica:

> Em todas as empresas em que trabalhei antes da Netflix, a tomada de decisões era estruturada em pirâmide. Desde que comecei a trabalhar em redes de televisão, atuei no ramo de produção de filmes e programas de TV. Na base de nossas pirâmides, tínhamos muito do que chamamos de executivos de criação — talvez 45 ou cinquenta. Cada um deles era responsável por um ou mais programas. Quando eu estava na Disney, por exemplo, produzimos *O Homem da Casa*, estrelado por Chevy Chase, e o executivo de criação responsável por aquele programa estava no set todos os dias, aprovando scripts, figurinos e todos os pequenos detalhes. Diversos pormenores de cada programa eram tratados na base da pirâmide.

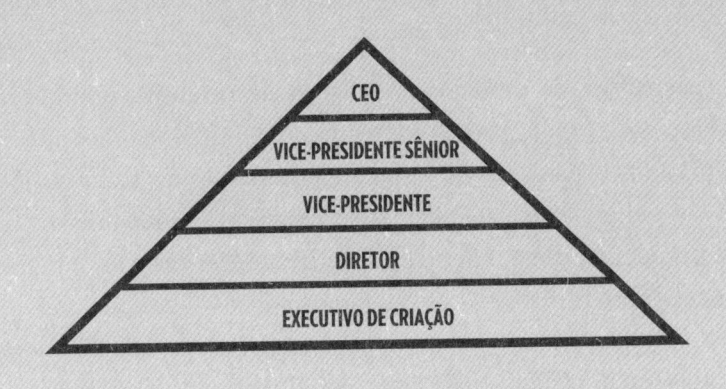

Mas, se algo importante surgisse — por exemplo, se alguém quisesse mudar uma parte delicada do diálogo na introdução do programa —, aquilo precisaria ser abordado em um nível mais alto da pirâmide. O executivo de criação diria: "Ah, não sei o que minha chefe vai achar disso; deixe-me ligar para ela."

Ele ligaria para sua supervisora, uma entre os cerca de 15 diretores no nível seguinte da pirâmide, e diria: "O que você acha, chefe? Podemos mudar esse diálogo?" Na maioria dos casos, o diretor endossava a mudança, mas às vezes a recusava.

Mas, se a mudança fosse algo maior do que apenas trocar um pequeno diálogo, como por exemplo cortar uma cena inteira, a diretora poderia dizer: "Bem, não tenho certeza do que o MEU chefe dirá a respeito. Preciso verificar com ele." E a questão seria levada ao próximo nível da pirâmide, no qual teríamos meia dúzia de vice-presidentes. A diretora ligaria para o superior e perguntaria: "O que você acha, chefe? Podemos cortar essa cena?" Então, esse vice-presidente aprovaria ou recusaria a mudança.

Agora, se algo ainda maior acontecesse — como um dos atores desistir do papel ou o roteiro inteiro ter de ser reescrito —, aquilo precisaria chegar até um dos poucos vice-presidentes seniores no nível seguinte. E para algo realmente grande — como o roteirista adoecer e um novo precisar ser aprovado às pressas — a coisa podia chegar até o CEO, no triangulozinho no topo da pirâmide.

A estrutura de tomada de decisões em pirâmide que Melissa vivenciou em suas empresas anteriores é facilmente reconhecível na maioria das organizações, independentemente do setor ou localização. Ou o chefe toma a decisão e a empurra pirâmide abaixo para que seja implementada, ou aqueles em níveis inferiores tomam decisões menores, mas remetem os problemas maiores aos superiores.

Na Netflix, porém, como já discutimos, não é o chefe quem toma as decisões, mas sim o líder de projeto informado. O trabalho do chefe é definir o contexto que levará a equipe a tomar as melhores decisões para a empresa. Se seguirmos esse sistema de liderança desde o CEO até o líder de projeto informado, veremos que não funciona como uma pirâmide, mas mais como uma árvore, com o CEO sentado nas raízes e o líder de projeto informado nos ramos superiores, tomando as decisões.

LÍDER DE PROJETO INFORMADO – ARAM YACOUBIAN
Autoriza O Pequeno Poderoso Bheem

DIRETORA DOMINIQUE BAZAY:
Com animação, aposte na alta qualidade

VICE-PRESIDENTE MELISSA COBB: Traga abrigos de gelo e choupanas de barro para Bangcoc

DIRETOR DE COMUNICAÇÃO TED SARANDOS:
Arrisque muito, aprenda muito

CEO REED HASTINGS: Cresça a nível global

Melissa forneceu um exemplo detalhado de como a configuração de contexto funciona desde as raízes da árvore até os galhos mais altos. Na ilustração acima, da árvore de Melissa, você pode verificar os diversos níveis de contexto sendo definidos por Reed, por meio de Ted Sarandos, a própria Melissa e Dominique Bazay (uma diretora que trabalha para Melissa), e a maneira como todo esse contexto finalmente afeta a decisão tomada pelo líder de projeto informado, que neste caso é Aram Yacoubian. Vejamos agora como a configuração de contexto em cada ponto criou alinhamento de cima para baixo na empresa.

REED NAS RAÍZES: CRESÇA A NÍVEL GLOBAL

Em outubro de 2017, Melissa compareceu à sua primeira reunião trimestral de negócios, onde Reed apresentou informações sobre a futura expansão global da Netflix. Eis algumas de suas lembranças:

> Eu estava na Netflix havia menos de um mês. Na segunda semana de outubro, participamos de minha primeira reunião trimestral de negócios, no Langham Huntington Hotel, em Pasadena. Eu tentava entender como a Netflix funcionava, e todo mundo ficava me dizendo que as peças se encaixariam nessa reunião. Então, eu estava prestando muita atenção quando Reed subiu ao palco.
>
> Em sua palestra de quinze minutos, ele explicou: "No último trimestre, 80% de nosso crescimento veio de fora dos Estados Unidos, e é nesse ponto que devemos concentrar nossa energia. Mais da metade de nossos clientes são oriundos de outros países, e esse número aumentará a cada ano. O grande crescimento vem daqui. Esse crescimento internacional é nossa prioridade."

Reed detalhou em quais países os líderes da Netflix deveriam se concentrar com mais afinco (incluindo Índia, Brasil, Coreia, Japão) e por quê (razões a seguir). Essa mensagem foi a base de boa parte do pensamento de Melissa sobre como desenvolver a estratégia de seu departamento. Mas Reed não é o chefe direto de Melissa. Ela trabalha para Ted Sarandos. Logo após a reunião trimestral de negócios, ela teve uma reunião individual com Ted, na qual ele adicionou o próprio contexto à mensagem de Reed.

TED NO TRONCO: ARRISQUE MUITO, APRENDA MUITO

Antes da reunião individual, Ted já havia falado com Melissa a respeito de algumas das principais oportunidades de crescimento internacional. O mercado da Netflix na Índia é enorme e vem crescendo. O Japão e a Coreia têm ecossistemas particularmente ricos para desenvolvimento de conteúdo. O Brasil possui apenas um pequeno escritório da Netflix, embora conte com mais de 10 milhões de assinantes. Mas, quando Ted e Melissa se sentaram para conversar no fim de outubro de 2017, Ted não falou sobre o que as pessoas da Netflix sabiam, e sim sobre todas as coisas que ainda não sabiam.

> Veja, Melissa, estamos em um momento decisivo para a Netflix. Temos 44 milhões de assinantes nos Estados Unidos. O grande crescimento será internacional, e temos muito a aprender. Não sabemos se as pessoas da Arábia Saudita assistem mais ou menos à televisão durante o Ramadã. Não sabemos se os italianos preferem documentários ou comédias. Não sabemos se os indonésios estão mais propensos a assistir a filmes sozinhos em seus quartos ou diante da TV com a família. Se quisermos ser bem-sucedidos, precisamos nos tornar uma máquina internacional de aprendizado.

Melissa já estava familiarizada com a linguagem das apostas usada na Netflix e a implicação de que algumas serão bem-sucedidas e outras não. O que a analogia das apostas não abrangia era o aspecto crítico de aprender com os fracassos. O que nos leva ao contexto definido por Ted:

> À medida que sua equipe compra e cria conteúdo em todo o mundo, precisamos de concentração total no aprendizado. Devemos estar prontos para correr riscos maiores em países com alto potencial de crescimento, como a Índia ou o Brasil, para aprendermos mais sobre esses mercados. Teremos algumas vitórias, mas também lidaremos com grandes derrotas, e é com elas que aprenderemos como ter sucesso na próxima vez. Precisamos sempre

> nos perguntar: "Se comprarmos esse programa e ele não der certo, o que aprenderemos com isso?" Se houver algo grande a aprender, vá em frente e faça a aposta.

O contexto coletivo de Reed e Ted ajudou Melissa a desenvolver o contexto que ela definiria com a própria equipe de conteúdo infantil e familiar na reunião semanal seguinte.

MELISSA COBB EM UM GALHO GRANDE: TRAGA ABRIGOS DE GELO E CHOUPANAS DE BARRO PARA BANGCOC

Os antigos empregadores de Melissa, como a Disney e a DreamWorks, são conhecidos no mundo inteiro, e seu conteúdo é assistido por todo o planeta. No entanto, Melissa acreditava que a Netflix tinha uma chance de se destacar, não apenas como marca global, mas como uma plataforma verdadeiramente internacional:

> Em todo o mundo, a maioria das crianças assiste ao conteúdo do próprio país ou a programas e filmes produzidos originalmente nos Estados Unidos. Mas senti que, para ser tão internacional quanto Reed descrevera na reunião trimestral de negócios, poderíamos fazer melhor.
>
> Eu queria que a gama de programas infantis da Netflix fosse como uma vila global. Quando Kulap, de dez anos, que mora em um arranha-céu em Bangcoc, acordasse no sábado de manhã e entrasse na Netflix, eu queria que ela visse não apenas personagens da Tailândia (que já estão em seus canais de televisão locais) ou dos Estados Unidos (que estão na TV a cabo, pela Disney), mas uma variedade de amigos de programas de TV e filmes do mundo inteiro. Ela deveria poder escolher entre programas que se passam em abrigos cobertos de gelo na Suécia e outros em áreas

> rurais do Quênia. As histórias não deveriam ser apenas *sobre* crianças de vários países. A Disney já faz isso. Elas deveriam ter a aparência e dar o tipo de sensação que só é possível quando esses programas realmente *vêm* de todo lugar do mundo.
>
> Na minha equipe, tivemos diversos debates sobre a eficácia que essa estratégia poderia ter. As crianças gostariam de personagens tão dramaticamente diferentes de si mesmas? Não sabíamos.
>
> Foi aí que entrou o contexto definido por Ted. Como ele enfatizara, essas eram as perguntas que tentaríamos responder, e deveríamos estar prontos para o fracasso de nossas apostas, desde que tais fracassos resultassem em um claro aprendizado. Todos chegamos a um acordo: nós experimentaríamos e aprenderíamos ao longo do caminho.

Durante essa reunião, Melissa se alinhou com seus seis subordinados diretos. Dominique Bazay, a diretora cuja equipe adquire conteúdo pré-escolar, era um deles.

DOMINIQUE BAZAY EM UM GALHO DE TAMANHO MÉDIO: COM ANIMAÇÃO, APOSTE NA ALTA QUALIDADE

Após essa reunião, Dominique pensou muito em como realizar o sonho da "vila global" de Melissa. Para incentivar Kulap a assistir a programas criados na Suécia e no Quênia, quais tipos de programas a Netflix deveria oferecer? Dominique achava que a animação era a melhor resposta. O que levou ao contexto que ela estabeleceu com a própria equipe:

> A Peppa Pig fala espanhol como uma espanhola, turco como uma turca e um japonês absolutamente perfeito. A animação dá oportunidades para a programação internacional que o live-

-action não consegue. Quando *A Pior das Bruxas* é exibido em um novo país, o espectador precisa vê-lo dublado ou legendado. As crianças odeiam legendas, e a protagonista de Bella Ramsey fica esquisita falando português ou alemão. As vozes não combinam com a imagem, o que afeta a qualidade da experiência de programação. Mas Peppa, assim como todos os personagens de desenho animado, sempre fala a língua do telespectador. A criança coreana e a holandesa se sentem igualmente ligadas a Peppa.

Se a programação infantil da Netflix viria a ser a plataforma diversificada à qual Melissa se referira, eu acreditava que precisávamos pensar grande. Combinei com minha equipe que todos os desenhos que comprássemos, não importava o país de origem, deveriam ter uma qualidade de animação alta o bastante para ser considerada de primeira linha pelas nações mais exigentes do mundo. Se, por exemplo, um desenho viesse do Chile, não deveria ter apenas qualidade suficiente para agradar o espectador chileno mais exigente. Deveria ter qualidade bastante para ser um sucesso em um Japão obcecado por animes.

Foi com todo esse contexto — de Reed, Ted, Melissa e Dominique — que o então gerente de aquisição de conteúdo Aram Yacoubian, diretamente de uma salinha de reuniões no centro de Mumbai, considerou o programa que lhe estava sendo apresentado: *O Pequeno Poderoso Bheem*.

ARAM YACOUBIAN EM UM GALHO PEQUENO: GRANDES APRENDIZADOS DO PEQUENO BHEEM

Quando Aram viu a versão original da adorável série de animação indiana *O Pequeno Poderoso Bheem*, ele pensou no grande sucesso que seria na Índia.

O personagem principal é um menininho que vive em uma pequena aldeia na Índia, cujas curiosidade sem limites e força extraordinária o levam a todo tipo de aventura. Ele é como um bebê Popeye indiano. O personagem é baseado em Bheem, um personagem mítico do épico sânscrito *Mahabharata*, conhecido em toda a Índia. Pareceu óbvio que os indianos adorariam aquele programa.

Mas Aram também tinha sérias dúvidas de que aquela era uma boa aposta para a Netflix. Sua primeira preocupação foi com a qualidade da animação.

Os programas indianos tendem a ser de baixo orçamento. A qualidade da animação era boa o suficiente para ser popular na TV indiana. Mas pensei no que eu e Dominique tínhamos discutido. Queríamos garantir que a qualidade fosse alta o bastante para obter sucesso não apenas no país de origem, mas em todo o mundo. Eu sabia que, se fôssemos comprar aquele programa, teríamos de investir duas ou três vezes o que normalmente é gasto em uma animação indiana para obter a qualidade que pretendíamos.

Isso levou à segunda preocupação.

Era muito dinheiro para investir em um programa indiano. Para recuperar o investimento, precisaríamos que muitas crianças em todo o mundo assistissem àquilo. Mas, em toda a história da televisão e do streaming, pouquíssimos programas indianos haviam sido muito populares fora da Índia. Isso era devido aos baixos orçamentos, mas também se devia à crença de que a narrativa era de um local muito específico para audiências globais.

> Havia uma crença generalizada de que as séries indianas não viajavam bem.

A terceira preocupação de Aram estava relacionada à falta de dados históricos sobre programas para crianças em idade pré-escolar — até mesmo na Índia.

> *O Pequeno Poderoso Bheem* é para crianças pequenas e, até então, não havia programas para crianças em idade pré-escolar na Índia, fosse para streaming ou para televisão. Isso porque as agências de classificação indianas não mediam programas para essa faixa etária, para que eles não fossem comercializados. Será que havia um público na Índia para programas destinados a crianças tão pequenas? O histórico não era capaz de nos dar uma resposta.

Tudo isso fazia as coisas parecerem muito ruins para *O Pequeno Poderoso Bheem*. "Todo o histórico e todos esses motivos comerciais me diziam para não fazer aquele programa", conta Aram. Mas ele também refletiu sobre o contexto que os líderes da Netflix haviam definido para ele:

> Reed enfatizou que a expansão internacional é o nosso futuro e que a Índia é um mercado importante em crescimento. *O Pequeno Poderoso Bheem* é um ótimo programa de um importante mercado em crescimento para a Netflix.
>
> Ted deixou claro que, quando se trata de países como a Índia, temos tanto a aprender que devemos correr grandes riscos, desde que o potencial de aprendizado seja evidente. No caso de *O Pequeno Poderoso Bheem*, o que aprenderíamos com a aposta era

muito nítido. O contexto que Ted definira era o suficiente para eu dizer: "Tudo bem, mesmo que esse programa seja um fracasso total, estou tentando três coisas diferentes, e todas elas fornecerão ótimas informações para a Netflix."

Melissa ressaltou que queríamos programas infantis de todo o mundo com temas e texturas profundamente locais para compormos nossa grade de programação. *O Pequeno Poderoso Bheem* era profundamente indiano e tinha elementos para atrair crianças de qualquer lugar.

Dominique e eu concordamos que deveríamos priorizar a animação para nossas grandes apostas internacionais e que esta deveria ser de alta qualidade. Com investimento financeiro, *O Pequeno Poderoso Bheem* era um programa de animação que poderia alcançar a alta qualidade de que precisávamos.

Com esse contexto em mente, Aram tomou sua decisão. Ele comprou *O Pequeno Poderoso Bheem* e deu dinheiro aos criadores locais para melhorarem a animação. O programa foi lançado em meados de abril de 2019 e, em três semanas, tornou-se uma das séries de animação mais assistidas da Netflix em qualquer lugar do mundo. Até agora, foi assistido por mais de 27 milhões de espectadores.

Quando o entrevistei, Aram esclareceu a grande vantagem da distribuição do processo decisório quando os gestores lideram com contexto.

Sou uma das melhores pessoas na Netflix para decidir qual conteúdo infantil comprar na Índia, já que conheço o mercado de animação indiano e os padrões de programas vistos pela família indiana como a palma da minha mão. Mas é apenas com transparência organizacional, muito contexto e grande alinhamento entre mim e a liderança que posso tomar as melhores decisões para beneficiar nossa empresa e os espectadores da Netflix em todo o mundo.

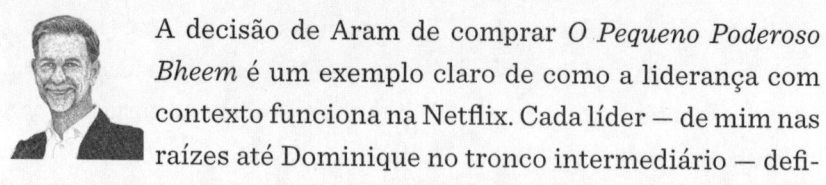

A decisão de Aram de comprar *O Pequeno Poderoso Bheem* é um exemplo claro de como a liderança com contexto funciona na Netflix. Cada líder — de mim nas raízes até Dominique no tronco intermediário — define o contexto que fundamentará a decisão de Aram. Mas, como líder de projeto informado, é o próprio Aram quem decide quais programas comprar.

Você deve ter notado que não se trata de um caso isolado. Ao longo deste livro, contamos histórias sobre funcionários de nível mais baixo que tomaram decisões financeiras multimilionárias sem obterem a aprovação do chefe. As pessoas de fora ficam intrigadas em relação a como isso pode funcionar em uma organização financeiramente responsável. A resposta é simples: graças ao alinhamento.

Embora a Netflix ofereça muita liberdade financeira aos funcionários, o investimento em dinheiro segue a mesma árvore de contexto que Melissa descreveu. Ted e eu estamos alinhados no que diz respeito a quanto a área de conteúdo investirá na compra de filmes e programas em determinado trimestre. Ted encaminha isso abaixo, fornecendo contexto para Melissa sobre quanto o grupo dela deve investir na programação infantil e para família. Ela então alinha tudo com cada um de seus diretores, indicando quanto eles devem investir em cada categoria específica. Quando Aram tomou a decisão de comprar *O Pequeno Poderoso Bheem* e ainda investiu uma boa quantia na melhoria da animação, ele não estava gastando dinheiro aleatoriamente. Ele estava aplicando o contexto financeiro que Melissa e Dominique lhe haviam delimitado.

ICARUS - A CENA FINAL

Quando deixamos Adam Del Deo, ele estava no Washington School House Hotel tentando decidir se apostaria alto em um filme com o nome de um homem que voara tão perto do sol que teve as asas de cera derretidas.

Ted estabelecera um contexto claro. Se *Icarus* não fosse se tornar um grande sucesso, Adam não deveria apostar muito dinheiro. Ele já oferecera 2,5 milhões de dólares, e todos os suspeitos de sempre, da Amazon ao Hulu, também estavam rondando. Se 2,5 milhões não bastassem e aquele não fosse "o filme", ele deveria deixar para lá. Mas, se Adam acreditava que *Icarus* seria um grande sucesso, então deveria apostar alto — o que fosse necessário para levar o filme para a Netflix.

Adam acreditava que *Icarus* seria um grande sucesso, então decidiu apostar. A Netflix pagou históricos 4,6 milhões de dólares para obtê-lo. *Icarus* foi lançado na plataforma em agosto de 2017.

Nos primeiros meses, *Icarus* demorou a decolar. Ninguém assistia. Adam ficou arrasado:

> Dez dias após o lançamento de *Icarus*, tivemos uma reunião de equipe na qual analisamos os índices de audiência de novos conteúdos, e eu estava arrasado com aqueles números. Meus colegas confiam em mim para prever o índice de audiência de um filme, a discussão pública que resultará disso e as nomeações na época do Oscar. Minha reputação se baseia nessa confiança. Senti que cometera um grande erro que prejudicaria a fé de meus colegas em mim.

Então, um acontecimento mudou tudo. Em dezembro de 2017, o Comitê Olímpico Internacional emitiu um relatório informando que a Rússia seria banida dos Jogos de 2020. Nesse relatório do COI, o filme *Icarus* foi citado como prova principal. Rodchenkov foi ao *60 Minutes*, onde declarou acreditar que ao menos vinte países dopavam seus atletas da mesma maneira. Depois, Lance Armstrong declarou em público o quanto gostara de *Icarus*. De repente, todo mundo estava falando sobre o filme e os índices de audiência dispararam.

Em março de 2018, *Icarus* foi indicado ao Oscar de melhor documentário. Adam se lembra da cerimônia:

Eu tinha certeza de que não venceríamos. Quando a atriz Laura Dern estava prestes a anunciar o vencedor, sussurrei para minha chefe, Lisa Nishamura: "Não vamos ganhar. *Visages, villages* será o vencedor." Mas então, como se estivesse em câmera lenta, ouvi Laura Dern anunciar: "E o vencedor é... *Icarus!*" Bryan Fogel saiu correndo em direção ao palco. Alguém em um dos camarotes soltou um grito de empolgação. Fiquei tão impressionado que, se não estivesse sentado, teria caído.

Mais tarde, Adam topou com Ted, que o parabenizou.

Eu perguntei: "Você se lembra da conversa que tivemos no Sundance, Ted?" Ele abriu um grande sorriso e disse: "Sim... era mesmo O FILME."

O NONO PONTO

Em uma empresa com sistema de alta autonomia, na qual a densidade de talento é alta e a inovação é o objetivo principal, uma abordagem tradicional voltada para o controle não é a escolha mais eficaz. Em vez de procurar minimizar o erro através da supervisão ou de processos, concentre-se em definir um contexto claro, criando alinhamento entre chefe e equipe, e dando ao líder de projeto informado a liberdade de decidir.

▶ **LIÇÕES DO CAPÍTULO 9**

- Para liderar com contexto, você precisa de alta densidade de talento, seu objetivo tem que ser a inovação (não a prevenção de erros) e é necessário operar em um sistema de alta autonomia.

- Quando esses elementos estiverem estabelecidos, em vez de dizer às pessoas o que fazer, crie um alinhamento harmonioso ao fornecer e debater todo o contexto que permitirá que elas tomem boas decisões.

- Quando um de seus funcionários fizer algo idiota, não o culpe. Em vez disso, pergunte a si mesmo qual contexto você não deixou claro. Você foi articulado e inspirador o suficiente ao expressar seus objetivos e estratégias? Explicou com clareza todas as suposições e todos os riscos que ajudarão a equipe a tomar boas decisões? Você e seus funcionários estão altamente alinhados em termos de visão e objetivos?

- Uma empresa com sistema de alta autonomia deve se parecer mais com uma árvore do que com uma pirâmide. O chefe está nas raízes, sustentando o tronco de gestores seniores que apoia os galhos onde as decisões são tomadas.

- Você sabe que sua liderança com contexto está dando certo quando seu pessoal está impulsionando a equipe na direção desejada, usando as informações que recebeu de você e daqueles ao seu redor para tomar as próprias grandes decisões.

Isso é Liberdade com Responsabilidade

Agora, já exploramos como criar os elementos fundamentais de densidade de talento e sinceridade e, então, começar a eliminar políticas e procedimentos a fim de oferecer aos funcionários liberdade, além de criar um ambiente mais ágil e flexível. Analisamos mais de uma dúzia de políticas e processos que a maioria das empresas utiliza, mas que não usamos na Netflix. Esses processos incluem:

Políticas de férias
Aprovações de tomada de decisão
Políticas de despesas

Planos de melhoria de desempenho
Processos de aprovação
Aumentos coletivos
Indicadores-chave de desempenho
Gerenciamento por objetivos
Políticas de viagem
Tomada de decisões por comitê
Camadas de assinaturas de contratos
Faixas salariais
Aumentos coletivos
Bônus por desempenho

Tudo isso são formas de controlar as pessoas em vez de inspirá-las. Não é fácil evitar o caos e a anarquia quando esses controles são eliminados, mas, se você aprimorar o senso de autodisciplina e responsabilidade de cada funcionário, ajudá-los a desenvolver conhecimento o suficiente para tomar boas decisões e fomentar uma cultura de feedback a fim de estimular o aprendizado, ficará fascinado com o quão eficaz sua empresa pode ser.

Isso por si só já é motivo suficiente para desenvolver uma cultura de Liberdade com Responsabilidade. Mas esses não são os únicos benefícios. Para além disso:

- Alguns dos itens da lista destroem a inovação. Políticas de férias, políticas de viagens e políticas de despesas podem levar ao tipo de ambiente cheio de regras que desencoraja o pensamento criativo e afugenta muitos dos funcionários mais inovadores.
- Outros itens na lista atrasam os negócios. Políticas de aprovação, tomada de decisões por comitês e camadas de assinaturas obrigatórias de contratos impõem obstáculos a seus funcionários de tal forma que eles não conseguem agir com rapidez.
- Muitos desses itens impedem a empresa de mudar com rapidez quando o ambiente se altera. Bônus por desempenho, gerenciamento por objetivos e indicadores-chave de desem-

penho motivam os funcionários a se aterem a um caminho preestabelecido, dificultando o descarte rápido de um projeto e o início de outro. Os planos de melhoria de desempenho (junto com processos de admissão e demissão), por outro lado, dificultam mudanças rápidas no quadro de funcionários à medida que os negócios exigem novas configurações.

Se seu objetivo é construir uma empresa mais inovadora, rápida e flexível, estabeleça as condições necessárias para que você também possa eliminar esses processos e regras, e assim desenvolva uma cultura de Liberdade com Responsabilidade

Começamos este livro com algumas perguntas: por que tantas empresas, como a Blockbuster, a AOL, a Kodak e até minha primeira empresa, a Pure Software, não conseguiram se adaptar rápido o suficiente à medida que o ambiente se transformava à sua volta? Como as empresas podem se tornar mais ágeis e inovadoras para alcançarem seus objetivos?

Em 2001, iniciamos nossa jornada na Netflix para aquilo que até o fim de 2015 se tornou uma cultura de Liberdade com Responsabilidade altamente ajustada. A Netflix passou por uma transição bem-sucedida, saindo da condição de empresa de DVDs por correspondência para uma companhia de streaming que criou programas de televisão premiados como *House of Cards* e *Orange Is the New Black*. O valor de nossas ações subiu de cerca de 8 dólares em 2010 para 123 dólares no fim de 2015, e nossa base de usuários aumentou de vinte milhões para 78 milhões no mesmo período.

Depois do sucesso notável nos Estados Unidos, demos início ao seguinte desafio cultural: expansão internacional. Entre 2011 e 2015, começamos a adentrar aos poucos outros países. Em 2016, demos o grande salto, passando a funcionar em 130 novos países em um único dia. Nossa cultura nos levou a alcançar feitos grandiosos. Mas agora nos perguntávamos: será que ela funcionaria em todo o mundo? É disso que trata o capítulo 10.

# PARTE QUATRO
EXPANSÃO GLOBAL

10

LEVE TUDO PARA O MUNDO!

Em 1983, me mudei para uma área rural da Suazilândia como voluntário do Corpo da Paz. Não foi minha primeira experiência internacional, mas foi a que mais me ensinou. Demorou apenas algumas semanas para eu perceber que compreendia e abordava a vida de maneira muito diferente das pessoas à minha volta.

Um exemplo disso aconteceu em meu primeiro mês como professor de matemática para alunos do ensino médio, de 16 anos. Os adolescentes da minha turma haviam sido selecionados graças às suas grandes habilidades matemáticas, e eu os preparava para os próximos exames públicos. Em um teste semanal, incluí um problema que, pelo que eu conhecia de suas habilidades, eles deveriam ser capazes de responder:

Uma sala mede 2 metros por 3 metros. Quantos azulejos de 50 centímetros serão necessários para cobrir o chão?

Nenhum dos meus alunos acertou a resposta, e a maioria deixou a pergunta em branco.

Na aula seguinte, coloquei a pergunta no quadro-negro e pedi que um voluntário a resolvesse. Os alunos arrastaram os pés e olharam pela janela. Senti meu rosto corar de frustração. "Ninguém? Ninguém sabe responder?", perguntei, incrédulo. Sentindo-me vazio, sentei-me à minha mesa e esperei por uma resposta. Foi quando Thabo, um aluno alto e sério, ergueu a mão no fundo da sala. Esperançoso, levantei de um salto e falei: "Sim, Thabo, por favor, diga-nos como resolver o problema." Mas, em vez de responder, Thabo perguntou: "Sr. Hastings, por favor, o que é um azulejo?"

A maioria dos meus alunos morava em cabanas redondas tradicionais, e o piso era de terra batida ou concreto. Eles não conseguiram responder à pergunta porque não sabiam o que era um azulejo. Simplesmente não conseguiam entender o que estavam sendo solicitados a avaliar.

A partir dessa experiência inicial — e de muitas outras que se seguiram —, percebi que eu não podia transferir diretamente meu modo de vida para a cultura de outro lugar. Para ser eficaz, tive de pensar quais adaptações eu precisaria fazer para obter os resultados que esperava.

Então, em 2010, quando a Netflix começou sua expansão internacional, pensei muito se nossa cultura organizacional também precisaria se adaptar para ser bem-sucedida ao redor do mundo. Naquela época, nossos métodos de gerenciamento haviam se desenvolvido tão plenamente e produziam resultados tão bons que eu relutava em fazer uma mudança significativa. Mas estava incerto se nosso feedback sincero, a cultura de poucas regras e as técnicas do Teste de Retenção seriam eficazes em outros países.

Levei outra empresa em consideração, uma que já era internacional e adotara uma abordagem clara. Como nós, a Google orgulhava-se de ter uma forte cultura corporativa, mas, em vez de adaptar sua cultura aos países para os quais se expandia, concentrou-se em contratações sob medida. Eles buscaram contratar funcionários em todo o mundo que fossem "googlers", ou seja, pessoas com uma personalidade que se encaixasse à cultura corporativa da empresa, independentemente do país onde moravam ou de onde vinham.

Também refleti sobre uma situação que enfrentei em 1988, quando passei um ano trabalhando na Schlumberger, em Palo Alto. A Schlumberger é uma grande multinacional francesa, mas era evidente que a cultura corporativa em seu escritório no Vale do Silício fora importada da França. Todos os líderes de departamento eram franceses morando no exterior e, se você quisesse ser bem-sucedido, precisava aprender a navegar os sistemas de tomada de decisões e padrões hierárquicos originais da sede em Paris. Havia programas de treinamento para novos funcionários sobre como debater de forma eficaz e como analisar situações usando uma abordagem de princípios em primeiro lugar, tão típica da cultura francesa.

Tanto a Google quanto a Schlumberger pareciam ter conseguido manter uma cultura corporativa uniforme em todo o mundo. Então, com apenas um pouco de apreensão, senti que poderíamos fazer o mesmo. Assim como a Google, procuraríamos contratar pessoas sob medida, selecionando indivíduos em cada país que se sentissem atraídos e confortáveis com a cultura corporativa que passáramos tanto tempo cultivando. E, assim como a Schlumberger, treinaríamos os novos funcionários em outros países para entenderem e trabalharem à maneira da Netflix.

Ao mesmo tempo, procuraríamos ser humildes e flexíveis, aprimorando nossa cultura à medida que avançássemos e aprendendo com cada país em que entrássemos.

Iniciamos o processo de internacionalização em 2010, primeiro no vizinho Canadá, e um ano depois na América Latina. Entre 2012 e 2015, fizemos movimentos maiores, passando a funcionar na Europa, na Ásia e na Oceania. Nesse período, abrimos quatro escritórios regionais: em Tóquio, Singapura, Amsterdã e São Paulo. Então, em 2016, demos um grande salto internacional e disponibilizamos nossa plataforma em um total de 130 novos países em um só dia. A expansão foi extremamente bem-sucedida e, ao longo de apenas três anos, vimos nossa base de assinantes fora dos Estados Unidos subir de 40 para 88 milhões.

Durante esse mesmo período de três anos, duplicamos o número de funcionários da Netflix globalmente, a maioria ainda alocada nos Estados Unidos, mas de origens cada vez mais diversas. Acrescentamos a inclusão com um de nossos valores culturais, reconhecendo que nosso sucesso dependeria do quanto nossos funcionários refletissem os públicos que queríamos alcançar e da capacidade das pessoas de verem suas vidas e paixões contempladas pelas histórias que contássemos. Em 2018, agregamos nossa primeira diretora de estratégia inclusiva, Vernā

Myers, a fim de nos ajudar a nos identificarmos e aprendermos com o número crescente de empregados de perfis e experiências variados.

À medida que nossas operações cresceram em outros países e nossa diversidade no quadro de funcionários aumentou, não demorou muito para que entendêssemos que algumas partes da nossa cultura corporativa funcionariam bem em todo o mundo. Para meu grande alívio, a liberdade que nossas equipes desfrutam nos Estados Unidos logo mostrou sinais de que, sem dúvida, seria bem-sucedida no mundo inteiro. Em algumas culturas, os funcionários têm um pouco mais de dificuldade para tomar decisões sem verificar um livro de regras ou pedir aprovação, mas, depois que pegam o jeito, adoram a autonomia e a ausência de regras tanto quanto os californianos. Não são apenas os americanos que gostam de estar no controle das próprias vidas e carreiras. Não há nada de cultural nisso.

Vimos logo que outros aspectos de nossa cultura eram mais difíceis de exportar. Um deles foi o Teste de Retenção. Descobrimos logo que, embora conseguíssemos seguir o nosso mantra "desempenho razoável resulta em uma generosa rescisão" em todos os países, o que é considerado generoso nos Estados Unidos com frequência é visto como mesquinho — se não ilegal — em alguns países europeus. Na Holanda, por exemplo, o valor da rescisão exigida por lei depende de há quanto tempo o funcionário trabalha na empresa. Portanto, tivemos que nos adaptar. Na Holanda, se demitirmos alguém que está conosco há vários anos, o desempenho razoável resulta em uma rescisão *ainda mais* generosa. O Teste de Retenção e todos os elementos que o acompanham podem funcionar no âmbito internacional, mas requerem adaptação às práticas e leis trabalhistas locais.

Para além desses breves elementos aparentes, levando em conta o quão rápida se dava nossa expansão por todo o mundo e quão importante era nossa cultura corporativa para nosso sucesso, eu queria fazer tudo que pudéssemos para entender as culturas dos países em que entrávamos e encontrar semelhanças e desafios em potencial entre a cultura local e a da Netflix. Eu acreditava que só a ciência disso já provocaria discussões importantes e melhoraria nossa eficiência em última instância.

ENTRA O MAPA CULTURAL

Naquela época, uma de nossas gerentes de RH me emprestou o livro de Erin, *The Culture Map*. O livro descreve um sistema que tem como objetivo comparar uma cultura nacional com outra em um conjunto de escalas comportamentais. Ele analisa questões como o quanto os funcionários se curvam perante o chefe em diferentes países, como as decisões são tomadas em diferentes partes do mundo, como construímos confiança de maneiras diversas em culturas distintas e, mais importante para nós na Netflix, o quão sinceras versus o quão diplomáticas as pessoas tendem a ser diante de feedback crítico.

Dei uma olhada nos gráficos. A estrutura era baseada em uma grande quantidade de pesquisa e me pareceu, ao mesmo tempo, sólida e simples. Compartilhei o livro com a nossa equipe executiva e alguém sugeriu que analisássemos os "mapas" culturais dos nossos escritórios regionais, comparássemos uns com os outros, conforme a tabela a seguir, e discutíssemos o que achávamos que os mapas revelavam.

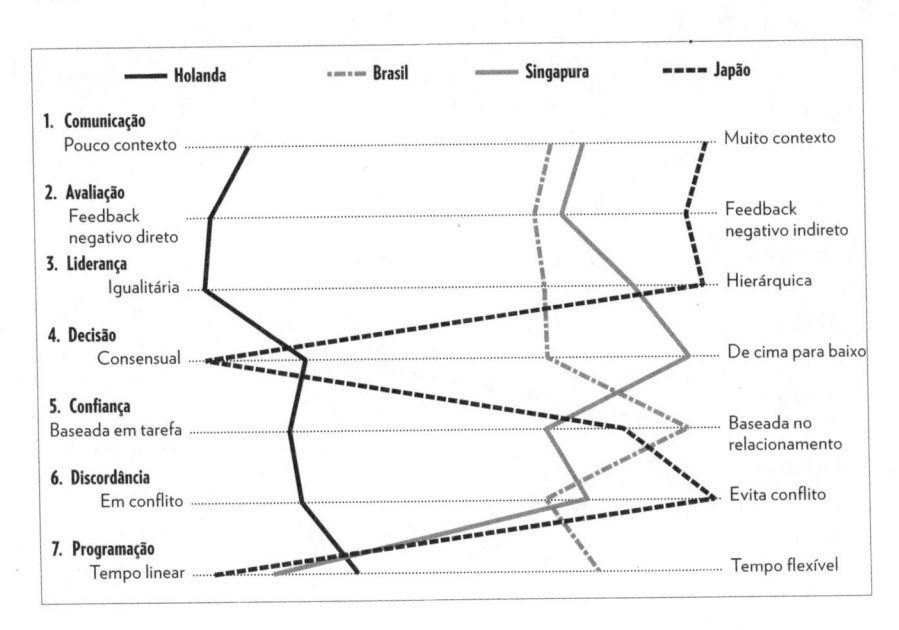

	Holanda	Brasil	Singapura	Japão
1. Comunicação	Pouco contexto			Muito contexto
2. Avaliação	Feedback negativo direto			Feedback negativo indireto
3. Liderança	Igualitária			Hierárquica
4. Decisão	Consensual			De cima para baixo
5. Confiança	Baseada em tarefa			Baseada no relacionamento
6. Discordância	Em conflito			Evita conflito
7. Programação	Tempo linear			Tempo flexível

O exercício foi uma revelação para muitos de nós. O modelo ofereceu explicações convincentes para diversas coisas que havíamos encontrado, como, por exemplo, o motivo de nossa experiência com feedback na Holanda ter sido quase diametralmente oposta à nossa experiência no Japão (dimensão 2 no gráfico). Decidimos reunir a equipe executiva para mapear nossa cultura corporativa nas mesmas escalas. Depois de fazer isso, poderíamos compará-la às culturas nacionais com as quais trabalhávamos.

Como mencionei, antes da reunião trimestral de negócios, realizamos a nossa reunião de E-Staff, com todos que ocupam cargos de vice-presidência para cima. Na reunião da equipe executiva em novembro de 2015, dividimos os sessenta participantes em dez grupos de seis. Conduzimos uma sessão de duas horas na qual trabalhamos em mesas redondas para mapear nossa cultura corporativa dentro das escalas do *The Culture Map*.

Cada grupo mapeou a cultura da empresa de maneira um pouco diferente, mas alguns padrões evidentes vieram à tona, como você verá nos três exemplos a seguir.

Grupo 1:

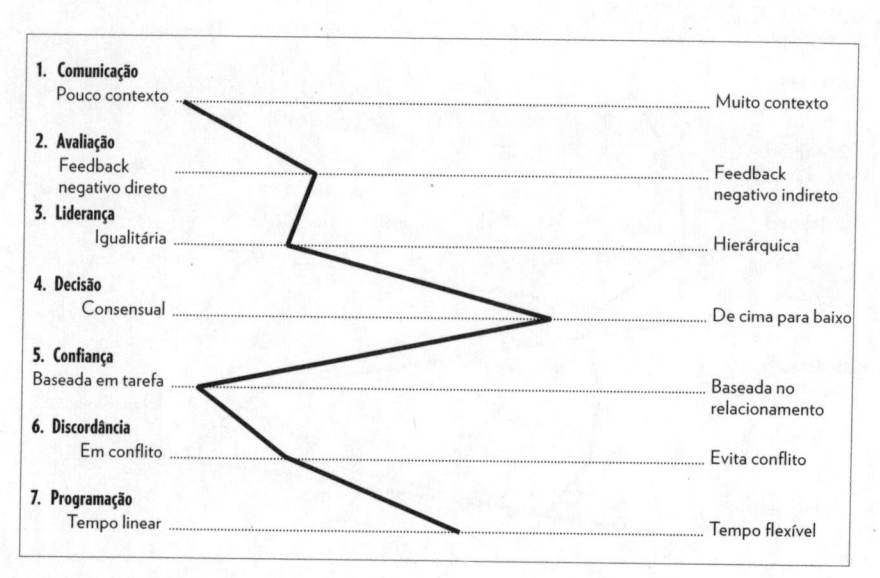

1. Comunicação		
Pouco contexto		Muito contexto
2. Avaliação		
Feedback negativo direto		Feedback negativo indireto
3. Liderança		
Igualitária		Hierárquica
4. Decisão		
Consensual		De cima para baixo
5. Confiança		
Baseada em tarefa		Baseada no relacionamento
6. Discordância		
Em conflito		Evita conflito
7. Programação		
Tempo linear		Tempo flexível

Grupo 2:

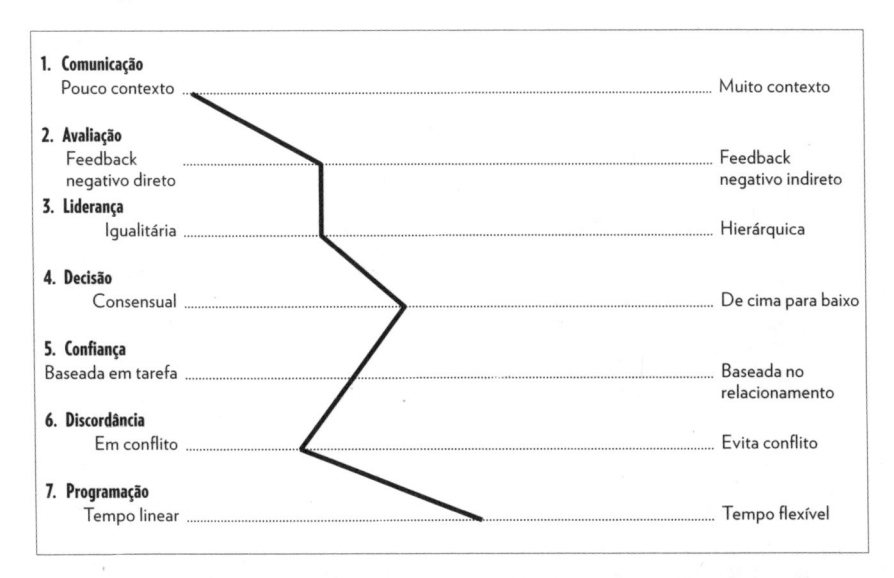

1. Comunicação Pouco contexto	Muito contexto
2. Avaliação Feedback negativo direto	Feedback negativo indireto
3. Liderança Igualitária	Hierárquica
4. Decisão Consensual	De cima para baixo
5. Confiança Baseada em tarefa	Baseada no relacionamento
6. Discordância Em conflito	Evita conflito
7. Programação Tempo linear	Tempo flexível

Grupo 3:

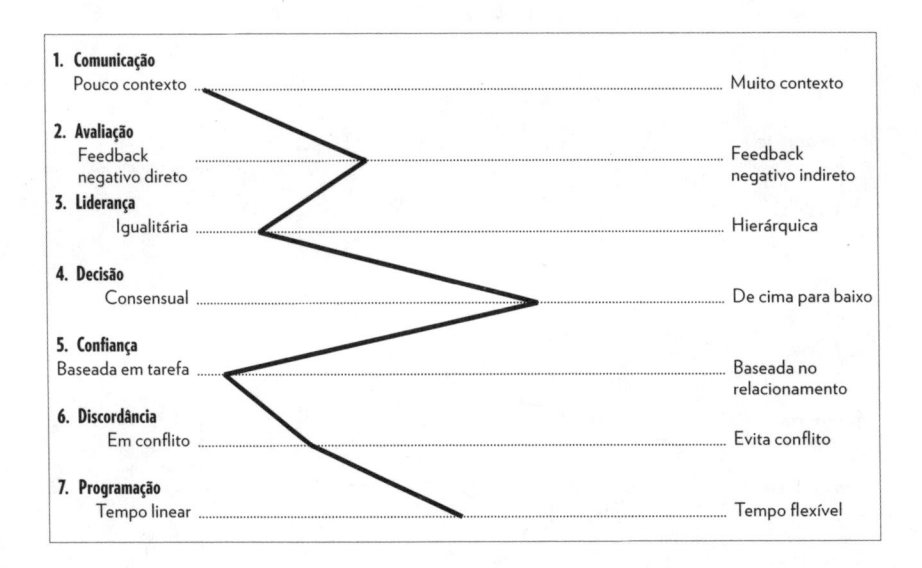

1. Comunicação Pouco contexto	Muito contexto
2. Avaliação Feedback negativo direto	Feedback negativo indireto
3. Liderança Igualitária	Hierárquica
4. Decisão Consensual	De cima para baixo
5. Confiança Baseada em tarefa	Baseada no relacionamento
6. Discordância Em conflito	Evita conflito
7. Programação Tempo linear	Tempo flexível

Em seguida, coletamos e estudamos os mapas dos dez grupos e os agregamos em um único mapa da cultura corporativa da Netflix, que ficou com a seguinte aparência:

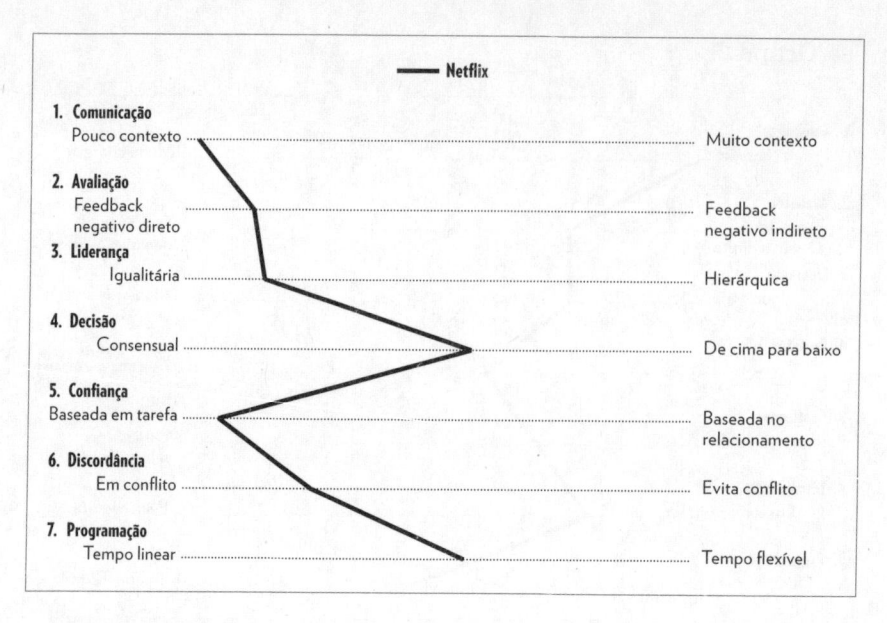

```
———— Netflix

1. Comunicação
   Pouco contexto ............................................... Muito contexto
2. Avaliação
   Feedback ..................................................... Feedback
   negativo direto                                              negativo indireto
3. Liderança
   Igualitária .................................................. Hierárquica
4. Decisão
   Consensual ................................................... De cima para baixo
5. Confiança
   Baseada em tarefa ............................................ Baseada no
                                                                relacionamento
6. Discordância
   Em conflito .................................................. Evita conflito
7. Programação
   Tempo linear ................................................. Tempo flexível
```

Depois, usando a ferramenta de Mapeamento de Países de Erin, comparamos nosso mapa cultural da Netflix com o de cada um dos países onde estavam localizadas nossas bases regionais.

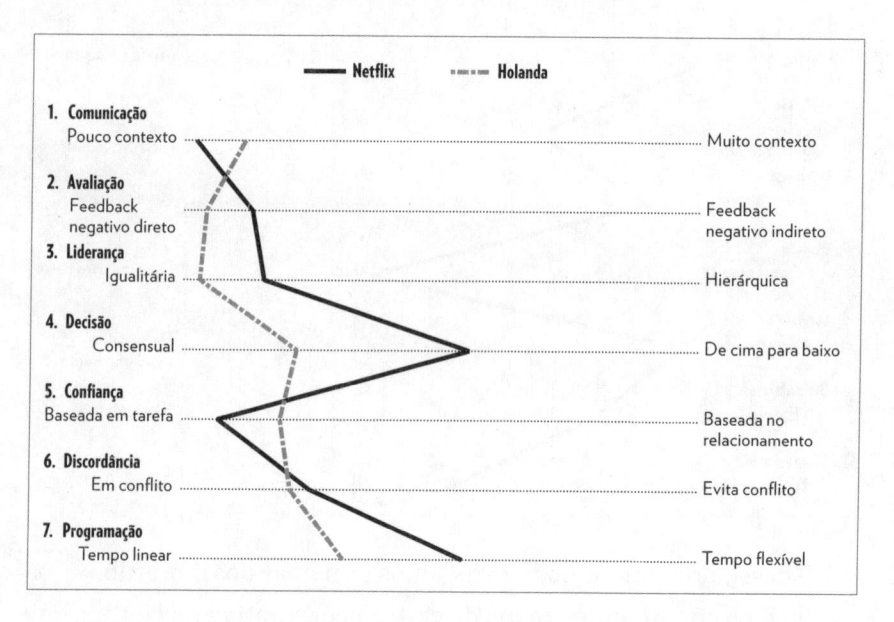

```
———— Netflix    ─ ─ ─ Holanda

1. Comunicação
   Pouco contexto ............................................... Muito contexto
2. Avaliação
   Feedback ..................................................... Feedback
   negativo direto                                              negativo indireto
3. Liderança
   Igualitária .................................................. Hierárquica
4. Decisão
   Consensual ................................................... De cima para baixo
5. Confiança
   Baseada em tarefa ............................................ Baseada no
                                                                relacionamento
6. Discordância
   Em conflito .................................................. Evita conflito
7. Programação
   Tempo linear ................................................. Tempo flexível
```

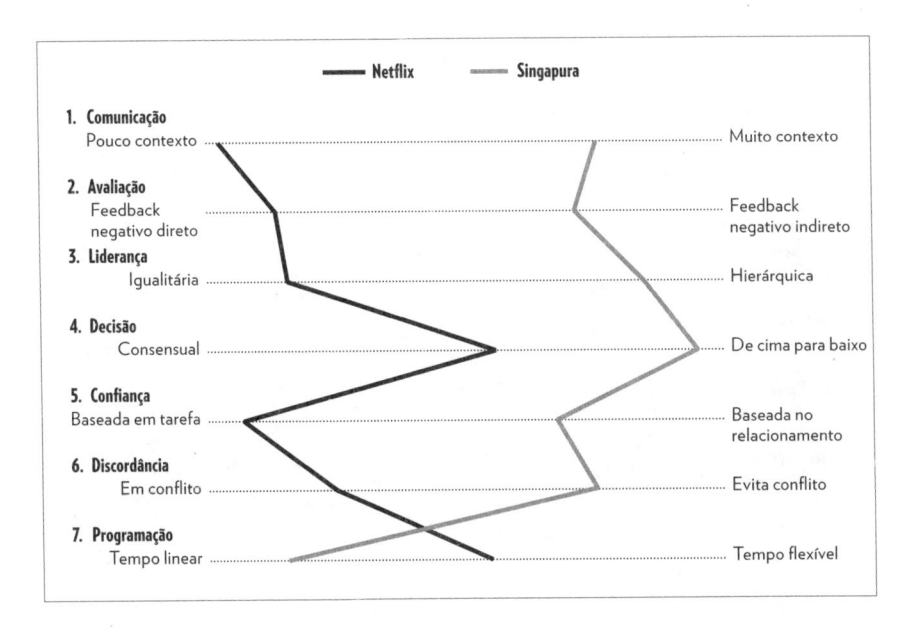

— Netflix — Singapura

1. **Comunicação**
   Pouco contexto .... Muito contexto
2. **Avaliação**
   Feedback .... Feedback
   negativo direto   negativo indireto
3. **Liderança**
   Igualitária .... Hierárquica
4. **Decisão**
   Consensual .... De cima para baixo
5. **Confiança**
   Baseada em tarefa .... Baseada no
                                                                                                     relacionamento
6. **Discordância**
   Em conflito .... Evita conflito
7. **Programação**
   Tempo linear .... Tempo flexível

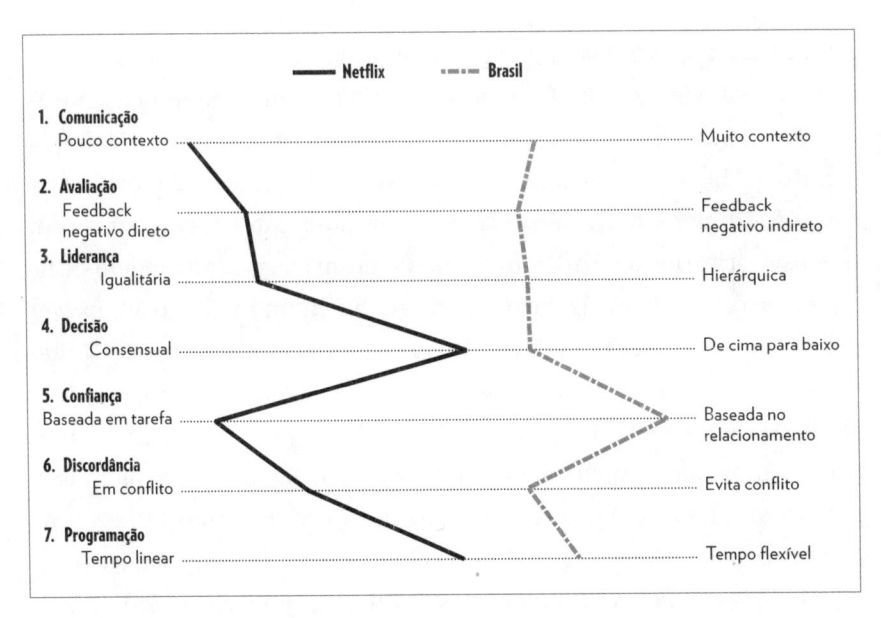

— Netflix ▪▪▪▪ Brasil

1. **Comunicação**
   Pouco contexto .... Muito contexto
2. **Avaliação**
   Feedback .... Feedback
   negativo direto   negativo indireto
3. **Liderança**
   Igualitária .... Hierárquica
4. **Decisão**
   Consensual .... De cima para baixo
5. **Confiança**
   Baseada em tarefa .... Baseada no
                                                                                                     relacionamento
6. **Discordância**
   Em conflito .... Evita conflito
7. **Programação**
   Tempo linear .... Tempo flexível

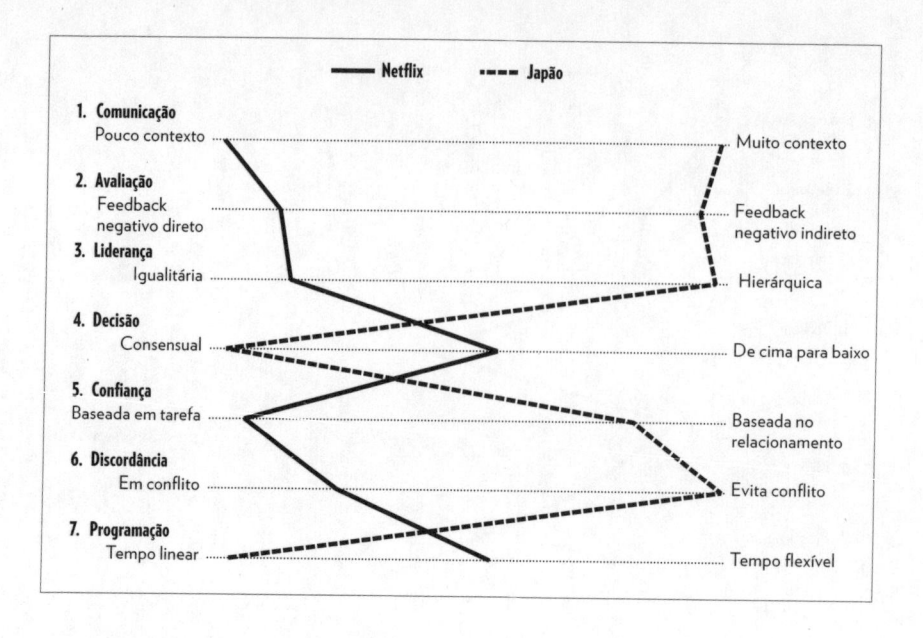

```
                    ——— Netflix      ----- Japão

1. Comunicação
   Pouco contexto ..................................................... Muito contexto
2. Avaliação
   Feedback                                                    Feedback
   negativo direto                                             negativo indireto
3. Liderança
   Igualitária ......................................................... Hierárquica
4. Decisão
   Consensual ......................................................... De cima para baixo
5. Confiança
   Baseada em tarefa ................................................. Baseada no
                                                                relacionamento
6. Discordância
   Em conflito ........................................................ Evita conflito
7. Programação
   Tempo linear ...................................................... Tempo flexível
```

Ao estudarmos os mapas, percebemos que alguns dos problemas que tínhamos em nossos escritórios regionais se deviam a diferenças culturais. Por exemplo, em comparação com a cultura Netflix, tanto a Holanda quanto o Japão tendem para o lado consensual na escala de tomada de decisões (dimensão 4). Isso explicava por que muitos funcionários em nossos escritórios de Amsterdã e Tóquio eram avessos ao modelo de líder de projeto informado, no qual sempre há um indivíduo responsável por uma decisão (veja o capítulo 6). Ao examinarmos a dimensão 3, que mede a importância da hierarquia e da autoridade na cultura, vimos a Netflix do lado direito da Holanda (descobrimos que a Holanda tem uma das culturas mais igualitárias do mundo) e do lado esquerdo de Singapura (mais hierárquica). Isso nos ajudou a entender por que nossos funcionários holandeses não tinham problemas em ignorar as sugestões dos chefes, enquanto os funcionários de Singapura precisavam de muito mais incentivo para tomar uma decisão se o chefe não concordasse.

Também ficamos surpresos com a dimensão da confiança (dimensão 5), na qual ficou claro que a cultura Netflix é mais baseada na tarefa do que quase todas as culturas locais em que estávamos adentrando. O gráfico a seguir foca especificamente nessa dimensão para que você possa ver o problema. Acrescentamos, a título de interesse, a posição dos Estados Unidos.

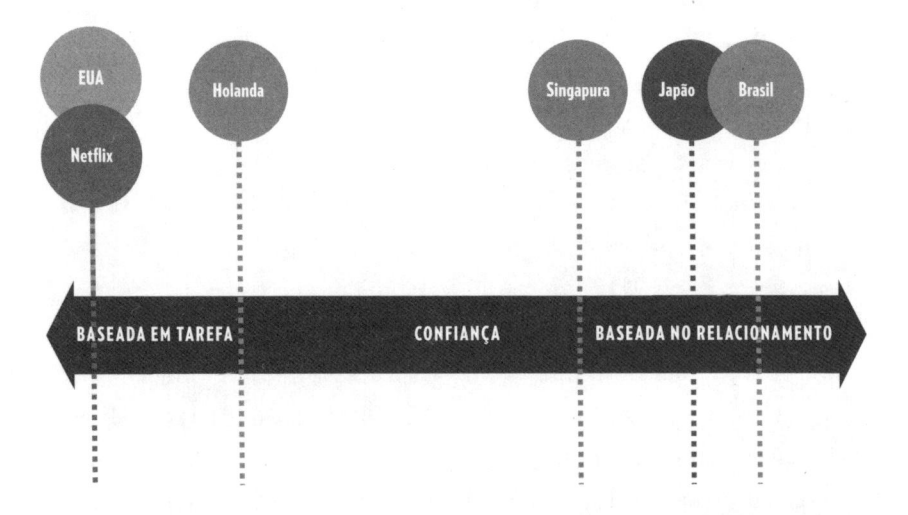

```
EUA      Holanda              Singapura  Japão  Brasil
Netflix

<---- BASEADA EM TAREFA    CONFIANÇA    BASEADA NO RELACIONAMENTO ---->
```

Na Netflix, nossa ênfase sempre foi no tempo. A maioria das reuniões dura trinta minutos, e no geral acreditamos que a maior parte dos assuntos, mesmo os mais importantes, podem ser debatidos dentro desse período de tempo. Tentamos ser amigáveis e dispostos a ajudar, mas, até realizarmos o exercício do mapeamento cultural, evitávamos gastar muito tempo em discussões que não tratavam de trabalho. Nosso objetivo era a eficiência e a velocidade, não passar tempo conversando enquanto tomávamos um café. No entanto, à medida que contratávamos mais e mais funcionários em todo o mundo, descobrimos que nossa obsessão por investir cada minuto em trabalho estava nos prejudicando de diversas maneiras. Eis um exemplo pertinente relembrado por um de nossos primeiros funcionários no Brasil. Leonardo Sampaio, diretor de desenvolvimento de negócios da América Latina, ingressou na Netflix em outubro de 2015:

> Depois de dezenas de entrevistas por telefone e vídeo, cheguei ao Vale do Silício para um dia inteiro de entrevistas cara a cara. O recrutador me colocou em uma sala de reuniões e, das nove ao

meio-dia, passei por seis entrevistas de trinta minutos com todo tipo de pessoas interessantes que mais tarde se tornariam meus colegas. Minha agenda incluía um intervalo de apenas meia hora para o almoço.

No Brasil, a hora do almoço é o momento de fazer amizade com os colegas. É um período para deixar o trabalho de lado e conhecer aquelas pessoas para além das tarefas que precisamos concluir. A confiança que construímos durante esse tempo é fundamental para a colaboração. São também essas relações que, para um brasileiro, tornam agradável a ida para o trabalho. Fiquei surpreso que o almoço estivesse programado para durar apenas meia hora e me perguntei quem passaria esse tempo comigo.

Uma mulher que eu não conhecia entrou na sala de reuniões onde eu estava. Levantei-me para cumprimentá-la. Talvez fosse com ela que eu almoçaria. Ela disse de maneira amigável: "Sarah me pediu para trazer seu almoço, espero que você goste." Havia uma boa refeição no saco, incluindo algumas saladas, um sanduíche e frutas. Ela me perguntou se eu precisava de mais alguma coisa para me sentir confortável. Quando respondi que não, ela foi embora, e eu fiquei sozinho, almoçando. Entendo agora que, para os americanos, almoçar durante o dia de trabalho é apenas mais uma tarefa a ser concluída. Mas, para um brasileiro, ser deixado almoçando sozinho foi chocante. Pensei: "O cara que vai ser meu chefe não vai nem aparecer para conversar comigo, perguntar como estou me sentindo e sobre minha vida no Brasil? Pelo visto, é isso que a Netflix quer dizer com: 'Somos um time, não uma família.'"

Claro que não fiquei muito tempo sozinho, já que trinta minutos passam rápido, e logo meu próximo entrevistador chegou.

Quando ouvi essa história, me senti desconfortável. "Somos um time, não uma família" fala de insistir em alto desempenho, e não investir cada minuto no trabalho, evitar conhecer profundamente os outros ou não se importar com as pessoas com quem trabalha. A maioria dos americanos que passasse o dia todo sendo entrevistado adoraria ter trinta minutos sozinho para almoçar e revisar suas anotações, mas entendo agora que, para os brasileiros entrevistados por nós, deixá-los sozinhos durante a refeição parece falta de educação. Agora, quando colegas brasileiros vêm nos visitar, lembramos a importância de investir mais tempo em conhecê-los no nível pessoal e também sabemos pedir a eles que nos ajudem com a adaptação de nossa própria abordagem no que diz respeito à construção de relacionamentos quando vamos negociar com fornecedores no Brasil.

O mapa cultural nos ajudou a ficarmos mais preparados e sermos mais efetivos, não apenas nessa situação, mas em muitos outros momentos importantes. Muito da consciência que desenvolvemos com base nesse exercício de mapeamento levou a discussões que resultaram em soluções que acabaram não sendo tão difíceis assim.

Mas não é fácil se dedicar a todos esses elementos destacados nos mapas culturais. A dimensão do mapa ligada à sinceridade — definida como "avaliação" —, nos conduziu a desafios constantes, pequenos e grandes. Isso aumentou nossa percepção das diferenças, mas não estava óbvio o que devíamos fazer em relação a elas.

VISÕES SOBRE SINCERIDADE DIFEREM AMPLAMENTE EM TODO O MUNDO

Como qualquer pessoa que tenha trabalhado no exterior pode lhe dizer, o feedback que é eficaz em um país pode não funcionar em outro. Por exemplo, o feedback corretivo direto dado por um chefe alemão pode parecer desnecessariamente severo nos Estados Unidos, enquanto a tendência de um americano a passar muito feedback positivo pode parecer excessiva e pouco sincera na Alemanha.

Isso ocorre porque os funcionários de diferentes partes do mundo estão condicionados a fornecer feedback de maneiras drasticamente diferentes. O gerente tailandês aprende a nunca criticar um colega abertamente ou na frente dos outros, enquanto o israelense aprende a ser sempre honesto e a transmitir a mensagem de forma direta. Os colombianos são treinados para suavizar mensagens negativas com palavras positivas, enquanto os franceses são treinados para criticar com veemência e fornecer feedback positivo com moderação. As posições da cultura corporativa da Netflix e das culturas locais onde os primeiros escritórios foram alocados seriam mais ou menos assim:

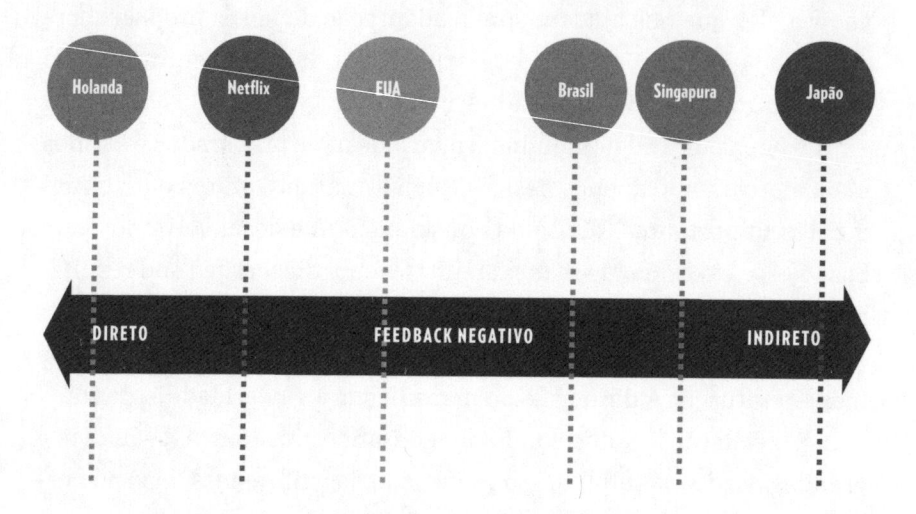

| Holanda | Netflix | EUA | Brasil | Singapura | Japão |

DIRETO ← **FEEDBACK NEGATIVO** → **INDIRETO**

Quando se trata de criticar, a Holanda é uma das culturas mais diretas do mundo. O Japão é muito indireto. Singapura é um dos países mais diretos do Extremo Oriente, mas ainda fica no lado indireto quando em escala mundial. A média dos Estados Unidos recai um pouco à esquerda do centro. O Brasil (com fortes diferenças regionais) é apenas um pouco mais direto do que Singapura. A posição da Netflix vem do exercício de mapeamento cultural que Reed conduziu em 2015.

Uma das razões para a disposição dos países nessa escala tem a ver com o idioma em que as pessoas fazem as críticas. Culturas mais diretas tendem a usar o que os linguistas chamam de *amplificadores*, palavras que precedem ou sucedem feedbacks negativos, tornando-os mais fortes, como "totalmente", "completamente" ou "fortemente": "Isso é totalmente inapropriado" ou "Isso é completamente antiprofissional". Por outro lado, culturas mais indiretas usam *atenuadores* ao fornecer feedback negativo. São termos que suavizam as críticas, como "tipo", "meio", "um pouco", "um tanto", "talvez" e "mais ou menos". Outra forma de atenuador é o eufemismo deliberado, como "Ainda não chegamos lá", quando você realmente quer dizer "Não estamos nem perto de nosso objetivo".

Os japoneses, cuja cultura é a mais indireta dos lugares onde a Netflix tem escritório, tendem a usar muitos atenuadores ao passar feedback negativo. Mas essa não é a única técnica que eles usam para tornar as críticas mais suaves. Muitas vezes, o feedback é transmitido de maneira implícita e quase não é falado. Quando a Netflix chegou ao Japão em 2015, não demorou muito para ficar óbvio que o feedback explícito, frequente e de baixo para cima, como esperado pela gestão da Netflix, não era natural nem confortável para os funcionários locais recém-contratados. A vice-presidente de negócios e assuntos jurídicos Josephine Choy (americana) recorda uma experiência:

> Fui uma das primeiras funcionárias de Tóquio e, na época, como consultora jurídica geral no Japão, minha primeira tarefa foi contratar uma equipe de profissionais para o setor jurídico. Procurei japoneses bilíngues (japonês/inglês) que parecessem incorporar — ou ao menos se sentissem atraídos — pela cultura Netflix.

As contratações foram bem-sucedidas, mas logo surgiram desafios. Um dos primeiros foi o fato de que, nos momentos difíceis em que discutiam um problema ou erro, a equipe de Josephine parecia discutir a situação abertamente ao mesmo tempo em que passava as informações mais importantes nas entrelinhas. Ela explica:

> Em inglês, as frases geralmente são formadas por um sujeito, seguido de um verbo e um objeto. É muito raro omitirmos o sujeito,

> pois a frase não faria sentido. Em japonês, no entanto, a sintaxe é flexível. Sujeito, verbo e objeto são opcionais. É possível formar uma frase em japonês com apenas um substantivo. Muitas vezes a frase pode começar com o tópico principal, seguido por algum conteúdo e o verbo no fim. Às vezes, o orador assume que todo mundo sabe qual é o sujeito, então o omite. Esse aspecto da língua japonesa se presta muito bem a uma cultura que evita conflitos. Nesses momentos, você deve considerar o que está sendo dito no contexto a fim de entender quem fez o quê.

Por exemplo, na equipe de Josephine, quando alguém cometia um erro ou perdia um prazo, eles usavam técnicas linguísticas japonesas para evitar apontar culpados, mesmo quando falavam em inglês.

> Em uma reunião, ao discutir algo que dera errado, minha equipe utilizava com frequência a voz passiva. Por exemplo: "Os ativos não foram gerados e por isso o comercial não pôde ir ao ar" ou "A aprovação não foi dada e por isso houve surpresa, então a conta não foi paga". Dessa forma, eles evitavam constranger ou culpar explicitamente alguém na sala enquanto mantinham a discussão completamente aberta entre si.
>
> Isso também significava que eu — como a única não japonesa — muitas vezes precisava interrompê-los para descobrir o que estava acontecendo. "Esperem, quem não gerou os ativos? Nós ou a agência?" Às vezes, uma frase na voz passiva parecia aludir a algo que eu deixara de fazer, mas que ninguém se atrevia a mencionar. "Espere, eu deveria ter dado a aprovação? Se foi culpa minha, como posso ajudar?"

Essa tendência a falar e ler nas entrelinhas é mais comum em feedbacks corretivos, para expressar discordância ou comunicar impressões negativas. A transmissão indireta de uma mensagem desagradável permite que o responsável pelo feedback preserve um relacionamento harmonioso com o receptor. Na cultura japonesa, o feedback construtivo explícito raramente é falado em voz alta — e sem dúvida não para alguém em um cargo superior na hierarquia. Josephine se lembra da dificuldade na primeira vez em que pediu a um de seus funcionários japoneses que lhe desse feedback:

> Uma de minhas primeiras contratadas em Tóquio foi uma advogada de nível de diretoria chamada Miho. Assim que terminamos nossa interação inicial, combinei que teríamos reuniões individuais semanais. Na primeira, enviei a ela uma pauta, e o último item era feedback. A reunião individual correu muito bem até chegarmos a esse último item. Falei: "Como você sabe, a Netflix tem uma cultura de feedback e sinceridade. Gostaria de começar pedindo seu feedback. Como está sendo o processo de integração? Há alguma mudança que eu deva fazer em minha abordagem para ser uma chefe mais eficiente para você?"

Tendo usado esse mesmo método com dezenas de funcionários nos Estados Unidos, Josephine foi pega de surpresa pelo que se seguiu:

> Miho olhou para mim e lágrimas começaram a escorrer pelo seu rosto. Não por medo ou raiva. Era algo como: "Ah, meu Deus, minha chefe está me pedindo para lhe dar um feedback. Isso está acontecendo!" Ela disse: "Ah... me desculpe. Estou chorando. Eu realmente quero fazer isso, de verdade. Só não sei como. Não damos feedbacks assim para o chefe no Japão."
>
> Decidi iniciar o processo com suavidade. "Dessa vez, eu começo. Meu feedback para você é que, quando eu lhe enviar as pautas de nossas futuras reuniões, você pode incluir o que quiser à

> lista de tópicos a serem discutidos." Ela enxugou os olhos e disse: "Tudo bem, esse é um feedback útil. Me deixe pensar a respeito e dou meu feedback na próxima reunião."

Isso abriu os olhos de Josephine.

> É claro que sei que os japoneses são menos diretos do que os americanos e que fornecer feedback a um superior pode ter adicionado algumas complicações à questão, mas eu não estava preparada para aquela resposta. Depois de praticar um pouco, Miho começou a me dar feedbacks claros e de ação específica em nossas reuniões individuais, o que foi um sucesso evidente.

Mas conseguir que os funcionários japoneses dessem feedback uns para os outros em reuniões ou durante apresentações se provava cada vez mais desafiador. Depois de muita tentativa e erro, os líderes da Netflix aprenderam algumas lições importantes sobre como implementar de modo bem-sucedido uma cultura de sinceridade não só no Japão, mas em muitas outras culturas menos diretas em todo o mundo. A primeira lição era aumentar os momentos formais de feedback ao lidar com culturas menos diretas.

EM CULTURAS MENOS DIRETAS, AUMENTE OS MOMENTOS FORMAIS DE FEEDBACK

Dado o desafio relacionado a feedback no escritório de Tóquio, um grupo de gestores sediados nos Estados Unidos realizou uma experiência na tentativa de fazer com que os funcionários japoneses passassem feedback dentro do modelo dos 4As. Eles foram da Califórnia para o Japão a fim de administrar um curso sobre feedback. O gerente de conteúdo japonês Yuka, que compareceu ao curso, relembra:

> Quatro líderes americanos da Netflix vieram a Tóquio para realizar uma sessão sobre como dar e receber feedback. Eles subiram no palco, deram feedbacks corretivos uns aos outros e responderam aos que estavam recebendo. Eles contaram histórias sobre vezes em que receberam feedbacks rigorosos de outros colegas americanos, como se sentiram e o impacto positivo que aquilo causou.
>
> Ao final, todos aplaudimos com educação. Mas concordamos que aquilo não nos ajudara em nada. O desafio não é um americano dar feedback em inglês para outro americano. Isso já vimos dezenas de vezes. O que precisávamos ver era um japonês dando feedback a outro japonês (de preferência em japonês) de maneira apropriada, respeitosa e que não afetasse o relacionamento dos dois. Era isso que faltava.

Foi o *chief product officer* Greg Peters quem descobriu uma abordagem melhor. Greg é casado com uma japonesa e fala fluentemente o idioma, o que é parte do motivo pelo qual pedi a ele que se mudasse para Tóquio e abrisse o escritório regional em 2015. Greg recorda:

> Estava no Japão há cerca de seis meses, e, apesar de todo o incentivo, havia pouquíssimo feedback espontâneo no escritório. Quando chegou a época do processo 360, minhas expectativas eram baixas.
>
> Fizemos o 360 por escrito. Em seguida, fizemos uma sessão 360 ao vivo, que é uma das atividades mais não japonesas que se pode imaginar: dar feedback franco a um colega ou superior na frente de um grupo. Mas eu sabia que havia partes de sua cultura

> que poderiam tornar possível o feedback em grupo. Em sua maioria, os japoneses são meticulosos e dedicados. Se você definir expectativas claras, eles farão tudo o que puderem para atendê-las. Se disser "Por favor, se preparem para isso. Aqui estão as instruções a serem seguidas", eles quase sempre se destacarão.
>
> Os resultados foram notáveis. Durante o processo 360, os japoneses da minha equipe forneceram feedback com uma qualidade mais alta do que minhas equipes nos Estados Unidos nos anos anteriores. Os comentários eram francos e bem construídos. As recomendações eram de ação específica e não havia hostilidade. Eles receberam os feedbacks com elegância e apreço.
>
> Depois, ao conversar com vários deles, ouvi: "Você nos falou que isso era parte do trabalho. Você nos disse o que deveríamos fazer e como. Nós nos preparamos, alguns de nós chegaram até a ensaiar. Queríamos ter certeza de que atenderíamos às suas expectativas e às da Netflix."

O que aprendemos com essa experiência — e mais tarde descobrimos ser verdade não apenas no Japão, mas na maioria das culturas em que o feedback negativo direto é menos confortável e menos comum — foi que pedir aos funcionários que deem feedbacks pontuais a colegas e superiores em momentos informais não funciona bem. Mas, se realizarmos eventos mais formais, colocando o feedback na pauta, fornecendo instruções de preparação e uma estrutura clara a ser seguida, poderemos encontrar todo tipo de feedback útil, e de maneira efetiva.

Josephine usou isso tanto em sua experiência no Japão quanto mais tarde, ao liderar equipes no Brasil e em Singapura:

> Agora digo o seguinte a meus colegas da Netflix que estão gerenciando funcionários em qualquer escritório onde a cultura seja menos direta do que a nossa: "Pratique feedback cedo e com fre-

quência. Coloque-o na pauta do maior número de reuniões possível, para eliminar seu estigma. Nas primeiras vezes em que você der feedback, mencione com delicadeza pequenas coisas que podem ser colocadas em prática com facilidade. Em vez de diminuir a quantidade de momentos formais de feedback, aumente-a, ao mesmo tempo em que investe tempo na construção de relacionamentos com essas pessoas. É improvável que o feedback espontâneo informal ocorra com frequência, mas você pode obter muitos benefícios com a sinceridade altruísta ao colocar o feedback em pauta e dar às pessoas espaço para se prepararem para isso."

Criar diversos momentos formais de feedback é a primeira lição que os gestores da Netflix aprenderam com o intuito de implementar uma cultura de sinceridade em todo o mundo. A segunda lição é...

APRENDA A AJUSTAR SEU ESTILO E CONVERSE, CONVERSE, CONVERSE

Quando a Netflix foi para o Japão, Josephine, Greg e o restante da equipe de gerenciamento estavam extremamente alertas a diferenças culturais que pudessem afetar sua eficiência; eles sabiam que a cultura japonesa era diferente. Contudo, quando foi a vez da base em Singapura, as diferenças culturais eram menos aparentes e, portanto, os líderes foram menos cuidadosos. Devido ao inglês perfeito e à experiência de trabalho com nações ocidentais, os colegas singapurenses pareciam tão familiarizados com a abordagem americana que os líderes não deram muita atenção à cultura local. Mas, então, começaram a surgir diferenças.

A coordenadora de marketing Karlyne Wang, que ingressou na Netflix vinda da HBO Ásia em outubro de 2017, deu um exemplo específico:

> Nosso assistente administrativo foi embora, e eu estou substituindo-o temporariamente. Na semana passada, havia uma ligação com um parceiro externo marcada no calendário de duas de minhas colegas americanas seniores. A ligação foi agendada pelo meu predecessor, não por mim. As americanas acordaram cedo, mas o parceiro não ligou.
>
> As duas americanas vieram falar comigo separadamente. Suas mensagens de texto me deixaram com tanta raiva que as ignorei. Não respondi. Tive de sair para dar uma volta, durante a qual disse a mim mesma: tente ser o mais aberta possível. Fique calma, essa é só a maneira que eles escrevem. Talvez não percebam que as mensagens têm um tom rude. Talvez não saibam como suas palavras afetam os outros. Elas são boas pessoas. Sei que são boas pessoas.

À medida que Karlyne me contava essa história, fui ficando cada vez mais curiosa para saber quão desagradáveis aquelas americanas haviam sido. Talvez não fosse um mal-entendido cultural, mas um comportamento ruim mesmo. Karlyne desenterrou uma das mensagens ofensivas:

> Karlyne, acordamos cedo para a ligação, mas os parceiros não ligaram. Poderíamos ter usado esse tempo para outra. Você poderia por favor conferir todas as chamadas na véspera e, caso não forem acontecer, removê-las da agenda?

Aos meus olhos americanos, aquela mensagem não parecia nem rude nem inapropriada. Tentando ajudar os negócios, a remetente apresentou um problema e uma solução de ação específica. Ela não repreendeu Karlyne. Ela explicou por quais mudanças de comportamento estava esperando e pediu "por favor". Perguntei-me se a reação de Karlyne fora cultural ou apenas supersensível de sua parte.

Então, mostrei uma captura de tela do texto a vários outros integrantes da equipe da Netflix em Singapura para saber sua opinião. Sete de oito pessoas ecoaram a reação de Karlyne: a mensagem era rude. Um desses funcionários era o gerente de mídia programática Christopher Low.

CHRISTOPHER: Para um singapurense, essa mensagem é agressiva. É muito direta: "Eis a situação. Faça A. Faça B." Se eu recebesse essa mensagem, sentiria que essa pessoa estava gritando comigo. A pior parte é quando ela escreve "Poderíamos ter usado esse tempo para fazer outra ligação." Não tem motivo para escrever isso. A primeira frase já dava a entender essa informação. Expressar isso de forma explícita parece desnecessariamente ríspido. Eu pensaria: "O que desencadeou uma reação tão desagradável?"

ERIN: Você não acha que a remetente estava sendo generosamente sincera?

CHRISTOPHER: No Ocidente, acho que o pensamento seria: "Só preciso fazer isso com rapidez e garantir que estou sendo claro. Não quero perder minutos desnecessariamente." Mas para um singapurense parece rude. Não parece altruísta ou generoso. É chocante.

ERIN: O que a remetente poderia ter feito para transmitir a mesma mensagem sem parecer rude ou ofensiva?

CHRISTOPHER: Ela poderia ter sido mais pessoal, talvez dizendo: "Ei, sei que ainda é madrugada em Singapura. Desculpe começar seu dia com más notícias." Ou ela poderia ter eximido a culpa dizendo: "Não é sua culpa. Não foi você quem agendou a reunião." Ela poderia também ter falado sem que parecesse uma ordem. "Sei que você está superocupada, mas será que poderia nos ajudar com isso no futuro?" Acrescentar algum toque pessoal teria ajudado, talvez um emoji amigável.

Christopher enfatizou que não são apenas os americanos que precisam se adaptar:

Não me entendam mal! Como funcionários de uma empresa com sede nos Estados Unidos, precisamos fazer um esforço para nos adaptarmos. A reação imediata dos singapurense pode ser se sentirem paralisados ou irritados. Mas, para sermos bem-sucedidos na Netflix, precisamos ajustar nossas reações. Temos que nos lembrar que em outros países esse comportamento é apropriado e, a partir disso, iniciar um diálogo. Karlyne deveria ter pegado o telefone e conversado abertamente com a mulher que lhe enviara a mensagem. Ela deveria ter dito: "Entendi o que aconteceu e sei que foi frustrante para você, mas sua mensagem me chateou." Ela também poderia explicar as diferenças culturais: "Talvez seja cultural. Sei que em Singapura somos menos diretos na hora de passar feedback e mais sensíveis ao recebê-los." Com diálogo aberto e discussões transparentes, podemos viver a cultura Netflix e ao mesmo tempo nos tornar cada vez mais competentes em dar e receber feedback para nossos colegas em todo o mundo.

As instruções de Chris sintetizam a segunda lição que aprendemos. Dada a importância da sinceridade para a Netflix, os funcionários de culturas indiretas precisam se acostumar a dar e a receber feedback com uma franqueza com a qual não estão acostumados. Isso requer enfatizar e reenfatizar o modelo de feedback dos 4As descrito no capítulo 2. Requer conversas francas sobre as diferenças culturais e treinamento e apoio às equipes internacionais, para que recebam o feedback direto não como um tapa na cara, mas como uma maneira de melhorar. Por exemplo, em nosso escritório em São Paulo, há uma reunião semanal sobre cultura corporativa para todos os funcionários que quiserem participar. Dar e receber feedback é um dos tópicos mais frequentes da agenda.

Mas aprender a promover a sinceridade em todo o mundo não é uma via de mão única. Ao colaborar com culturas menos diretas, nós na sede aprendemos a ser mais vigilantes e tentamos calibrar nossa comunicação para que nossas mensagens pareçam ajudar o receptor e não sejam apenas rechaçadas devido à forma. O conselho de Chris é simples, e quem precisar dar um feedback a um colega de uma cultura menos direta deve prestar atenção nisso. Seja mais amigável. Trabalhe mais para remover a culpa. Tenha o cuidado de expressar o feedback como sugestão, não como ordem. Adicione um toque pessoal, como um emoji sorridente. Essas são atitudes que podemos tomar para tornar nossas mensagens mais apropriadas ao contexto em que estamos trabalhando.

A lição mais importante que aprendemos é que — não importa de onde você venha —, quando se trata de trabalhar com culturas diferentes, converse, converse, converse. Uma das melhores maneiras de aprender a fornecer feedback a um colega internacional é fazer perguntas e demonstrar curiosidade sobre a cultura da pessoa. Se você precisa passar um feedback a alguém de outro país, antes pergunte a outro colega de sua confiança que seja do mesmo lugar: "Minha mensagem parece agressiva?" "Qual seria a melhor abordagem em sua cultura?" Quanto mais perguntas fizermos e mais curiosidade demonstrarmos, melhor nos tornaremos em dar e receber feedback em qualquer lugar do mundo.

Para fazermos as perguntas certas e entendermos as respostas que recebemos de todo o mundo, é importante lembrar uma última lição intercultural...

TUDO É RELATIVO

Como em todas as dimensões da cultura, tudo é relativo quando se trata de dar feedback a colegas estrangeiros. Os japoneses acham os singapurenses desnecessariamente diretos. Os americanos acham que falta transparência aos singapurenses. Os singapurenses que ingressam na Netflix ficam chocados com a franqueza dos colegas americanos. Para muitos holandeses, os americanos da Netflix não parecem tão diretos.

Apesar das aspirações multinacionais, a Netflix continua sendo uma empresa de cultura essencialmente americana. E, quando se trata de fornecer um feedback negativo, os americanos são mais diretos do que muitos outros, embora consideravelmente menos que os holandeses. Diretora holandesa de políticas públicas, Ise passou a fazer parte da equipe da Netflix de Amsterdã em 2014, e explica a diferença:

> A cultura Netflix conseguiu criar um ambiente em que temos feedback frequente e de ação específica. No entanto, quando um americano dá um feedback, mesmo na Netflix, quase sempre começa destacando o que é bom no seu trabalho antes de expressar o que realmente quer. Os americanos aprendem coisas como "Sempre destaque três pontos positivos para cada negativo" e "Prenda a atenção dos funcionários dizendo o que estão fazendo certo". Isso é confuso para um holandês, que lhe fornecerá feedback positivo ou negativo, mas provavelmente não dará os dois na mesma conversa.

Na Netflix, Ise logo descobriu que a maneira natural e confortável de passar um feedback em sua própria cultura parecia brusca demais para os colaboradores americanos.

> Donald, um colega americano que se mudou há pouco tempo para a Holanda, convocara uma reunião em Amsterdã. Sete parceiros de fora da Netflix haviam pegado aviões e trens vindos de toda a Europa para participar das discussões. A reunião transcorreu muito bem. Donald era articulado, observador e persuasivo. Era evidente que tinha se preparado. Mas percebi em vários momentos que os outros participantes queriam compartilhar a própria perspectiva, mas não tiveram oportunidade porque Donald falou demais.

Após a reunião, ele me disse: "Achei que foi ótimo. E você?" Pareceu-me um momento perfeito para fornecer o feedback sincero que os líderes da Netflix sempre pregam, então respondi: "Stinne veio da Noruega para participar da reunião, mas você falou tanto que ela não conseguiu sequer dizer uma palavra. Pedimos a essas pessoas que viajassem longas distâncias para virem até aqui, e elas não tiveram tempo para falar. Não ouvimos todas as opiniões que podiam ter nos ajudado. Você falou durante 80% do tempo da reunião, impedindo que qualquer outra pessoa dissesse o que fosse."

Ela estava prestes a passar para a parte das sugestões de ação específica para aprimoramentos futuros quando Donald fez algo que Ise considera típico dos americanos.

Antes mesmo de eu terminar, ele gemeu e pareceu decepcionado. Ele achou meu feedback muito severo, como geralmente acontece com os americanos. Ele disse: "Ah, meu Deus, me desculpe por ter estragado tudo." Mas ele não tinha "estragado tudo". Não foi o que eu disse. A reunião fora um sucesso, e ele parecia saber disso quando disse: "Achei que foi ótimo." Havia apenas um aspecto que não fora bom, e senti que entender aquilo poderia ajudá-lo a melhorar.

Isso é o que me frustra em meus colegas americanos. Por mais que deem feedbacks e se mostrem ansiosos para recebê-los, se você não começar dizendo algo positivo, eles acham que foi tudo um desastre. Assim que um holandês começa a conversa com o aspecto negativo, o americano anula a crítica achando que foi tudo por água abaixo.

Nos últimos cinco anos na Netflix, Ise aprendeu muito sobre dar feedback a colegas estrangeiros, em especial americanos:

> Agora que entendo melhor as tendências culturais, dou o feedback com a mesma frequência, mas penso antes na pessoa que receberá a mensagem e em como me adaptar para obter os resultados esperados. Com culturas mais indiretas, começo lançando alguns comentários positivos e palavras de reconhecimento. Se o trabalho em geral foi bom, afirmo isso com entusiasmo logo no início. Daí, passo para o feedback com "algumas sugestões". Então, encerro afirmando "É apenas a minha opinião, de qualquer modo" e "Você pode aceitar ou ignorar". Do ponto de vista holandês, essa dança elaborada parece cômica... mas sem dúvida alcança os resultados desejados!

As palavras de Ise resumem as estratégias que a Netflix desenvolveu para promover a sinceridade à medida que ia inaugurando seus escritórios internacionais. Quando você lidera uma equipe internacional, conforme conversa via Skype com os funcionários de diferentes culturas, suas palavras serão ampliadas ou minimizadas com base no contexto cultural de seu interlocutor. Por isso, você deve ficar atento. Precisa ser estratégico. E flexível. Com um pouco de informação e de delicadeza, você pode modificar o feedback para a pessoa com quem está falando de modo a alcançar os resultados necessários.

Pessoalmente, adorei a abordagem franca que Ise usou ao dar seu feedback para Donald. Ela queria ajudar, foi clara sobre qual comportamento ofuscou o sucesso da reunião e o feedback era de ação específica.

O que lhe faltou foi sensibilidade global. Apesar de sua sinceridade, a técnica de feedback gerou o mal-entendido. A mensagem pretendida era que a reunião fora ótima e que Donald deveria falar menos para tornar a próxima ainda melhor. A maneira como ela passou a mensagem levou Donald a achar que a reunião fora um desastre. E, se Donald fosse brasileiro ou singapurense, provavelmente sairia da reunião esperando ser demitido na semana seguinte.

Isso nos leva ao...

ÚLTIMO PONTO... POR ENQUANTO

Ao dar feedback a pessoas de sua própria cultura, use a abordagem dos 4As descrita no capítulo 2. Contudo, ao dar feedback para o resto do mundo, adicione um quinto A.

Os 4As:

- Alvo a alcançar
- Ação específica
- Agradecer
- Aceitar ou descartar

Mais um, e temos cinco:

- Adaptar — o modo de se expressar e sua reação à cultura com a qual você está trabalhando, de modo a obter os resultados necessários.

Ainda temos muito a aprender sobre como integrar nossa cultura corporativa ao crescente número de escritórios em todo o mundo. Na maioria das reuniões trimestrais de negócios, temos ao menos uma discussão sobre cultura corporativa. Como a maior parte de nosso crescimento futuro está fora dos Estados Unidos, essas discussões se concentram mais e mais em como fazer com que nossos valores funcionem em um contexto global. O que aprendemos é que, para integrar sua cultura corporativa em todo o mundo, acima de tudo você precisa ser humilde, curioso, ouvir antes de falar e aprender antes de ensinar. Com essa abordagem, é inevitável que você se torne cada dia mais eficiente nesse mundo tão fascinante e multicultural.

▶ LIÇÕES DO CAPÍTULO 10

- Mapeie sua cultura corporativa e compare-a com as dos países para os quais você está expandindo. Para uma cultura de Liberdade com Responsabilidade, a sinceridade vai demandar atenção extra.

- Em países menos diretos, implemente mecanismos mais formais de feedback e o inclua na pauta com mais frequência, pois os intercâmbios informais acontecem menos vezes.

- Com culturas mais diretas, converse abertamente sobre as diferenças para que o feedback seja compreendido da maneira pretendida.

- Faça da ADAPTABILIDADE o quinto A de seu modelo de sinceridade. Discuta abertamente o que significa sinceridade em diferentes partes do mundo. Trabalhe em equipe para descobrir como os dois lados podem se adaptar para atrair esse valor para a vida.

CONCLUSÃO

Em Minneapolis, perto da casa onde morei na minha infância, há um lago redondo de cinco quilômetros chamado Bde Maka Ska. Nos sábados quentes de verão, hordas de habitantes da cidade se aglomeram pelas trilhas, docas e praias do Bde Maka Ska. Apesar das multidões, o lugar parece surpreendentemente pacífico porque há muitas regras orientando as ações de todo mundo. Pedestres não são permitidos nas ciclovias. As bicicletas devem seguir apenas no sentido horário. É proibido fumar em qualquer lugar. É proibido nadar além da demarcação das boias. Patins e patinetes circulam na ciclovia, e corridas devem ocorrer apenas na calçada. Esses regulamentos são amplamente conhecidos e seguidos a rigor, criando um paraíso de organização e tranquilidade.

Se a Netflix tem uma cultura de liberdade com responsabilidade, Bde Maka Ska tem uma cultura de regras e processos.

Por mais pacífica que seja essa cultura, também existem algumas desvantagens. Se você precisar percorrer uma curta distância de bicicleta no sentido anti-horário, não vai poder. Terá de fazer toda a volta do lago no sentido horário. Se você quiser atravessar o lago a nado, será parado por um barco salva-vidas e levado de volta à margem.

Não importa quão bem você nade; não é permitido. Essa cultura foi desenvolvida para oferecer paz e segurança à maioria, não liberdade ao indivíduo.

O paradigma das "regras e processos" é tão conhecido para coordenar o comportamento de um grupo que quase não precisa ser explicado. Desde o jardim de infância, quando a Sra. Sanders sentou todas as crianças de cinco anos no tapete verde e explicou em detalhes o que podia e o que não podia ser feito, você já estava aprendendo regras e processos. Mais tarde, quando você conseguiu o primeiro emprego limpando pratos em um restaurante chinês no shopping e aprendeu quais cores de meias poderia ou não usar sob o uniforme e quanto seria abatido do seu salário se você comesse um biscoito durante o expediente, seu aprendizado em regras e processos estava progredindo.

Essa abordagem tem sido a principal maneira de coordenar o comportamento em grupo por séculos. Mas não é a única maneira, e não é só a Netflix que usa um método diferente. Há 19 anos moro a nove minutos de carro do Arco do Triunfo, em Paris. Do topo do monumento é possível ter vistas espetaculares da famosa avenida Champs-Élysées, da Torre Eiffel e da Basílica de Sacré-Coeur, mas o mais impressionante é a enorme rotatória que circunda o Arco, conhecida como "l'Etoile", ou "a Estrela". Reed às vezes se refere à Liberdade com Responsabilidade como algo que opera próximo ao limite do caos. Para isso, não há imagem mais clara do que o tráfego de l'Etoile.

A cada minuto, centenas de carros jorram das doze avenidas de faixas múltiplas que convergem na rotatória de dez faixas não demarcadas. Motocicletas passam por entre ônibus de dois andares. Táxis se aglomeram de forma agressiva para deixar turistas no centro da rotatória. Carros mergulham, muitas vezes sem sinalizar, rumo à avenida de sua escolha. Apesar da massa de veículos e pessoas, existe apenas uma regra básica que orienta todo o tráfego: uma vez na rotatória, você cede a vez para quem estiver entrando de qualquer uma das doze avenidas que desembocam ali. Fora isso, saiba para onde quer ir, concentre-se em seu objetivo e use o bom senso. Você provavelmente chegará lá rápido e ileso. A maioria das pessoas consegue.

Da primeira vez que você sobe no Arco do Triunfo e testemunha o tumulto lá embaixo, as vantagens de operar com tão poucas regras parecem incertas. Por que não colocar vários semáforos em volta do círculo para fazer com que os carros aguardem sua vez? Por que não demarcar as faixas e estabelecer restrições rigorosas sobre quem pode desviar para onde e quando?

De acordo com meu marido, Eric, que é francês e dirige ao redor do Arco do Triunfo quase todo dia há décadas, isso atrasaria tudo. "L'Etoile é incrivelmente eficiente. Para um motorista hábil, não há maneira mais rápida de se ir do ponto A ao ponto B", afirma. "Além disso, o sistema fornece extrema flexibilidade. Você pode entrar na rotatória planejando sair na Champs Elysées e deparar com um ônibus turístico bloqueando a avenida. Mas sem pânico. É possível alterar a rota rapidamente. Você pode sair na Avenue de Friedland ou na Avenue Hoche, ou pode circular a rotatória mais algumas vezes até o ônibus ter ido embora. Quase nenhuma outra solução de trânsito permite que você mude de rumo tão depressa em meio a um trajeto."

Depois de ler este livro, você viu que, ao liderar uma equipe ou gerenciar uma empresa, você tem uma escolha clara a fazer. Pode seguir o caminho do Bde Maka Ska, trabalhando para controlar os movimentos de seus funcionários com regras e processos. Ou pode implementar uma cultura de Liberdade com Responsabilidade, optando por velocidade e flexibilidade e oferecendo mais liberdade aos funcionários. Cada abordagem tem suas vantagens. Quando você começou a ler este livro, já sabia como coordenar um grupo de pessoas por meio de regras e processos. Agora sabe como fazer isso também por meio de Liberdade com Responsabilidade.

QUANDO OPTAR POR REGRAS E PROCESSOS?

Nos últimos três séculos, a Revolução Industrial impulsionou a maioria das economias bem-sucedidas do planeta. Portanto, é natural que os paradigmas de gerenciamento de fabricação em larga escala e com baixo índice de erro tenham dominado as práticas empresariais dos negócios. Em um ambiente industrial, você tenta eliminar a variação, e a maioria das abordagens de gerenciamento foi projetada levando isso em conta. Quando uma empresa consegue produzir um milhão de doses de penicilina ou dez mil automóveis idênticos sem erros, isso é de fato um sinal de excelência.

Talvez por isso, durante a era industrial, muitas das melhores empresas operassem como orquestras, tendo como objetivos a sincronicidade, a precisão e a perfeita coordenação. Em vez de partituras e um maestro, processos e políticas orientavam o trabalho. Até hoje, se você estiver administrando uma fábrica, gerenciando um ambiente de necessidade crítica de segurança ou se quiser que o mesmo produto seja fabricado identicamente e com grande confiabilidade, uma orquestra de regras e processos é o caminho a ser seguido.

Até mesmo na Netflix temos partes na empresa onde a segurança e a prevenção de erros são nossos principais objetivos e, nesses casos, cercamos toda uma área para construir uma pequena sinfonia de regras e processos perfeita.

Tome como exemplos estas duas questões: segurança no trabalho e assédio sexual. Quando se trata de proteger nossos funcionários de ferimentos e assédio, investimos em prevenção de erros (treinamento) e linhas diretas de denúncia, instauramos processos pesados para garantir que todas as alegações sejam adequadamente investigadas e usamos princípios de aprimoramento de processos para levar as taxas de incidentes a zero.

Da mesma forma, em outros momentos em que um erro levaria ao desastre, escolhemos regras e processos. Um exemplo disso são as informações financeiras que divulgamos para Wall Street a cada trimestre. Imagine se publicássemos nossas informações financeiras e depois tivéssemos de voltar atrás e dizer: "Ei, esperem, estávamos errados. A receita é menor do que declaramos." Isso seria um desastre completo.

Outro exemplo é a privacidade dos dados de nossos espectadores. E se alguém invadisse nosso sistema, roubasse informações sobre o que nossos membros estavam assistindo e publicasse na internet? Seria catastrófico.

Em casos específicos como esses, em que a prevenção de erros é claramente mais importante do que a inovação, temos muitas verificações, processos e procedimentos para garantir que não estragaremos nada. Nesses momentos, queremos que a Netflix se pareça com um hospital onde há cinco pessoas para verificar se o cirurgião está operando o joelho certo. Quando um erro pode levar ao desastre, regras e processos não são apenas bons, mas uma necessidade.

Com isso em mente, você pode considerar seu objetivo com cuidado antes de decidir quando optar por Liberdade com Responsabilidade e quando regras com processos seriam uma opção melhor. Eis aqui um conjunto de perguntas que você pode fazer para escolher a abordagem certa:

- Você trabalha em um setor no qual a saúde ou a segurança de funcionários ou clientes depende de tudo dar certo? Nesse caso, escolha regras e processos.
- Se você cometer um erro, isso acabará em desastre? Escolha regras e processos.
- Você está trabalhando em um ambiente industrial no qual precisa fabricar produtos consistentemente idênticos? Escolha regras e processos.

Se você está no comando da emergência de um hospital, testando aviões, gerenciando uma mina de carvão ou entregando medicamentos manipulados para cidadãos na terceira idade, o caminho a seguir é o de regras com processos. Esse tem sido por séculos o melhor modelo de coordenação para a maioria das empresas e, para algumas, continuará a ser a melhor escolha nos próximos anos.

Contudo, para aqueles que trabalham com economia criativa, em que inovação, velocidade e flexibilidade são a chave para o sucesso, vale a pena considerar dispensar a orquestra e se concentrar em produzir um tipo diferente de música.

ISSO É JAZZ, NÃO UMA SINFONIA

Mesmo durante a era industrial, havia bolsões da economia — como as agências de publicidade — em que o pensamento criativo impulsionava o sucesso e se trabalhava no limiar do caos. Essas empresas representavam uma porcentagem pequena da economia. Agora, porém, com o aumento da importância da propriedade intelectual e dos serviços criativos, a porcentagem da economia que depende do estímulo à criatividade e à inovação é muito maior e continua aumentando. No entanto, a maioria das empresas ainda segue os paradigmas da Revolução Industrial que dominaram a produção de riquezas nos últimos três séculos.

Nesta era da informação em que vivemos, o objetivo de muitas empresas e muitas equipes não é mais a prevenção de erros ou a reprodutibilidade. Pelo contrário, é a criatividade, a velocidade e a agilidade. Na era industrial, o foco era minimizar a variação. No entanto, hoje, nas empresas criativas, maximizar a variação é mais essencial. Nessas situações, o maior risco não é cometer um erro ou perder a consistência, mas não conseguir atrair os melhores talentos, inventar novos produtos ou trocar de direção rapidamente quando o ambiente muda. A consistência e a reprodutibilidade são mais propensas a reprimir novas ideias do que a gerar lucros para a sua empresa. Muitos pequenos erros, embora algumas vezes dolorosos, ajudam a empresa a aprender com rapidez e são parte fundamental do ciclo de inovação. Nessas circunstâncias, regras e processos não são mais a melhor resposta. Você não está procurando uma orquestra. Deixe o maestro e as partituras de lado. Monte uma banda de jazz.

O jazz enfatiza a espontaneidade individual. Os músicos sabem a estrutura da música no todo, mas têm liberdade para improvisar, criando uma música incrível.

Obviamente, você não pode simplesmente eliminar regras e processos, dizer à sua equipe que devem virar uma banda de jazz e esperar que assim seja. Sem as condições ideais, o caos se instalará. Mas agora, depois de ler este livro, você tem um mapa. Quando começar a ouvir a música, mantenha o foco. Cultura não é algo que você cria e depois deixa de lado. Na Netflix, estamos sempre debatendo nossa cultura e esperando que ela evolua continuamente. Para desenvolver uma equipe inovadora, rápida e flexível, deixe as coisas um pouco soltas. Dê boas-vindas às mudanças constantes. Opere um pouco mais perto do limiar do caos. Não distribua partituras nem monte uma orquestra. Trabalhe para criar condições como no jazz e contrate funcionários que desejem fazer parte de uma banda de improvisação. Quando tudo se encaixa, a música é linda.

AGRADECIMENTOS

Ao longo deste livro, exploramos o valor da densidade de talento e da sinceridade. O desenvolvimento deste livro também teve suas raízes nesses dois elementos.

Agradecemos ao nosso time dos sonhos, pessoas talentosas e fabulosas, a começar pela agente literária Amanda "Binky" Urban, que viu potencial nos rascunhos do livro e nos guiou pela criação da proposta e além. Somos gratos à nossa editora na Penguin, a lendária Ann Godoff, que acreditou sem titubear neste projeto e o conduziu desde seus primórdios até a conclusão.

Agradecemos a ajuda editorial de David Champion, que amou o manuscrito como se fosse dele e editou cada capítulo — alguns diversas vezes — com o maior cuidado de todos, até que alcançasse seus níveis de exigência. Agradecemos a Des Dearlove e Stuart Crainer, que ousaram dar um feedback rígido e sincero quando estávamos enfrentando algumas dificuldades. A franqueza deles pode muito bem ter salvado este livro. Sou grato a Elin Williams, por sua contribuição nas versões iniciais dos capítulos, antes de estarmos prontos para compartilhá-lo com mais alguém; mais tarde, ela lapidou a escrita, retirando parágrafos desnecessários e nos ajudando a manter nossas mensagens no ponto. Um agradecimento especial a Patty McCord, que foi fundamental para o desenvolvimento da cultura corporativa da Netflix e passou incontáveis horas conosco, contando e recontando histórias dos primeiros dias da Netflix.

Nosso muitíssimo obrigado aos mais de duzentos funcionários da Netflix, ex e atuais, que gentilmente dividiram suas histórias conosco, o que, mais tarde, se tornou a base desta obra. Este livro ganhou vida graças a seus relatos generosos, transparentes e brilhantes. Um agradecimento especial a Richard Siklos, Bao Nguyen e Tawni Argent, todos da Netflix, que foram partes indispensáveis do projeto desde o primeiro dia.

É um clássico agradecer aos membros de sua família ao fim de um livro, mas alguns da minha atuaram em um papel mais ativo que a maioria. Obrigada a minha mãe, Linda Burkett, que perscrutou com muito zelo cada rascunho e cada capítulo ao longo de toda a elaboração do manuscrito, eliminando frases muito longas, encontrando vírgulas perdidas e em geral tornando muitas passagens mais agradáveis de ler. Agradeço aos meus filhos, Ethan e Logan, que transformaram o processo de escrita em dias felizes. Meu imenso muito obrigada ao meu marido e sócio, Eric, que não só me deu amor e apoio sem parar durante toda a jornada de elaboração do livro como também passou centenas de horas lendo, relendo e relendo mais uma vez cada seção, fornecendo sugestões e conselhos o tempo todo.

Acima de tudo, quero agradecer aos milhares de líderes da Netflix nesses últimos vinte anos, que contribuíram para o desenvolvimento da cultura da empresa. Este livro não descreve algo que encontrei em meio a momentos de reflexão profunda, mas sim algo que todos descobrimos juntos, por meio de muitas discussões, investigações intermináveis e do uso contínuo do método de tentativa e erro. É graças à sua criatividade, coragem e versatilidade que a cultura Netflix é o que é hoje.

BIBLIOGRAFIA SELECIONADA

Introdução

EDMONDSON, Amy C. *The Fearless Organization: Creating Psychological Safety in the Workplace for Learning, Innovation, and Growth.* Hoboken, NJ: Wiley, 2019.

"Glassdoor Survey Finds Americans Forfeit Half of Their Earned Vacation/Paid Time Off." Glassdoor, 24 mai. de 2017. Disponível em: <www.glassdoor.com/about-us/glassdoor-survey-finds-americans-forfeit-earned-vacationpaid-time/>. Acesso em: 26 de março de 2020.

"Netflix Ranks as #1 in the Reputation Institute 2019 US RepTrak 100." *Reputation Institute*, 3 abr. 2019. Disponível em: <www.reputationinstitute.com/about-ri/press-release/netflix-ranks-1-reputation-institute-2019-us-reptrak-100>. Acesso em: 26 de março de 2020.

STENOVEC, Timothy. "One Huge Reason For Netflix's Success." *HuffPost*, 7 dez. 2017. Disponível em: <www.huffpost.com/entry/netflix-culture-deck-success_n_6763716>. Acesso em: 26 de março de 2020.

Capítulo 1: Um ótimo ambiente de trabalho é composto por colegas incríveis

"370: Ruining It for the Rest of Us." *This American Life*, 14 dez. 2017. Disponível em: <www.thisamericanlife.org/370/transcript>. Acesso em: 26 de março de 2020.

FELPS, Will, et al. "How, When, and Why Bad Apples Spoil the Barrel: Negative Group Members and Dysfunctional Groups." *Research in Organizational Behavior* 27 (2006): 175-222.

Capítulo 2: Diga o que você realmente pensa (com intuito construtivo)

COYLE, Daniel. *The Culture Code: The Secrets of Highly Successful Groups.* Nova York: Bantam Books, 2019.

EDWARDES, Charlotte. "Netflix's Ted Sarandos: The most powerful person in Hollywood?" *Evening Standard*, 9 mai. 2019. Disponível em: <www.standard.co.uk/tech/netflix-ted-sarandos-interview-the-crown-a4138071.html>. Acesso em: 26 de março de 2020.

GOETZ, Thomas. "Harnessing the Power of Feedback Loops." *Wired*, 19 jun. 2011. Disponível em: <www.wired.com/2011/06/ff_feedbackloop>. Acesso em: 26 de março de 2020.

ZENGER, Jack; FOLKMAN, Joseph. "Your Employees Want the Negative Feedback You Hate to Give." *Harvard Business Review*, 15 jan. 2014. Disponível em: <hbr.org/2014/01/your-employees-want-the-negative-feedback-you-hate-to-give>. Acesso em: 26 de março de 2020.

Capítulo 3a: Elimine a política de férias

BELLIS, Rich. "We Offered Unlimited Vacation For One Year. Here's What We Learned." *Fast Company*, 6 nov. 2015. Disponível em: <www.fastcompany.com/3052926/we-offered-unlimited-vacation-for-one-year-heres-what-we-learned>. Acesso em: 26 de março de 2020.

BLITSTEIN, Ryan. "At Netflix, vacation time has no limits." *The Mercury News*, 21 mar. 2007. Disponível em: <www.mercurynews.com/2007/03/21/at-netflix-vacation-time-has-no-limits>. Acesso em: 26 de março de 2020.

BRANSON, Richard. "Why we're letting Virgin staff take as much holiday as they want." *Virgin*, 27 abr. 2017. Disponível em: <www.virgin.com/richard-branson/why-were-letting-virgin-staff-take-much-holiday-they-want>. Acesso em: 26 de março de 2020.

HAUGHTON, Jermaine. "Unlimited Leave: How Do I Ensure Staff Holiday's Don' Get out of Control." Chartered Management Institute, jun. de 2015. Disponível em: <www.managers.org.uk/insights/news/2015/june/unlimited-leave-how-do-i-ensure-staff-holidays-dont-get-out-of-control>. Acesso em: 26 de março de 2020.

MILLET, Josh. "Is unlimited vacation a perk or a pain? Here's how to tell." *CNBC*, 26 set. 2017. Disponível em: <www.cnbc.com/2017/09/25/is-unlimited-vacation-a-perk-or-a-pain-heres-how-to-tell.html>. Acesso em: 26 de março de 2020.

Capítulo 3b: Elimine aprovações de viagens e despesas

PRUCKNER, Gerald J. e Sausgruber, Rupert. "Honesty on the Streets: A Field Study on Newspaper Purchasing." *Journal of the European Economic Association* 11, n°. 3 (2013): 661–79.

Capítulo 4: Pague os melhores salários do mercado

ARIELY, Dan. "What's the Value of a Big Bonus?" *Dan Ariely*, 20 nov. 2008. Disponível em: <danariely.com/2008/11/20/what's-the-value-of-a-big-bonus/>. Acesso em: 26 de março de 2020.

THOMPSON, Clive. *Coders: Who They Are, What They Think and How They Are Changing Our World*. Nova York: Picador, 2019.

KONG, Cynthia. "Quitting Your Job." Infographic. *Robert Half*, 9 jul. 2018. Disponível em: <www.roberthalf.com/blog/salaries-and-skills/quitting-your-job>. Acesso em: 26 de março de 2020.

LAWLER, Moira. "When to Switch Jobs to Maximize Your Income." Monster. Disponível em: <www.monster.com/career-advice/article/switch-jobs-earn-more-0517>. Acesso em: 26 de março de 2020.

LUCHT, John. *Rites of Passage at $100,000 to $1 Million+: Your Insider's Strategic Guide to Executive Job-Changing and Faster Career Progress*. Nova York: The Viceroy Press, 2014.

LUTHI, Ben. "Does Job Hopping Increase Your Long-Term Salary?" Chime. Disponível em: <www.chime.com/blog/does-job-hopping-increase-your-long-term-salary/?src=cb>. Acesso em: 26 de março de 2020.

SACKMAN, H., et al. "Exploratory Experimental Studies Comparing Online and Offline Programing Performance." *Communications of the ACM* 11, n°. 1 (janeiro de 1968): 3–11.

SHOTTER, James; NOONAN, Laura; MCLANNAHAN, Ben. "Bonuses don't make bankers work harder, says Deutsche's John Cryan." *CNBC*, 25 nov. 2015. Disponível em: <www.cnbc.com/2015/11/25/deutsche-banks-john-cryan-says-bonuses-dont-make-bankers-work-harder-says.html>. Acesso em: 26 de março de 2020.

Capítulo 5: Compartilhe informações organizacionais

ARONSON, Elliot, et al. "The Effect of a Pratfall on Increasing Interpersonal Attractiveness." *Psychonomic Science* 4, n°. 6 (1966): 227–28.

BROWN, Brené. *A coragem de ser imperfeito: como aceitar a própria vulnerabilidade, vencer a vergonha e ousar ser quem você é*. Rio de Janeiro: Sextante, 2016.

BRUK, A.; SCHOLL, S. G.; BLESS, H. "Beautiful Mess effect: Self-other Differences in Evaluation of Showing Vulnerability." *Journal of Personality and Social Psychology*, 115 (2), 2018.

JASEN, Georgette. "Keeping Secrets: Finding the Link Between Trust and Well-Being." *Columbia News*, 19 fev. 2018. Disponível em: <https://news.columbia.edu/news/keeping-secrets-finding-link-between-trust-and-well-being>. Acesso em: 26 de março de 2020.

MUKUND, A.; NEELA Radhika, A. "SRC Holdings: The 'Open Book' Management Culture." Curriculum Library for Employee Ownership (CLEO). Rutgers, janeiro de 2004. Disponível em: <https://cleo.rutgers.edu/articles/src-holdings-the-open-book-management-culture/>. Acesso em: 26 de março de 2020.

ROSH, Lisa; OFFERMANN, Lynn. "Be Yourself, but Carefully." *Harvard Business Review*, 18 ago. 2014. Disponível em: <hbr.org/2013/10/be-yourself-but-carefully>. Acesso em: 26 de março de 2020.

SLEPIAN, Michael L., et al. "The Experience of Secrecy." *Journal of Personality and Social Psychology* 113, n°. 1 (2017): 1–33.

SMITH, Emily Esfahani. "Your Flaws Are Probably More Attractive Than You Think They Are." *The Atlantic*, 9 jan. 2019. Disponível em: <www.theatlantic.com/health/archive/2019/01/beautiful-mess-vulnerability/579892>. Acesso em: 26 de março de 2020.

Capítulo 6: Aprovações para tomada de decisões não são necessárias

DALY, Helen. "Black Mirror season 4: Viewers RAGE over 'creepy marketing' stunt 'Not Cool'." *Express.co.uk*, 31 dez. 2017. Disponível em: <www.express.co.uk/showbiz/tv-radio/898625/Black-Mirror-season-4-release-Netflix-Waldo-Turkish-Viewers-RAGE-creepy-marketing-stunt>. Acesso em: 26 de março de 2020.

FINGAS, Jon. "Maybe private 'Black Mirror' messages weren't a good idea, Netflix." *Engadget*, 18 jul. 2019. Disponível em: <https://www.engadget.com/2017-12-29-maybe-private-black-mirror-messages-werent-a-good-idea-netfl.html>. Acesso em: 26 de março de 2020.

GLADWELL, Malcolm. *Fora de série — Outliers*. Rio de Janeiro: Sextante, 2008.

"Not Seen on SNL: Parody of the Netflix/Qwikster Apology Video." *The Comic's Comic*, 3 out. 2011. Disponível em: <http://thecomicscomic.com/2011/10/03/not-seen-on-snl-parody-of-the-netflixqwikster-apology-video>. Acesso em: 26 de março de 2020.

Capítulo 7: O Teste de Retenção

EICHENWALD, Kurt. "Microsoft's Lost Decade." *Vanity Fair*, 24 jul. 2012. Disponível em: <www.vanityfair.com/news/business/2012/08/microsoft-lost-mojo-steve-ballmer>. Acesso em: 26 de março de 2020.

KANTOR, Jodi; STREITFELD, David. "Inside Amazon: Wrestling Big Ideas in a Bruising Workplace." *The New York Times*, 15 ago. 2015. Disponível em: <www.nytimes.com/2015/08/16/technology/inside-amazon-wrestling-big-ideas-in-a-bruising-workplace.html>. Acesso em: 26 de março de 2020.

"Netflix's culture of fear." *The Week*, 3 nov. 2018. Disponível em: <www.theweek.com/articles/805123/netflixs-culture-fear>. Acesso em: 26 de março de 2020.

RAMACHANDRAN, Shalini; FLINT, Joe. "At Netflix, Radical Transparency and Blunt Firings Unsettle the Ranks." *The Wall Street Journal*, 25 out. 2018. Disponível em: <www.wsj.com/articles/at-netflix-radical-transparency-and-blunt-firings-unsettle-the-ranks-1540497174>. Acesso em: 26 de março de 2020.

"Benchmarking Service." SHRM, dezembro de 2017. Disponível em: <www.shrm.org/hr-today/trends-and-forecasting/research-and-surveys/Documents/2017-Human-Capital-Benchmarking.pdf>. Acesso em: 26 de março de 2020.

Capítulo 8: Um círculo de feedback

MILNE, A. A.; SHEPARD, Ernest H. *Ursinho Pooh Constrói Uma Casa*. São Paulo: Martins Fontes, 2018.

Capítulo 9: Lidere com contexto em vez de com controle

SAINT-EXUPÉRY, Antoine de, et al. *The Wisdom of the Sands*. Chicago: University of Chicago Press, 1979.

"The World's 50 Most Innovative Companies of 2018." *Fast Company*, 20 fev. 2018. Disponível em: <www.fastcompany.com/most-innovative-companies/2018>. Acesso em: 26 de março de 2020.

"Vitality curve." Wikipedia. Disponível em: <en.wikipedia.org/wiki/Vitality_curve>. Acesso em: 26 de março de 2020.

Capítulo 10: Leve tudo para o mundo!

MEYER, Erin. *The Culture Map: Breaking through the Invisible Boundaries of Global Business*. Nova York: PublicAffairs, 2014.

Para ver os mapas culturais apresentados nesse capítulo e para criar seus mapas culturais corporativos, acesse: www.erinmeyer.com/tools.

ÍNDICE

A coragem de ser imperfeito: como aceitar a própria vulnerabilidade, vencer a vergonha e ousar ser quem você é (Brown), 159
ações judiciais, 216-217
acordo de rescisão:
    "desempenho razoável resulta em uma generosa rescisão", 11, 19, 211, 215-217, 290
    na Europa, 290
agradando o chefe, 165-166, 169-170, 192, 233, 241
Airbnb, 173
Alemanha, 186-187, 299-300
Alexa e Katie, 183
alinhamento, 262-263, 277-278
    com a estrela-guia, 263-266
    em árvore, 267-278
Allmovie.com, 118-119
alta versus baixa autonomia, 260-263
Amazon, 25, 112-113, 130, 173, 252, 279
    Prime, 184, 186
América Latina, 174, 289, 297
Brasil, 174-175, 189, 270-272, 291, 295, 297-300, 306-307, 314
amígdala, 46
Amostra do Teste de Retenção, 222-225
analogia das apostas, 175-177, 192-197, 271-273
Anitta, 130
Antioco, John, 7-8
AOL, 15, 283
Apple, 14, 107, 130
aprovações de viagens e despesas, eliminando, 83-102
    burlando e, 91-92
    contenção e, 93-99
    contexto e, 88-91
    cultura de Liberdade com Responsabilidade e, 89-91
    em prol da empresa e, 86-87, 88, 90, 96, 98-100
Arco do Triunfo, 318-319
Ariely, Dan, 114-115
Armstrong, Lance, 251, 279
Aronson, Elliot, 159-160
arrogantes, 61-63, 243

Aspen Institute, 141-143
assédio sexual, 320
assinatura de contratos, 187-190
aumentos, 119-126
autonomia, 170
   alinhamento e, 263
   ver também tomada de decisões; aprovação de tomada de decisões, eliminando
avaliações do 360 (círculo de feedback), 53-54, 231-249
   ao vivo, 240-247
   benefícios da, 245-247
   dicas para, 242-243
   discussões facilitadas por, 236-237
   no Japão, 305-306
   passando dos limites durante, 243-245
   por escrito, nomes usados em, 234-240
Avalos, Diego, 189-190
aversão à perda, 12

baixa versus alta autonomia, 260-263
Ballad of Buster Scruggs, The, 14
Ballmer, Steve, 158
Baptiste, Nigel, 94-95, 98
Bazay, Dominique, 269, 273-278
Bde Maka Ska, 317-319
Becker, Justin, 62-63
Bird Box, 205-206
Black Mirror, 197-200
Blacklist, The, 51
Blitstein, Ryan, 81-82
Blockbuster, 25, 212, 283
   falência da, 14, 15
   multas por atraso da, 25
   oferta da Netflix à, 7-8
   tamanho da, 7, 8
bolha da internet, 26
bônus, 111-116
Booz Allen Hamilton, 112-113
Branson, Richard, 21, 79
Brasil, 174-175, 189, 270-272, 291, 295, 297-300, 306-307, 314
Brier, David, 21
Brown, Brené, 159
Bruk, Anna, 159
Bullock, Sandra, 205
bungee jumping, 237-238
burlando, 91-92

Caçadores de Trolls: Contos da Arcadia, 183
caiaque, 222
Canadá, 289
Carey, Chris, 232-233
cargos de criação, 108-110, 114-116
Caro, Manolo, 174-175
Caruso, Rob, 148-149
Casa De Papel, La, 14
cérebro:
   feedback e, 45, 46
   segredos e, 137
Chapman, Jack, 118
Chase, Chevy, 267
Chelsea, 150-151
Choy, Josephine, 301-304, 307
Christensen, Nathan, 81
ciclo de feedback (avaliações do 360), 53-54, 231-249
   ao vivo, 240-247
   benefícios do, 245-247

dicas para, 242-243
discussões facilitadas pelo, 236-237
no Japão, 305-306
passando dos limites durante, 243-245
por escrito, nomes usados em, 234-240
Ciclo de Inovação, 177-178
comemorando vitórias, 177, 191
compartilhando a ideia, 177, 182-183, 198, 199-200
estimulando o debate, 178-182, 198
expondo fracassos, 192-193, 195-200
fazendo sua aposta como um líder de projeto informado, 177, 187-191
fracassos e, 177, 191-200
não fazendo estardalhaço sobre fracassos, 192-195
perguntar qual aprendizado foi tirado do projeto, 192, 194-195
sistema de planilhas e, 181-182
testando boas ideias, 177, 184-187
classificação em pilha, 218-220
classifique-e-demita, 218-220
Cobb, Melissa, 267-273, 278
cochichar às costas das pessoas, 40, 231-232
Coen, Joel e Ethan, 9
Coherent Software, 135, 138
colaboração, 210, 219-220
Colômbia, 300
comemorando vitórias, 177, 191
Comitê Olímpico Internacional, 279
Comparably, 14
compartilhando a ideia, 177, 182-183, 198, 199-200

compartilhando informações organizacionais, *ver* transparência
comportamento contagioso, 31-33
competição interna, 218-220
confiança, 136-140, 143, 148, 154, 158-161, 197, 210
diferenças culturais e, 296-297, 298
ver também transparência
conformidade, 179
contexto, *ver* lidere com contexto em vez de com controle
contratações:
densidade de talento e, *ver* densidade de talento
hierarquia de escolha e, 205-206
controle, liderança por, 253-254
analogia das apostas em, 175-177, 192-197, 271-273
aprovações de tomada de decisões, 165-201
aprovações de viagens e despesas, 83-102
assinatura de contratos, 187-190
aversão à perda e, 12
burlando e, 91-92
contenção e, 93-99
contexto e, 88-91
controles, eliminando, 17, 18, 23, 66-102, 163-201, 250-283
cultura de Liberdade com Responsabilidade e, 89-91
e definindo e reforçando o contexto para orientar o comportamento dos funcionários, 77-79
e escolhendo as melhores pessoas, 205-206

em prol da empresa e, 86-87, 88, 90, 96, 98-100
exemplo dos líderes e, 70-77
ExxonMobil como exemplo de, 257-259
férias de Hastings, 72-73, 74, 76-77
funcionários japoneses, 75-76
liberdade com responsabilidade e, 81-82
lidere com contexto versus, 253-257
ver também lidere com contexto em vez de com controle
modelo de líder de projeto informado em, 177, 187-191, 261, 268-269, 278, 286
pesadelos de Hastings sobre, 68-69, 70, 72-73
política de férias, 11-12, 67-82, 84, 99-100
preparado para, 170-172
valor agregado por, 79-82
ver também lidere com contexto em vez de com controle
Coreia, 270, 271
Corpo da Paz, 19, 20, 38, 135, 287-288
Costa, Omarson, 189
Coyle, Daniel, 24
crítica (feedback negativo), 44-46, 48
amplificadores e atenuadores em, 300-301
cérebro e, 45, 46
como odiada, mas necessária, 45-47
diferenças culturais pelo mundo todo, 300, 311-312
linguagem usada em, 300-301
respondendo a, 49-50, 57

sugestões de pertencimento e, 49-50
ver também feedback
Crook-Davies, Danielle, 45
Crown, The, 13
Cryan, John, 114
Cuarón, Alfonso, 8, 205
cultura corporativa, 9-10
da Netflix, 9-10, 19, 20-21, 73-74
Netflix Culture Deck, 10-13, 213-214
cultura de liberdade com responsabilidade
ver Liberdade com Responsabilidade
Culture Code, The (Coyle), 49
Culture Map, The (Meyer), 19, 44, 291-299
curva de vitalidade, 218-220

Dark, 13
debate, estimulando o, 178-182, 198
deixar o atual emprego, razões para, 110-111
Del Castillo, Kate, 175
Del Deo, Adam, 251-253, 278-280
demissões, 214-218
ações judiciais e, 216-217
Amostra do Teste de Retenção, 222-225
comunicados pós-demissão, 152-156, 225-227
cotas para, 219
da Netflix em 2001, 26-29, 33, 107, 209
"desempenho razoável resulta em uma generosa rescisão", 11, 19, 211, 215-217, 290
funcionários temem, 11, 219-222, 225-227

na Netflix, 227-228
no Japão, 225
rotatividade de funcionários, 227-228
Teste de Retenção, 11, 205-229, 288, 290
demissões na Netflix, 26-29, 33, 107, 209
demitir, *ver* demissões
densidade de talento, 29-31
    adotando a metáfora de times esportivos em vez de família, 209-211, 214-215
    Amostra do Teste de Retenção e, 222-225
    classificação em pilha (classifique-e--demita) e, 218-220
    colaboração e, 210, 219-220
    competição interna e, 218-220
    contratando e, 206
    criando um ótimo local de trabalho com colegas incríveis, 25-34
    demissões da Netflix e, 26-29, 33, 107, 209
    desenvolvendo e fortalecendo, 17, 18, 23, 23-34, 102, 103-133, 203-229
    e estar pronto para eliminar os controles de tomada de decisões, 170-172
    e liderando com contexto versus com controle, 257
    hierarquia de escolha e, 205-206
    metáfora da empresa familiar e, 206-208
    Teste de Retenção e, 11, 205-229
    tomada de decisões e, 167
    360 e, 243
    ver também pagando os melhores salários do mercado

dependência:
    baixa versus alta, 260-262
desempenho:
    "desempenho razoável resulta em uma generosa rescisão", 11, 19, 211, 215-217, 290
    bônus e, 111-116
    como contagioso, 31-33
    competição interna e, 218-220
    diferentes níveis nas equipes, 29-31
    indicadores-chave de desempenho, 112-113, 233, 253-254
    metáfora da empresa familiar e, 206-208
    métricas e, 112-113
    Processo do plano de melhoria de desempenho (PIP), 216-217
    revisões anuais, 233
    sinceridade e, 42-45
    trabalhar duro e, 67
    ver também densidade de talento
despesas, *ver* viagens e despesas; aprovações de viagens e despesas, eliminando
Desventuras em Série, 183
determinação de consenso, 187
dias de férias, 67-69
    ver também política de férias, eliminando
diferenças culturais pelo mundo todo, *ver* expansão global e diferenças culturais
diretriz de feedback "ação específica", 57, 58, 60, 63, 236, 306-307
diretriz de feedback "aceitar ou descartar", 57, 60
diretriz de feedback "adaptar", 315

diretriz de feedback "agradecer", 57, 60
diretriz de feedback "alvo a alcançar", 56-57, 58, 60, 63-64
Disney, 182, 267, 272, 273
distorção, 154, 155-156
diversidade, 290
Dora, a Aventureira, 183
Dormen, Yasemin, 197-200
download, 184-187
DreamWorks, 183, 267, 272
DVDs, 26, 27-28, 165
   migrando de, para o streaming, 8, 14, 178-179, 283
   Qwikster e, 178-180

Edmondson, Amy, 11
efeito tropeção, 160
Eichenwald, Kurt, 217-218
Eisner, Michael, 238
elefantes, pinguins versus, 214-215
Elite, 13
elogios, 46, 48
Emmy Awards, 13, 183
   empoderamento, 144, 169, 170
   ver também tomada de decisões; aprovações de tomada de decisões, eliminando; Liberdade com Responsabilidade
empreendedorismo, 175-176
Engadget, 198-199
Enron, 9-10
equipes:
   comportamento contagioso em, 31-33
   diferentes níveis de desempenho nas, 29-31

enxuta, 110
feedback dos colegas, 242-243
tensões em, 242
erros, 156-160, 322
   distanciar-se dos, 197
   estilo de gerenciamento e, 257-259, 265, 320
   exposição de, 197
   ver também fracassos
Escobar, Pablo, 168
estimulando o debate, 178-182, 198
estrutura de pirâmide, 165, 267-269
Evening Standard, 50-51
Eventbrite, 79
expansão global e diferenças culturais, 285-316, 287-316
   ajustando seu estilo à, 307-311
   Brasil, 174-175, 189, 270-272, 291, 295, 297-300, 306-307, 314
   confiança e, 296-297, 298
   feedback e crítica em, 300-307
   feedback e, 299-307, 310, 311-315
   Google e, 288-289
   Holanda, 290, 292, 294, 296-297, 300, 311-314
   Japão, 75-76, 225, 270, 271, 307, 311
   língua japonesa, 301-302
   mapa cultural, 291-299
   no mapa cultural, 291-292, 295-296, 297
   processo do 360 e, 305-306
   Schlumberger e, 288-289
   sinceridade e, 299-304, 310, 314
   Singapura, 291, 295, 296-297, 300, 307-309, 311, 314
experimentação, 175

expondo, 139
Express, 199
ExxonMobil, 257-259

Facebook, 10, 107, 130, 167, 174-175, 238
Fast Company, 21, 258
Fearless Organization, The (Edmondson), 11
FedEx, 176
feedback, 38-42, 177, 216, 232, 288
   ação específica, 57, 58, 60, 63, 236, 307
   aceitar ou descartar, 57, 60
   adicionando um quinto A a (adaptar), 315
   agradecer, 57, 60
   alvo a alcançar, 56-57, 58, 60, 63-64
   amplificadores e atenuadores em, 300-301
   ao vivo, 240-247
   benefícios de, 245-247
   cérebro e, 45, 46
   ciclo de, 47-48
   círculo de (avaliações do 360), 53-54, 231-249
   como odiado mas necessário, 45-47
   cultura japonesa e, 300-307
   de colegas de trabalho, 242-243
   dicas para, 242-243
   diferenças culturais e, 299-307, 310, 311-315
   diferenças culturais pelo mundo todo, 300, 311-312
   diretrizes dos 4As de, 56-63, 304-305, 315
   discussões facilitadas por, 236-237
   e falando e lendo nas entrelinhas, 302-303
   ensinando funcionários a dar e receber, 55-58
   frequência de, 43
   Hastings e, 52-55
   honestidade em, 43; *ver também* sinceridade
   insucesso para falar com, 43, 53-54, 179
   linguagem usada em, 300-301
   Meyer e, 44, 58-59
   negativo (crítica), 44-46, 48
   no Japão, 305-306
   para motoristas, 47-48
   para passar feedback, 56-57
   para receber feedback, 57
   passando dos limites durante, 243-245
   pesquisa sobre, 21–22
   por escrito, nomes usados em, 234-240
   positivo, cérebro e, 46-47
   quando e onde fornecer, 58-61
   respondendo a, 49-50, 57
   resposta do cérebro a, 45, 46
   revisões anuais de desempenho e, 233
   síndrome da "nova roupa do rei" e, 49-55
   sistema de planilhas para coletar, 181-182
   sugestões de pertencimento e, 49-50
   ver também sinceridade
feedback para motoristas, 47-48
Felps, Will, 31-32

Festival de Cinema de Sundance, 251, 280
Fisher Phillips, 79
flexibilidade, e liderando com contexto ou controle, 265, 266
Flint, Joe, 220
fofoca, 231
Fogel, Bryan, 252-253, 280
Fora de série – Outliers (Gladwell), 180
força de trabalho enxuta, 110
Fowler, Geoffrey, 94-95
Fox, 267
fracassos, 177, 191-200
   perguntar qual aprendizado foi tirado do projeto, 192, 194-195
   não fazer estardalhaço, 192-195
   expor, 192-193, 195-200
França, 288-289, 300
Paris, 318-319
Friedland, Jonathan, 239
Fuller House, 183

Game of Thrones, 167-169
Garden Grove, Calif., 47
gastando, *ver* viagens e despesas; aprovações de viagens e despesas, eliminando
Gates, Bill, 108
General Electric (GE), 218-220
Gerenciamento por objetivos, 253-254
gênios arrogantes, 61-63, 243
Gizmodo, 220
Gladwell, Malcolm, 180
Glassdoor, 12, 79
Goldman Sachs, 219
Golin, 79

Google, 14, 107, 126-129, 131-132, 172-173
   expansão global do, 288-289
Guillermo, Rob, 251

Handler, Chelsea, 150-151
Harvard Business Review, 19
Hastings, Mike, 118-119
Hastings, Reed:
   casamento de, 38-39
   empresa Pure Software de, 15-16, 21, 25, 26, 28, 29, 37-38, 83, 93, 101-102, 135, 157, 159, 283
   entrevista com, 214-222
   feedback e, 52-53
   infância de, 32, 33
   Meyer contratado por, 19-20
   na Coherent Software, 135, 138
   na liderança em árvore, 270
   na oferta da Netflix à Blockbuster, 7-8
   Netflix cofundada por, 7, 25-26
   no Corpo da Paz, 19, 20, 38, 135, 287-288
   questão sobre downloads e, 184-187
   Qwikster e, 178-180
HBO, 148-149, 252
Hewlett-Packard (HP), 96-97
hierarquia de escolha, 205-206
Hired, 14
holandês, Holanda, 290, 292, 294, 296-297, 300, 311-314
Homem da Casa, O, 267
honestidade, 12-13, 20-21, 220
   e gastando o dinheiro da empresa, 86-88
   ver também sinceridade; transparência

horas trabalhadas, 67
House of Cards, 14, 94-95, 106, 212, 283
HubSpot, 14, 79
Huffington Post, 19
Hulu, 252, 279
humildade, 158
Hunt, Neil, 69, 74, 126-127, 131-132, 194, 239
   downloads e, 184, 186
   e a Netflix como um time, não como uma família, 214-215
   360 e, 240, 241-242
   férias de, 69

Icarus, 251-252, 278-280
Índia, 115, 186-187, 270-272
   Pequeno Poderoso Bheem, O em, 274-277
indicadores-chave de desempenho (KPIs), 112-113, 233, 253-254
inovação, 11, 16, 18, 115-116, 172-173, 194-195, 321-323
   e liderando com contexto ou controle, 259-260, 262
   tomada de decisões e, 166, 167, 172, 173
Instituto de Tecnologia de Massachusetts, 115
internet, 184-187, 193
iPhone, 166
Itália, 167-169

Jacobson, Daniel, 206-208
Jaffe, Chris, 193-197
Japão, 75-76, 225, 270, 271, 307, 311
   feedback e crítica em, 300-307

língua japonesa, 301-302
   no mapa cultural, 291-292, 295-296, 297
   processo 360 e, 305-306
Jobs, Steve, 21, 166
Jogos Olímpicos, 251-252, 279
Jogos Vorazes, 217
Jones, Rhett, 220

karoshi, 75
Kilgore, Leslie, 39, 112-113, 127, 212
   assinatura de contratos e, 188-189
   "lidere com contexto em vez de com controle" cunhada por, 77, 253
   novos clientes e, 112-113
   relatórios de despesas e, 91
   sobre contratação e recrutas, 128-129
   360 e, 234-236, 240, 241-242
King, Rochelle, 53-55
Kodak, 15, 283
Kung Fu Panda, 267

Lanusse, Adrien, 187
Lawrence, Jennifer, 217
legenda, 272
Liberdade com Responsabilidade, 17-18, 233-234, 283, 318, 319
   despesas e, 89-91
   férias e, 81-82
   modelo de líder de projeto informado em, 177, 187-191, 261, 268-269, 278, 286
   peso da responsabilidade em, 188-191
   primeiros passos para, 23-102
   próximos passos para, 103-201
   técnicas para reforçar, 203-283

lidere com contexto em vez de com controle, 77, 251-283
   alinhamento em, 262-263, 277-278
   com a estrela-guia, 263-266
   controle versus contexto, 253-257
   densidade de talento e, 257
   e baixa versus alta autonomia, 260-263
   em árvore, 267-278
   exemplo da ExxonMobil, 257-259
   exemplo da Target, 258-260
   exemplo de criação dos filhos, 254-256
   exemplo de estilo de cozinhar de *Downton Abbey*, 255-257, 263
   exemplo de *Icarus*, 251-252, 278-280
   exemplo de *Pequeno Poderoso Bheem, O*, 274-277
   frase cunhada por Kilgore, 77, 253
   gastando e, 88-91
   inovação e, 259-260, 262
   prevenção de erros e, 257-259, 265, 319-321
   tomada de decisões em, 254, 259-260, 262
ligando os pontos, 21
   primeiro ponto, 33-34
   segundo ponto, 64
   terceiro ponto, 99
   quarto ponto, 132
   quinto ponto, 160-161
   sexto ponto, 200
   sétimo ponto, 228
   oitavo ponto, 247
   nono ponto, 280
   último ponto, 315
LinkedIn, 79, 80, 174
Lorenzoni, Paolo, 167-170, 171-172, 175-176
Low, Christopher, 309-310

Mammoth, 81
mapa cultural, 291-299
McCarthy, Barry, 39, 84
McCord, Patty, 26-29, 32, 33, 39, 53-55, 69, 81-82, 101, 214
   dados financeiros e, 144-145
   metáfora do time esportivo e, 209-210
   política de despesas e, 83, 89-90
   política de férias e, 68-69, 72, 74, 81-82
   política salarial e, 109, 112-113, 126-127, 129
   reuniões gerais e, 143
   saída da Netflix, 212
   360 e, 240-242
medo de perder o emprego, 11, 219-222, 225-227
metáfora da empresa familiar, 206-208
   trocando pela metáfora do time esportivo, 209-211, 214-215
México, 174-175
Meyer, Erin, 19
   funcionários da Netflix entrevistados por, 20-21, 44-45
   mensagem de Hastings para, 20
   no Corpo da Paz, 19
   palestra de, 44, 58-59
   The Culture Map, 19, 44, 291-299
microgerenciamento, 166, 169, 170
Microsoft, 108, 158, 217-219
Mirer, Scott, 243-245

modelo de líder de projeto informado, 177, 187-191, 261, 268-269, 278, 286
Morgan Stanley, 159
Moss, Trenton, 80
mudanças na indústria, 14-15, 16
Munk de Alba, Marta, 220, 222
Myers, Vernã, 289-290

Narcos, 168-169, 174
Nasce uma Estrela, 55
National Public Radio (NPR), 206-208
NBC, 113-114
Neal, Jessica, 28, 180, 264
Negotiating Your Salary: How to Make $1000 a Minute (Chapman), 118
Netflix:
    classificação e categorização de conteúdo da, 118
    como time, não como família, 209-211, 214-215, 298-299
    compra oferecida à Blockbuster da, 7-8
    competição interna na, 218-220
    conteúdo licenciado por estúdios externos pela, 14, 106
    conteúdo produzido internamente pela, 8-9, 14, 106, 283
    crise de 2001, 26-29
    cultura, 9-10, 19, 20-21, 73-74
    cultura essencialmente americana e, 312 *ver também* expansão global e diferenças culturais
    Culture Deck da, 10-13, 213-214
    dados dos espectadores da, 320-321
    demissões na, 26-29, 33, 107, 209
    diversidade na, 290
    download e, 184-187
    duração da, 297
    e mudar dos DVDs para o streaming, 8, 14, 178-179, 283
    e transições no ambiente de entretenimento e negócios, 14
    E-staff, 263-264, 292
    expansão global da, 13-14, 15, 186, 270-278, 283, 285-316, 287-316
    funcionários adoram a, 14
    funcionários como parte da, versus trabalhando para, 142-143, 150
    fundação da, 7, 25-26
    informações financeiras da, 320-321
    interface no Wii e, 193
    liderança em árvore na, 267-278
    mantra "alinhamento com autonomia" na, 262-263
    mantra "desempenho razoável resulta em uma generosa rescisão" na, 11, 19, 211, 215-217, 290
    oferta pública inicial da, 8, 13, 144-145
    preço de ação da, 13, 283
    prêmios e indicações da, 13, 106, 183, 205, 279-280
    programação infantil da, 182-183, 272-278
    projeto Explorer, 193-194, 197
    projeto Memento, 195, 197
    Qwikster, 178-180
    reunião trimestral de negócios, 79, 93, 145, 149, 183, 267-278, 270-272, 292
    reuniões gerais na, 143
    rotatividade na, 227-228
    sucesso da, 13-14, 21, 28, 106, 107, 283

New York Times, 205, 219
Nickelodeon, 51, 105, 182
Nieva, Jennifer, 96-98
Nishamura, Lisa, 280
Nokia, 15
NPR (National Public Radio), 206-208

ocitocina, 46
OfficeTeam, 110-111
Orange Is the New Black, 13, 106, 283
os fracassos, 192-193, 195-200
Oscars, 13-14, 205, 279-280

pagando os melhores salários do mercado, 105-133, 215
    cargos de criação e, 108-110, 114-116
    forma de pagamento e, 110-112
    princípio do astro de rock e, 107-110, 112
    raro conjunto de habilidades e, 116
    recrutadores e, 126-132
    ver também salários
Paris, 318-319
Peña Nieto, Enrique, 175
Peppa Pig, 274-275
Pequeno Poderoso Bheem, O, 274-277
Pequeno príncipe, O (Saint-Exupéry), 260
Perez, Kari, 174-177
Peters, Greg, 74, 264, 304-307
pinguins, elefantes versus, 214-215
Pior das Bruxas, A, 274
planos de cinco anos, 265
PlayStation, 193
política de férias, eliminando, 11-12, 67-82, 84, 99-100
    aversão à perda e, 12

    e definindo e reforçando o contexto para orientar o comportamento dos funcionários, 77-79
    exemplo dos líderes, 70-77
    férias de Hastings, 72-73, 74, 76-77
    funcionários japoneses e, 75-76
    liberdade com responsabilidade e, 81-82
    pesadelos de Hastings sobre, 68-69, 70, 73
    valor agregado por, 79-82
politicagem no trabalho, 231
pontos, *ver* ligando os pontos
prêmio Globo de Ouro, 13, 106
prêmios da Academia, 13-14, 205, 279-280
prevenção de erros, e estilo de gerenciamento, 257-259, 265, 319-321
princípio do astro de rock, 107-110, 112
privacidade, 156
Procter & Gamble, 113
programação infantil, 182-183, 272-278
projeto Explorer, 193-194, 197
projeto Memento, 195, 197
Protector, The, 13
Pruckner, Gerald, 87
Pure Software, 15-16, 21, 25, 26, 28, 29, 37-38, 83, 93, 101-102, 135, 157, 159, 283

questões de acidentes e segurança, estilo de gerenciamento e, 258-259, 320-321
questões de segurança, e estilo de gerenciamento, 258-259, 320-321
Qwikster, 178-180

Ramachandran, Shalini, 220
Ramsey, Bella, 274
Randolph, Marc, 25
   na oferta da Netflix à Blockbuster, 7-8
   Netflix cofundada por, 7, 25-26
regras e processos, 16, 283, 317-318
   quando escolher, 319-321
   ver também controle, liderança por
Reguera, Ana de la, 174-175
Reputation Institute, 13-14
responsabilidade, *ver* liberdade com responsabilidade
reuniões com E-staff, 263-264, 292
reuniões trimestrais de negócios, 79, 93, 145, 149, 183, 267-278, 270-272, 292
revisões anuais de desempenho, 233
Revolução Industrial, 319, 322
Rhimes, Shonda, 9
Rites of Passage at $100,000 to $1 Million+ (Lucht), 128
Roma, xii, 205-206
Rosh, Lisa, 160
rotatividade, 227-228
roubando, 85
Rússia, 251-252, 279

Sacred Games, 13
Saint-Exupéry, Antoine de, 260
salários:
   aumentos em, 119-126
   bônus e, 111-112
   cargos de criação e, 108-110, 114-116
   diminuir, 125
   e deixar o emprego atual, 110-111
   forma de pagamento e, 110-112
   mudando de empresas e, 121-122
   negociando, 117-118, 119
   pagando acima do mercado, 105-133, 215
   para cargos operacionais, 108
   princípio do astro de rock e, 107-110, 112
   raro conjunto de habilidades e, 116
   recrutadores e, 126-132
   revisões de desempenho e, 233
   revisões, 119-126
Sampaio, Leonardo, 297-299
Samsung, 94-95
San Jose *Mercury News,* 81
Sandberg, Sheryl, 10, 167
Sarandos, Ted, 50-52, 72, 127-132, 263-264, 276-277
   filme de alienígenas e, 165
   história sobre *bungee jumping* de, 237-238
   Icarus e, 252
   na liderança em árvore, 269-273, 276-277, 278
   sobre "hierarquia de escolha", 205-206
   360 e, 238-241, 245
Saturday Night Live, 178
Sausgruber, Rupert, 87
Schendel, Zach, 185-186, 187
Schlumberger, 288-289
Scorsese, Martin, 9
segredos, 136-137, 144
   confiança e, 136-140
   informações de CS (coisas secretas), 137-139, 197
   na HBO, 149

razões para guardar, 140
símbolos de, 139
ver também transparência
segurança psicológica, 11
sinceridade, 43-47, 179, 216
   arrogantes e, 61-63
   como odiada mas necessária, 45-47
   comparação entre ir ao dentista com, 232-234
   cultura de, 47-48
   deixar de falar, 43, 53-54, 179
   desempenho e, 42-45
   diferenças culturais pelo mundo todo, 299-304, 310, 314
   dizer o que você realmente pensa com intenção positiva, 37-65
   e estar pronto para eliminar os controles de tomada de decisões, 170-172
   estimulando a, 17, 18, 23, 35-65, 102, 134-162, 230-249
   mal uso da, 55-57, 63-64
   "só fale de uma pessoa aquilo que você diria na cara dela", 40, 231-232
   ver também feedback; transparência
síndrome da "nova roupa do rei", 49-55
Singapura, 291, 295, 296-297, 300, 307-309, 311, 314
sistema de planilhas e, 181-182
sistemas, baixa versus alta autonomia, 260-262
60 Minutes, 279
Sky Itália, 167-169
Slepian, Michael, 136
Smith, Frederick, 176
"só fale de uma pessoa aquilo que você diria na cara dela", 40, 231-232
Society for Human Resource Management, 227
software, 107-109, 260-261
Songkick, 79
Sorte no Amor (1988), 209
Spotify, 173
Sr. Peabody e Sherman Show, 183
Stack, Jack, 141-144
Stamberg, Susan, 207
status quo, 21
Stranger Things, 13, 14, 51, 105, 106, 109
streaming, 185, 193
   download e, 184-187
   mudando dos DVDs para, 8, 14, 178-179, 283
Stuber, Scott, 205-206
sugestões de pertencimento, 49-51
Sun Microsystems, 28

talento, 29-30
   comportamento contagioso e, 31-33
   e diferentes níveis de desempenho nas equipes, 29-31
Tanz, Larry, 130, 238, 245
Target, 258-260
televisões, 4K de ultra-alta definição, 94-95
Tesla, Inc., 14
Teste de Retenção, 11, 205-229, 288, 290
Thinkers50, 19
13 Reasons Why, 59
Thunell, Matt, 105-110
times dos sonhos, 106-107

tomada de decisões:
   analogia das apostas em, 175-177, 192-197, 271-273
   aprovações de tomada de decisões, eliminando, 165-201
   assinatura de contratos, 187-190
   densidade de talento e, 167
   dispersa, 261-262
   e escolhendo as melhores pessoas, 205-206
   e liderando com contexto, 254, 259-260, 262
   estrutura de pirâmide para, 165, 267-269
   inovação e, 166, 167, 172, 173
   modelo de líder de projeto informado em, 177, 187-191, 261, 268-269, 278, 286
   para agradar ao chefe, 165-166, 169-170, 192
   preparado para, 170-172
   sistema de planilhas e, 181-182
   transparência e, 167
transparência (compartilhando informações organizacionais), 135-162
   avaliações do 360 e, 236-237
   cenários do questionário sobre, 141-160
   comunicado pós-demissão e, 152-156
   conceder aos funcionários da base da hierarquia acesso a informações, 143
   decisões difíceis em, 150-151
   dividindo informações financeiras, 143-146
   e sentindo que é melhor não saber algumas coisas, 150-151
   e vazamento ilegal de informações, 141-146
   empoderamento e, 144
   expondo, 139
   possível reestruturação organizacional e, 147-152
   privacidade e, 156
   riscos da, 140, 144
   saber quando compartilhar, 140
   sobre erros, 156-160
   tomada de decisão e, 167
   ver também segredos
Turquia, 197-200
TVs 4K de ultra-alta definição, 94-95
Twitter, 174-175

Uber, 173
Universidade de Mannheim, 159
Universidade Northwestern, 59

Vai Anitta, 130
Vale do Silício, 107, 167, 173
valores, 9-10
Vanity Fair, 174, 217-218, 219
verdade, 197
   distorcendo, 154, 155-156
   ver também sinceridade; transparência
VH1, 267
Viacom, 8, 98, 99
viagens e despesas:
   executiva, 93
   gastar o dinheiro da empresa como se fosse o seu, 86
   honestidade e, 86-88
   regras para, 83-88, 93-94
Virgin Management, 79

Visualsoft, 79
vulnerabilidade, 159-160

Wall Street Journal, 96, 220
Walmart, 206-207
Wang, Andrew, 105, 109
Wang, Karlyne, 307-310
Wang, Spencer, 145-146
WarnerMedia, 113-114
Washington Post, 95
Watchever, 186
Webcredible, 80
Week, The, 220

Welch, Jack, 219
Wells, David, 85, 88, 93, 239
West, Jerret, 168-169, 172
Wickens, Brent, 92
Wii, 193
Wright, Brian, 51, 105, 109

Yacoubian, Aram, 269, 274-277
Yahoo, 189-190
Yellin, Todd, 185-186, 187, 194
YouTube, 183-186
Yurechko, Mark, 150

Zenger Folkman, 46

intrinseca.com.br

@intrinseca

editoraintrinseca

@intrinseca

1ª edição	SETEMBRO DE 2020
reimpressão	OUTUBRO DE 2024
impressão	BARTIRA
papel de miolo	HYLTE 60 G/M²
papel de capa	CARTÃO SUPREMO ALTA ALVURA 250 G/M²
tipografia	SENTINEL